ERLÄUTERUNGEN UND DOKUMENTE

Friedrich Hölderlin
10 Gedichte

Von Uwe Beyer

Philipp Reclam jun. Stuttgart

RECLAMS UNIVERSAL-BIBLIOTHEK Nr. 16061
Alle Rechte vorbehalten
© 2008 Philipp Reclam jun. GmbH & Co., Stuttgart
Gesamtherstellung: Reclam, Ditzingen. Printed in Germany 2008
RECLAM, UNIVERSAL-BIBLIOTHEK und
RECLAMS UNIVERSAL-BIBLIOTHEK sind eingetragene Marken
der Philipp Reclam jun. GmbH & Co., Stuttgart
ISBN 978-3-15-016061-9

www.reclam.de

Inhalt

Vorwort 5

Diotima 13
Buonaparte 30
Da ich ein Knabe war 44
Heidelberg 59
Brod und Wein 81
Dichterberuf 120
Patmos 143
Hälfte des Lebens 190
Mnemosyne 205
Der Spaziergang 234

Literaturhinweise 251
Abbildungsverzeichnis 255

Vorwort

Der 1770 geborene Hölderlin gehört wie Novalis, Hegel, Schelling, Schleiermacher und die Brüder Schlegel einer Generation an, deren Wirken sich aus einer tiefen kulturellen Krise heraus entwickelt. Politisch gesehen stellt die Französische Revolution von 1789 die stärkste Manifestation dieser Erschütterung dar; philosophisch sind es Kants Untersuchungen der menschlichen Erkenntniskräfte. Durch beide Ereignisse werden Ordnungen untergraben, die Jahrhunderte, wenn nicht Jahrtausende prägend waren. Die Monarchie als Staatsform verliert durch den Kampf der Aufklärer gegen die christliche Lehre vom Gottesgnadentum ihre bisherige Legitimation. Dadurch eröffnet sich für den modernen Europäer die Chance, seine gesellschaftliche Zukunft selbstbestimmt zu gestalten. Doch zeitgleich wird er mit der Einsicht konfrontiert, dass er aus eigenem Vermögen jenes Orientierungswissen nicht erlangen kann, das er braucht, um objektive, für alle Menschen verbindliche politische Maßstäbe setzen zu können. Es ist dieses Zusammentreffen von politischen und philosophischen Verwerfungen, das im ausgehenden 18. Jahrhundert den kulturellen Freiraum abgründig erscheinen lässt – zumindest in den Augen jener aus der jungen Generation, die seismographisch auf die Erschütterungen reagieren und die nach neuen Wegen suchen, die gewonnene geistige und politische Freiheit mit einem Gefühl der spirituellen Geborgenheit im Dasein zu vermitteln.
Wohl bei keinem Autor dieser Umbruchzeit sind dabei Leben, Dichten und Denken so stark miteinander verwoben wie bei Hölderlin. In seiner Lyrik reflektiert er vor allem die kulturell-geschichtliche Dimension des Lebens von der griechischen Antike bis zur Gegenwart mit dem Ziel, zu einem tieferen Verständnis der Ereignisse seiner

Zeit und seiner eigenen Bedeutung als Dichter in ihr zu gelangen. Je klarer ihm wird, was sein ›Dichterberuf‹ sei, je mehr zeigt sich in seinem Leben wie in seinem Werk eine existentielle Gefährdung. Sie bleibt weder von ihm noch von den Menschen seiner Umgebung unbemerkt. So geben ihm Goethe und Schiller schon 1797 den wohlgemeinten Rat, sich gegen seine spekulativen Neigungen idyllische Themen und einfache Darstellungsformen zu wählen. Doch solchen Mahnungen konnte und wollte er nicht folgen.

Hölderlin sieht sich dazu bestimmt, den Zeitgenossen die revolutionären Veränderungen als Vorboten eines über die Ländergrenzen hinausgehenden, kosmopolitischen Friedensreiches zu deuten. Aber die Realgeschichte nimmt einen anderen Verlauf. Die Ideale der Französischen Revolution werden vielfach pervertiert: 1794 im Zeichen der Guillotine, dann durch die sich anschließenden Kriege zwischen Frankreich und den anderen europäischen Großmächten und weiter 1804 durch die Krönung Napoleons, eines ehemaligen Generals der Revolutionstruppen, zum Kaiser der Franzosen. Für Hölderlin führt diese Entwicklung in die Lebenskatastrophe, vor allem deshalb, weil er an seiner dem Lauf der Dinge widersprechenden, kontrafaktischen Ansicht der Geschichte festhält. Auf seinen psychischen Zusammenbruch 1806 und die gewaltsame Verbringung von Homburg nach Tübingen folgen nach einigen Monaten des Klinikaufenthaltes 36 Jahre eines zwar behüteten, doch entmündigten Daseins. Bis zu seinem Tod 1843 lebt er in der Pflege der Familie des Schreinermeisters Zimmer im Tübinger Stadtturm.

In seiner ersten Schaffensphase, die von 1784 (der Zeit der frühesten überlieferten Gedichte) bis ins Jahr 1795 hinein reicht, ist von Hölderlins schicksalhafter Wendung zur Geschichte noch wenig zu spüren. Im Gegenteil: In seiner frühen Lyrik manifestiert sich eine platonisch-christliche Einstellung. Hölderlin betont die Heimatlosigkeit des

Friedrich Hölderlin
Pastellbild von Franz Karl Hiemer, 1792

Menschen in irdischer Zeit und das Aussichtslose der Kämpfe darin. *M. G.* (wahrscheinlich für: ›Meinem Gotte‹) aus dem November 1784 legt dafür ein ebenso eindrückliches Zeugnis ab wie die Ode *An die Natur*, entworfen wohl im Frühjahr 1795. Es ist vor allem der strenggläubige, pietistische Einfluss, den Herkunft, Erziehung und Ausbildung auf Hölderlin gehabt haben, der sich in diesen Texten bekundet. Wenn sich Hölderlin bereits in dieser Phase für historische Ereignisse begeistert, dann unter dem Aspekt errungener Freiheit.[1]

Die Zeit, in der die bedeutendsten Gedichte entstehen und die entsprechend für das Bild des Lyrikers Hölderlin in der Nachfolgezeit bestimmend ist, umfasst die Jahre 1796 bis 1806. Dieser Zeitraum lässt sich seinerseits in drei Etappen differenzieren: In den Jahren 1796 bis 1799 wendet Hölderlin sich euphorisch der Geschichte zu. Diese Wendung erreicht ihren Höhepunkt 1800/01. Dann gerät sie durch Hölderlins sich steigernde Anstrengung, die negative Eigendynamik der Geschichte in seine Vorstellung eines Sinngeschehens zu integrieren, ausweglos in eine Krise.

Die letzte Schaffensphase erstreckt sich über die lange Zeit des Aufenthalts im Tübinger Stadtturm (1807 bis 1843). Aus den dort entstehenden Gedichten ist die visionäre Kraft geschwunden. Die meisten von ihnen sind in einer distanzierten Sprache gehalten. Sie haben eine überschaubare Struktur (wenige Strophen, in der Regel Endreime) und behandeln einfache Themen (wie die Jahreszeiten). Bezieht man diesen Schreibgestus auf den der vorausge-

---

1 Dieses Motiv bestimmt zum Beispiel eine Ende 1789 entstandene Folge von Gedichten auf den schwedischen König Gustav Adolf II. (1595–1632). Sodann finden sich unter dem programmatischen Titel *Hymne an die Freiheit* zwei Gedichte aus den Tübinger Studienjahren 1790 bzw. 1792. Hervorzuheben ist unter diesem Aspekt aber vor allem das 1792 entstandene Hexameter-Gedicht *Kanton Schweiz*, in dem sowohl thematisch als auch sprachlich Hölderlins eigener Ton schon anklingt.

gangenen Jahre, wird deutlich, dass sich im Schablonenhaften der ›Leerlauf der Geschichte‹ bekundet: Die Turmgedichte lassen sich verstehen als Reflexe auf das Scheitern im ›Dichterberuf‹.
Für die hier vorliegende Auswahl der zehn Gedichte ist deren Stellenwert im lyrischen Gesamtwerk maßgeblich. Das gilt zum einen gehaltlich: Die Texte sollen die Leitmotive in Hölderlins Lyrik vermitteln – zum Beispiel die Sorge des Dichters um das geschichtliche Gelingen der Vermittlung zwischen göttlichen und menschlichen Kräften zugunsten des kosmopolitischen Friedensreiches, das Erlebnis des ›Gemeingeists‹, Liebe und Freundschaft, Freiheit und Schicksal, Streit und Frieden, Mythos und Logos, Natur und Kunst, Griechenland und Abendland (›Hesperien‹). Zum anderen gilt es, ein breites gattungspoetologisches Spektrum auszuschreiten: Oden, Elegien, Hymnen und Formen, die Hölderlin als ›Gesänge‹ bezeichnet. Auch hier ist die kleine Sammlung repräsentativ: Sie bietet zunächst einen elegischen Entwurf, dann eine als Fragment vollendete Ode, darauf ein Gedicht mit eigenrhythmischen Versen und treppenartigen Einrückungen, gefolgt von einer Ode in asklepiadeischem Versmaß; weiter eine Elegie mit strenger, in sich gestufter triadischer (dreigeteilter) Gliederung; eine Ode in alkäischem Versmaß; eine Hymne mit gleichfalls triadischem Aufbau; einen zweistrophigen, antithetisch ausgespannten ›Nachtgesang‹; eine Hymne in problematischer Textgestalt, die sich als dreistrophiger Gesang und auch als zweiteiliges Gedicht in vier Strophen konstituieren lässt; und schließlich ein Turm-Gedicht von vierundzwanzig Versen, einstrophig, mit Endreimen im Schema *a b*.
Mit *Diotima* und *Buonaparte* eröffnen zwei Gedichte die Auswahl, die heldische Menschen – idealisch geliebte Frau und real bewunderten Mann – zum Thema haben; Hölderlin nimmt sie als mythische Gestalten wahr: Diese werden ihm als solche zu Garanten einer besseren Zeit, als es

für ihn die Gegenwart ist. *Da ich ein Knabe war ...* entwirft ein anderes und wohl stimmigeres Bild der Selbstwahrnehmung des jungen Hölderlin, als es die frühesten der überlieferten Gedichte tun. *Heidelberg* vereint mehrere für Hölderlins Lyrik charakteristische Merkmale: das biographische Erleben ist ihr Ausgangspunkt; es führt zu einem Städtepreis, der sich in eine neu-mythische Wahrnehmung von Landschaft als Lebensraum der Götter und Menschen fügt. *Brod und Wein* stellt eine an geschichtsphilosophischen Gehalten reiche Widmungselegie dar. Sie vereint die Motive der wesenhaften Freundschaft, des Dichterberufs, der tiefsinnigen Verbindung von Antike und Abendland und der Umdeutung des Christusgeschehens mit dem des Geschicks einer neuen gotterfüllten Zeit. *Dichterberuf* legt ein programmatisches Zeugnis für Hölderlins existentielle Selbstvergewisserung ab. Die hier gewählte Zweite Fassung zeigt durch ihre expressiven Bilder und sprachlichen Härten besonders deutlich die Gefahr und die Vereinsamung, der sich Hölderlin im Erfüllen seiner Aufgabe ausgesetzt sieht. *Patmos* gibt das Beispiel eines groß angelegten und (auch) in einer vollendeten Textfassung vorliegenden Gesangs. In dieser Hymne entfaltet Hölderlin anhand der Beschreibung des Wirkens der Christus-Gestalt seine vielschichtige Deutung der antikabendländischen Geschichte und ihrer mit der Zeit problematisch gewordenen Sinnbezüge sowie in der Konsequenz daraus die Vorstellung einer neu zu findenden Form. *Hälfte des Lebens* ist im Kontrast dazu ein von Hölderlin selbst so genannter ›Nachtgesang‹. In der Übersichtlichkeit seiner zwei Strophen mit ihrer Konfrontation der Lebensalter stellt er ein anderes existentielles Grundthema heraus: die Abgrenzung des dichterischen Daseins vom bürgerlichen, sowohl in seiner Begeisterung als auch in seiner Verlorenheit. *Mnemosyne* ist zum einen repräsentativ für die Sprache der späten Hymnen, die sich durch parataktische Härten – Ketten von Hauptsätzen –

und durch weitgespannte Sinnbögen mit komplexen syntaktischen Fügungen charakterisiert. Zum anderen fordert dieses Gedicht zu einem genaueren Blick auf die poetische Werkstatt Hölderlins heraus: Wie bei vielen anderen lyrischen Entwürfen und Fragmenten, vor allem aus den Jahren 1802 bis 1806, lässt seine Textur es nicht zu, eine bestimmte Gestalt als jene festzulegen, die Hölderlin letztlich intendiert hat. Die thematischen Schwerpunkte sind in dem Text jedoch klar zu erkennen. *Der Spaziergang* schließlich, wohl um 1810 entstanden, zeigt beispielhaft, wie Hölderlin sich aus existentieller Ferne auf Motive seines früheren Selbstverständnisses als Dichter zurückbezieht.

Textgrundlage für die Wiedergabe der Gedichte in diesem Band ist die von Gerhard Kurz betreute Ausgabe *Friedrich Hölderlin. Gedichte* (Stuttgart: Reclam, 2000). Kurz seinerseits stützt sich auf die Stuttgarter Ausgabe (StA) der *Sämtlichen Werke* Hölderlins, herausgegeben von Friedrich Beißner und Adolf Beck, 8 Bände, Stuttgart: Cotta [seit 1951: Kohlhammer], 1943–1985. Dort, wo durch Kurz vorgenommene Modernisierungen begegnen, habe ich diese durch den Abgleich mit den Handschriften bzw. mit dem Erstdruck für unseren Band wieder zurückgenommen.

Diotima

Komm und besänftige mir, die du einst Elemente
                          versöhntest
   Wonne der himmlischen Muse das Chaos der Zeit,
Ordne den tobenden Kampf mit Friedenstönen des
                          Himmels
   Bis in der sterblichen Brust sich das entzweite vereint,
5 Bis des Menschen alte Natur die ruhige große,
   Aus der gährenden Zeit, mächtig und heiter sich hebt.
Kehr' in die dürftigen Herzen des Volks, lebendige
                          Schönheit!
   Kehr an den gastlichen Tisch, kehr in die Tempel zurük!
Denn Diotima lebt, wie die zarten Blüthen im Winter,
10   Reich an eigenem Geist sucht sie die Sonne doch auch.
Aber die Sonne des Geists, die schönere Welt ist hinunter
   Und in frostiger Nacht zanken Orkane sich nur.

Nach der Handschrift H 287 – Homburger Quartheft, S. 9–10. Die Siglen der Handschriften werden hier wie für die folgenden Gedichte angegeben gemäß der Nummerierung in: *Katalog der Hölderlin-Handschriften*, auf Grund der Vorarbeiten von Irene Koschlig-Wiem bearb. von Johanne Autenrieth und Alfred Kelletat, Stuttgart: Württembergische Landesbibliothek, 1961.

Entstehung und Erstdruck

Der elegische Entwurf *Diotima* gehört zu einer Reihe von Gedichten (bzw. verschiedenen Fassungen von drei Gedichten) aus den Jahren von 1796 bis 1801, die alle diesen Frauennamen im Titel führen. Die Namensgebung geht auf Plato zurück. In dessen *Symposion* (201eff.) erzählt Sokrates von einer weisen Frau aus Mantinea, die ihn das Wesen der Liebe gelehrt habe. Hölderlin seinerseits benennt mit diesem Namen seine ›Große Liebe‹ – die idealisierte Gestalt Susette Gontards (1769–1802).

Er lernte Susette kennen, als er im Januar 1796 in Frankfurt am Main bei der Familie des Bankiers Jakob Gontard eine Stelle als Hauslehrer (»Hofmeister«) antrat: Sie war die Ehefrau seines Arbeitgebers und Mutter von vier Kindern. Seine Liebe hatte unter den gegebenen Umständen keine Möglichkeit, gelebt zu werden – und bot sich nicht zuletzt dadurch zur Überhöhung an. Nach einem heftigen Streit mit Jakob Gontard verließ Hölderlin im September 1798 das Haus und siedelte nach Homburg über. Bis zu seinem endgültigen Fortgang aus der Frankfurter Gegend im Sommer 1800 traf er sich mehrfach heimlich mit Susette; die beiden tauschten Briefe.

Welche ursprüngliche Wirkung die Begegnung mit Susette auf ihn hatte, geht aus einem Brief hervor, den Hölderlin im Sommer 1796 an seinen Freund Neuffer schreibt:

»Ich bin in einer neuen Welt. Ich konnte wohl sonst glauben, ich wisse, was schön und gut sey, aber seit ich's sehe, möcht' ich lachen über all' mein Wissen. Lieber Freund! es giebt ein Wesen auf der Welt, woran mein Geist Jahrtausende verweilen kann und wird, und dann noch sehn, wie schülerhaft all unser Denken und Verstehn vor der Natur sich gegenüber findet. Lieblichkeit und Hoheit, und Ruh und Leben, u. Geist und Gemüth und Gestalt ist Ein seeliges Eins in diesem Wesen. ... Daß ich jezt lieber dichte, als je, kannst Du Dir denken.«

(Zit. nach: Friedrich Hölderlin, *Sämtliche Werke*, hrsg. von Friedrich Beißner und Adolf Beck, Bd. 6,1, Stuttgart: Kohlhammer, 1954, S. 213f. – Diese »Große Stuttgarter Ausgabe« wird im Folgenden zitiert als: StA.)

Die Diotima-Gedichte sind ganz im Sinne dieser brieflichen Aussage poetische Zeugnisse dafür, wie das Erlebnis der ›Großen Liebe‹ Hölderlins Wahrnehmung der Welt verändert. In den früheren Gedichten (bis hin zur Ode *An die Natur*, entstanden wohl im Frühjahr 1795; vgl. hier S. 8) finden sich immer wieder Manifeste traditioneller christlicher Frömmigkeit. Das Diotima-Erlebnis hatte wesentlichen Anteil an Hölderlins Hinwendung zum diesseitigen Leben. Bereits der erste, nur fragmentarisch überlieferte Text eines Diotima-Gedichts (*Diotima*, ältere Fassung, wohl schon Anfang 1796 niedergeschrieben) verdeutlicht dies: »Wie so anders ist's geworden! / Alles was ich haßt und mied, / Stimmt in freundlichen Akkorden / Nun in meines Lebens Lied, / [...] / Dieses Eine bildest nur / Du in deinen Harmonien / Frohvollendete Natur!« (V. 17–20; 70–72; zit. nach: StA 1,1, S. 212; 214).

Der hier vorgestellte elegische Entwurf *Diotima* von 1796/97 zeigt sich gehaltlich differenzierter als die verschiedenen Fassungen des früheren Gedichts gleichen Namens. Er ist auch komplexer als der elegische Entwurf *An Diotima*, aus dem er in der Handschrift hervorgeht. Das harmonisch schöne Leben, das Diotima verkörpert, wird nicht mehr einfach zu den Disharmonien der von Revolution und Krieg geprägten geschichtlichen Gegenwart in Kontrast gesetzt. Diotima erscheint jetzt als Frieden bringende, rettende Gestalt. Das persönliche Erlebnis ›Großer Liebe‹ wird mit der Hoffnung auf eine geschichtliche Wende hin zu einem besseren gesellschaftlichen Dasein vermittelt. In dem elegischen Entwurf zeichnet sich ein triadisches Modell des geschichtlichen Erlebens ab: Herrscht jetzt »das Chaos der Zeit«, war es »einst« anders. Und es kann, durch das heilsame Wirken eines versöhnenden Wesens, auch wieder ›wie einst‹ werden. Diese geschichtsphilosophische Figur wird nur kurze Zeit später, um 1800, Hölderlins zentrale Botschaft sein, breit entfaltet in Hymnen wie *Der Archipelagus*, Elegien wie *Brod und Wein* oder Gesängen wie der *Friedensfeier*.

In der dritten Reihe der Diotima gewidmeten Gedichte (bestehend aus drei Fassungen, geschrieben wohl zwischen 1798 und 1801) wird die geschichtliche Bedeutung der idealisierten Gestalt relativiert. Erhalten bleibt das Motiv des visionären Kündens einer besseren Zukunft. Diotima aber wird als Person, die selbst für eine geschichtliche Wende sorgen soll, zurückgenommen. Sie gilt nur noch als Gestalt, deren wahres Wesen in Zukunft – anders als in der verständnislosen Gegenwart – Anerkennung finden wird: »Doch ist die Zeit. Noch siehet mein sterblich Lied / Den Tag, der, Diotima! nächst den / Göttern mit Helden dich nennt, und dir gleicht« (*Diotima*, Erste Fassung der dritten Reihe, V. 6–8; zit. nach: StA 1,1, S. 242). In dieser Zurücknahme lässt sich ein Reflex Hölderlins auf die leidvollen, im Scheitern endenden Erfahrungen erkennen, seine ›Große Liebe‹ nicht als gelingende zu erleben.

Entstehungsgeschichtlich gesehen besagt dies, dass dem hier wiedergegebenen elegischen Entwurf im Kreis der Diotima-Gedichte zentrale Bedeutung zukommt. In ihm konzentriert sich die Intensität der ›Großen Liebe‹ und daraus gewonnen die geschichtsphilosophische Substanz dieser Gedichte.

Der Erstdruck erfolgte in der Sammlung *Gedichte von Friedrich Hölderlin*, hrsg. von Ludwig Uhland und Gustav Schwab, Stuttgart/Tübingen: Cotta, 1826, S. 125, unter der Überschrift *An Diotima*. Nicht nur der Titel, auch der Text zeigt gegenüber der Handschrift Abweichungen. Sie sind wahrscheinlich nicht auf eine (dann verschollene) Reinschrift, sondern auf die Eingriffe der Herausgeber zurückzuführen.

Zeilenkommentar

2 *Wonne der himmlischen Muse:* Mit der Muse ist die Göttin Urania gemeint. In der griechischen Mythologie gilt »Urania« als Beiname der Göttin Aphrodite in Bezug auf die Eigenschaften der Liebe, Schönheit und kosmischen Harmonie. Indem Hölderlin Diotima gleich eingangs als »Wonne der himmlischen Muse« preist, gibt er ihr eine mythisch überhöhte Bedeutung, die über das hinausgeht, was Plato in seinem *Symposion* über sie sagt. Das ist umso gewichtiger, als Sokrates' Worte in Platos Text die einzige Quelle unserer Kenntnis von Diotima sind und damit die maßgebliche Referenz darstellen. – Zu Urania setzt Hölderlin seine Diotima auch in anderen Gedichten, die ihr gewidmet sind, in Beziehung; vgl. aus der ersten Serie die 15-strophige Fassung von *Diotima*, V. 61–64, z. B. in: Friedrich Hölderlin, *Gedichte*, hrsg. von Gerhard Kurz, Stuttgart: Reclam, 2000, S. 116.
das Chaos der Zeit: Anspielung auf die griechische Sage, nach der die geordnete Welt, der Kosmos, aus dem Chaos hervorgegangen ist. Hölderlin überträgt diese Vorstellung jedoch in eine geschichtsphilosophische und bezieht sie hier auf seine Gegenwart: auf die durch kriegerische Umwälzungen gekennzeichnete Zeit Europas nach der Französischen Revolution von 1789.
3 *Ordne den tobenden Kampf mit Friedenstönen des Himmels:* In dem wohl 1801 entstandenen großen Gesang *Friedensfeier* wird die hier geforderte harmonische Neugestaltung der Zeit zuversichtlicher, nämlich als sich tatsächlich verwirklichender Prozess dargestellt: »Denn unermeßlich braust, in der Tiefe verhallend, / Des Donnerers Echo, das tausendjährige Wetter, / Zu schlafen, übertönt von Friedenslauten, hinunter« (V. 31–33).

Susette Gontard, Hölderlins Diotima
Gipsbüste von Landolin Ohmacht, 1795

7 *dürftigen:* Gemeint ist wohl, dass die »Herzen des Volks« sowohl unempfänglich geworden als auch bedürftig sind. Die eine Bestimmung folgt aus der anderen. Indem Hölderlin in Vers 5 f. positiv von der »alten Natur« des Menschen spricht, signalisiert er, dass er die gegenwärtige Dürftigkeit der Herzen als einen Zustand der Entfremdung ansieht, der aufgehoben werden kann: durch die Liebe als Wirkmacht Diotimas, an die das Gedicht wieder und wieder appelliert.

10 *sucht sie die Sonne doch auch:* Diotima erscheint hier für Hölderlin als Mittlerin: von anderem, höherem Wesen als die Menschen (seiner Gegenwart), doch keine Göttin, eine idealische Gestalt, die das erfüllende Dasein unter Menschen verkörpert, die sich aber ihrerseits nach der Anwesenheit der Sonne – der Zuneigung der Himmlischen – sehnt; damit die Macht der Liebe vom individuellen Erlebnis, das zwei Menschen ergreift, zu einem ganze Völker in Frieden vereinenden werden kann.

11 f. *Aber ... Orkane sich nur:* In den Schlussversen treten die Klage über einen Verlust und die negative Sichtweise der Gegenwart durch das verklärende Erinnern einer Vergangenheit als Merkmale des Elegischen deutlich hervor. Besonders schmerzlich erscheint der Untergang der »schöneren Welt« aber durch die Präsenz des erfüllenden Daseins: »Denn Diotima lebt« (V. 9). Dieses Zeugnis gibt dem elegischen Entwurf utopisches Potential. Statt die Dichotomie (strenge Zweiteilung) von Vergangenheit und Gegenwart festzuschreiben, eröffnet er gegen den Anschein, der bei einer isolierten Wahrnehmung der Schlussverse entsteht, eine verheißungsvolle Zukunftsperspektive.

Metrische Besonderheiten

Die Grundeinheit des elegischen Entwurfs *Diotima* ist das sogenannte elegische Distichon: also ein Doppelvers, der aus einem daktylischen Hexameter und einem daktylischen Pentameter besteht. In schematischer Form lässt sich das elegische Distichon, wie es bei Hölderlin begegnet, wie folgt darstellen:

– ŭ ŭ – | ŭ ŭ – | ŭ ŭ – | ŭ ŭ – – ŭŭ – ŭ

– ŭ ŭ – ŭ ŭ – | – ŭ ŭ – ŭ ŭ –

Der Begriff »Pentameter« leitet sich vom griechischen *pente* ›fünf‹ ab. Er suggeriert, dass sein Vers stets aus fünf Metra bestehen müsse, obwohl es sich beim elegischen Pentameter anders verhält. Dieser bildet sich wie der Hexameter (griech. *hex* ›sechs‹) aus sechs Daktylen pro Vers. Bis auf die zweite Hälfte des Pentameters können alle zweisilbigen Senkungen der Daktylen auch einsilbig sein.

In ihrer sprachmelodischen Wirkung unterscheiden sich die beiden Verse des elegischen Distichons: Beim Hexameter liegt die Diärese (der Einschnitt, die Pause) nicht fest. Bei Hölderlin kommen die Einschnitte in den Hexametern entweder nach der zweiten, dritten oder vierten Hebung vor. Generell ist der Hexameter gekennzeichnet durch eine gleichmäßige, fortlaufende, schwungvolle Bewegung. Der Pentameter dagegen weist stets eine Diärese nach der dritten Hebung auf. Damit ist er durch eine klare Zweiteilung bestimmt. In der Versmitte stoßen zwei Hebungen aufeinander, die, isoliert betrachtet, einen sogenannten Spondeus (– –) erzeugen und somit irritierend auf den Leser bzw. Hörer wirken. Dadurch, dass jeweils der dritte und der sechste Daktylus des Pentameters katalektisch (unvollständig) sind (es fehlen die jeweiligen Senkungen), entsteht durch den abreißenden Rhythmus eine größere Bewegung.

Sie hat wohl die Funktion, Zustände seelischer Erregtheit oder innerer Unruhe formal umzusetzen. Durch das Zusammenwirken von Hexameter und Pentameter ergibt sich eine Antithetik, die sich auf alle Bereiche – Form, Inhalt, Gehalt und Sprache – beziehen kann. In vollendeter Form findet sich das eben abstrakt beschriebene Zusammenspiel von daktylischem Hexameter und daktylischem Pentameter zum Beispiel im vierten elegischen Distichon des Entwurfs *Diotima* wieder:

Kehr' in die dürftigen Herzen des Volks, lebendige
                          Schönheit!
  Kehr an den gastlichen Tisch, | kehr in die Tempel zurük!

Eine metrische Besonderheit im Pentameter weist hingegen der erste Doppelvers auf. Sowohl sprachmelodisch als auch sinnlogisch liest sich der Vers am besten, wenn man ihn nicht als sechs-, sondern als fünfhebigen Pentameter auffasst – ohne Zäsur und ohne das Aufeinanderprallen zweier Hebungen in der Versmitte (1). Wollte man den Vers streng nach der Form des elegischen Pentameters rhythmisieren, träte entweder einmal ein metrischer Verstoß in der zweiten Hälfte des Pentameters auf, da dort jeweils zweisilbige Senkungen stehen müssen und hier sich der Fall ergäbe, dass der dritte Daktylus eine statt zwei Senkungen aufwiese. Außerdem würde das Wort »Muse« spondeisch betont; es entfiele zugleich die notwendige Diärese (2). Oder es entstünde eine unmotivierte Betonung in der ersten Hälfte des Verses, und zwar bei dem Wort *himmlischen* (3).

(1) W*o*nne der h*i*mmlischen M*u*se das Ch*a*os der Z*ei*t,
(2) W*o*nne der h*i*mmlischen M*u*se das Ch*a*os der Z*ei*t,
(3) W*o*nne der h*i*mmlisch*e*n M*u*se das Ch*a*os der Z*ei*t,

Man könnte die (wahrscheinliche) metrische Abweichung auf ein Versehen Hölderlins zurückführen, das aus dem

Entwurfscharakter des Textes resultiert. Plausibler erscheint die Annahme, dass Hölderlin durch den betont fließenden Charakter sowohl von Hexameter als auch Pentameter eine Korrespondenz von Form und Gehalt des Doppelverses herstellen wollte. Er entwirft in diesen Anfangsversen sein idealisches Bild von Diotima als Ruhe, Versöhnung und Frieden stiftende Gestalt.

Forschungsstimmen

Zum genaueren Verständnis des elegischen Entwurfs *Diotima* ist es nicht nur sinnvoll, ihn im Zusammenhang mit den anderen Diotima-Gedichten zu sehen. Es erscheint auch als zweckmäßig, ihn als Teil eines Bedeutungsganzen zu begreifen, das eine Vielzahl kürzerer Gedichte aus diesem Entstehungszeitraum (1796–98) umfasst. Sie bilden eine Einheit dadurch, dass sie thematisch aufeinander verweisen bzw. ein bestimmtes Thema aus unterschiedlicher Perspektive darstellen. Zu diesen Texten gehören Kurz-Oden wie *Sokrates und Alcibiades*, *An unsre großen Dichter*, *An die Parzen*, *An ihren Genius*, *Die Liebenden*, *Die Heimath*, *An die jungen Dichter* und *An die Deutschen*.

ULRICH GAIER (*1935) sieht in diesem Konstituieren eines differenzierten Sinnzusammenhangs aus mehreren Gedichten ein methodisches Vorgehen Hölderlins, das sein Vorbild in Goethes *Römischen Elegien* haben könnte und Parallelen zu der *Blüthenstaub*-Sammlung des Novalis und Friedrich Schlegels *Fragmenten* und *Ideen* aufweist:

»Kürzere Gedichte können geschrieben werden, wenn sie ihre gedankliche Vollständigkeit, ihre Weiterführung, Begrenzung, Transposition auf andere Ebenen, Anwendung auf analoge Lebensbereiche durch andere kurze Gedichte erhalten, mit denen sie in lockerem äußerem Verbund, aber durch das Publikationsorgan oder wenigstens durch den Namen des Autors zusammengehalten, erscheinen. Das heißt: Hölderlin hat das Konzept der romantischen Fragmente Hardenbergs [Friedrich von Hardenberg, genannt Novalis, 1772–1801] und Friedrich Schlegels [1772–1829] vorweggenommen, wenn man nicht Goethes allerdings weniger divergent tendierende *Römische Elegien* dafür in Anspruch nehmen will. [...]

Besonders auffällig ist das Kommentarverhältnis von *An Diotima* und *Diotima*, den beiden Epigrammen mit den vergleichbaren Motiven und Formulierungen und den so markanten Differenzen zwischen privater und öffentlicher Adressierung und Argumentation. Nicht etwa ist *An Diotima* nur für das Poesiealbum Susettes gedacht, sondern es ist in der Gruppe derjenige Text, der in deutlicher Beziehung zu einem öffentlich orientierten, auf die vaterländische Situation antwortenden Gegenstück eine private, ganz persönliche Ebene von Sprecher und Hörerin einzieht, auf welcher alle andern Gedichte ebenfalls gelten und ihren spezifischen Wert erhalten.

Eine Organisation im Herderschen und Hölderlinschen Sinn besteht aus selbständigen Gliedern, die jeweils ihrer Art und Ausrichtung gemäß zum Bestand der Organisation, zur Funktion nach außen und innen, zur Mannigfaltigkeit der Umweltbeziehung des Ganzen beitragen, die vom Ganzen abhängen und von denen das Ganze hinsichtlich ihrer Leistung abhängt. Dieser Organisationsgedanke, der schon in der Vorrede des *Thalia-Fragments* und der Loyola-Sentenz [Satz aus einer Grabschrift, die ein unbekannter Jesuit für Ignatius von Loyola (1491–1556), den Gründer des Jesuitenordens, entwarf: »Non coerceri maximo, contineri tamen a minimo divinum est« – »Nicht eingeschränkt werden vom Größten und doch umschlossen werden vom Kleinsten ist göttlich«] wirksam war, dient hier offenbar zur Konstitution eines Sinnganzen aus Einzelgedichten, die durchaus für sich stehen können, aber in diesem Zustand genommen offen sind, ein Weiterdenken vom Leser verlangen und dies in mehreren Richtungen zulassen. Beispiel und poetologische Anleitung dazu ist wieder das Gespann *An Diotima* und *Diotima*: im letzteren wird die entfremdete Existenz und der Lebensversuch Diotimas in feindlicher Umwelt als Argument für das Herbeirufen der lebendigen Schönheit benutzt, und zwar ambivalent – als Hoffnungsruf, dessen Realisierbarkeit durch die Existenz der Diotima als Vorbotin glaubhaft wird, als Notruf, weil Diotima unzeitige Erscheinung und in ihrer Existenz bedroht ist. So wie diese Gedichte aufeinander bezogen sind, läßt sich die ganze Gruppe lesen: die einzelnen Gedichte stehen zu allen anderen in Beziehung und erhalten von ihnen in wechselseitiger Sinnbestimmung und -anreicherung die Bedeutungsdimensionen, die sie potentiell enthalten, aber nicht artikulieren. [...]

Das Fragment *An Diotima* (›Komm und siehe ...‹) scheint aus der Verjüngung der Natur durch einen belebenden Regen die analogische Konsequenz zu ziehen, daß Diotima nun in einer neuen verjüngten Welt leben kann, sie, die nach den Kurzelegien *An Diotima* (›Schönes Leben ...‹) und *Diotima* (›Komm und besänftige ...‹) in einer geist- und griechen- und naturfeindlichen Gegenwart ›wie die zarten Blüthen im Winter‹ lebt. Damit ist von der Natur über die Geliebte zur Gegenwart und der kulturell-politischen Situation die Verbindung gezogen.«

Ulrich Gaier: Hölderlin. Eine Einführung. Tübingen/Basel: Francke, 1993. S. 329, 328, 327. – Mit Genehmigung von Ulrich Gaier, Konstanz.

Im biographischen Kontext gelesen, legen die Diotima-Gedichte Zeugnis ab von den großen existentiellen Spannungen, denen sich Hölderlin um 1796/97 ausgesetzt sah. Erlebte er die Liebe zu Susette Gontard als Einklang von

Ideal und Wirklichkeit, musste er zugleich in seiner sozialen Rolle als Hauslehrer (»Hofmeister«) den scharfen Kontrast beider Sphären aushalten. Faktisch gehörte er wie zum Beispiel Marie Rätzer, die Gouvernante der drei Töchter des Ehepaars Gontard, zu den Bediensteten. Und als ein solcher wurde er insbesondere vom Hausherrn auch behandelt. GÜNTER MIETH (*1931) zeigt, dass und wie Hölderlin in den Diotima-Gedichten die Dissonanzen zwischen persönlichem Glück und gesellschaftlicher Entfremdung dialektisch zu verknüpfen versucht:

»Was nur in Gestalt vermittelter historischer Erfahrungen von Frankreich zu Hölderlin herüberkam, wurde durch seine unmittelbaren sozialen Erlebnisse in Frankfurt gestützt. [...] Sein Brotgeber, Jakob Friedrich Gontard, war ein typischer großbürgerlicher Unternehmer konservativer Gesinnung. Das Kapital des Bank- und Handelsgeschäftes, dessen Mitbesitzer er war, wurde 1795 auf 500 000 Gulden (etwa 1 Million Goldmark) geschätzt. Nach seinem Besitz, seinem sozialen Habitus und seiner politischen Gesinnung – sein Wahlspruch lautete: ›Les affaires avant tout‹ [frz., ›Das Geschäft ist alles‹] – gehörte er zu den herrschenden Kreisen der Stadt, die Hölderlin von unten, aus kleinbürgerlicher Sicht, betrachtete. [...]
Hölderlins negative gesellschaftliche Erfahrungen waren ein fruchtbarer Boden für die historische und existentielle Überhöhung der Geliebten. [...]
In Susette Gontard war Hölderlin dieses mit sich selbst absolut identische Sein, die Einheit von Ideal und Wirklichkeit begegnet, und mit ihr gemeinsam hatte er das ›schöne Leben‹ in der Natur gefunden. Als Kontrast zu dieser Harmonie hob sich jedoch um so deutlicher der dissonante historische Prozeß ab: das ›Chaos der Zeit‹, der ›tobende Kampf‹. Dieser Gegensatz verlangte nach einer Aufhebung. Das unvermittelte Nebeneinander von Schönheit und Kampf, von natürlicher Ordnung und gesell-

schaftlichem Chaos war nur vorübergehend durch den Rückzug in die Schönheit der Natur möglich. In dem Augenblick, da in das Dasein des ideell-utopisch überhöhten Liebesglücks die gegenwärtige Realität einbrach, und das geschah durch ein nicht mehr erschließbares Ereignis im Sommer 1797, mußten die äußeren und inneren Dissonanzen um so schriller klingen. Sollte unter diesen Bedingungen weder der philosophisch-pantheistische noch der politisch-revolutionäre Charakter von Hölderlins Weltanschauung preisgegeben werden, dann mußten die ›gärende Zeit‹ und das ›schöne Leben‹ als dialektische Einheit begreifbar sein. Hölderlin gelang dies, indem er die Spannung zwischen Natur und Geschichte in die Natur selbst zurückverlegte.
Die Revolution sowie die mit ihr verbundenen Kriege erschienen nun als Naturnotwendigkeit.«

> Günter Mieth: Friedrich Hölderlin. Dichter der bürgerlich-demokratischen Revolution. Berlin: Rütten & Loening, 1978. S. 46, 47, 49 f. - © 1978 Aufbau Verlagsgruppe GmbH, Berlin (die Originalausgabe / deutsche Erstausgabe erschien 1978) bei Rütten & Loening Berlin; Rütten & Loening ist eine Marke der Aufbau Verlagsgruppe GmbH.

Zu den editionsphilologischen Kontroversen, die sich am elegischen Entwurf *Diotima* entzündet haben, gehört die Frage, wie Vers 2 zu lesen sei: ob genau so, wie ihn die Handschrift überliefert, oder so, dass sich durch eine Konjektur der Sinn anders und besser erfassen ließe. Im Rahmen seiner Herausgabe *Sämtlicher Gedichte* Hölderlins entscheidet sich DETLEV LÜDERS (*1929) 1970 zwar im Textteil, der Handschrift zu folgen. In seinem Kommentar gibt er jedoch zu bedenken:

»Dieser in der Hs so überlieferte Vers müßte vielleicht sinngemäß richtiger so gelesen werden: *Wonne der*

Himmlischen, Muse, ... Dafür spricht die bei der jetzigen Lesung bestehende Unklarheit der Wendung *Wonne der himmlischen Muse* und die Zäsur des Pentameters nach *himmlischen*, die ohnehin eine mögliche attributive Zugehörigkeit dieses Wortes zu *Muse* nicht zur Wirkung kommen ließe. Die angerufene *Muse* wäre Urania, die *Göttin der Harmonie* (vgl. die an sie gerichtete Hymne, bes. v. 25–28).«

> Friedrich Hölderlin. Sämtliche Gedichte. Studienausgabe in zwei Bänden. Hrsg. von Detlev Lüders. Bd. 2. Wiesbaden: Aula-Verlag, ²1989. S. 125. – © AULA-Verlag, Wiebelsheim.

HELMUT BACHMAIER variiert in seinem 1978 erschienenen Auswahlband diese Konjektur (herausgeberische Vermutung). Er behält, der Handschrift folgend, die Kleinschreibung der Genitiv-Wendung »himmlischen« bei. Jedoch setzt er – wie Lüders – vor und nach »Muse« ein Komma. Darüber hinaus identifiziert er die »Muse« in seiner Deutung als Diotima (Friedrich Hölderlin, *Gedichte. Hyperion*, hrsg. von Helmut Bachmaier, München 1978, S. 322–325).

Sowohl gegen Lüders als auch gegen Bachmaier argumentiert ADOLF BECK (1906–1981). Zum metrischen Einwand bei Lüders schreibt er:

»Hölderlin baut nicht eben selten Pentameter von gleichem oder ähnlichem Rhythmus, in denen vor der obligaten Zäsur (nach der ersten Vershälfte, ›Penthemimeres‹) ein dreisilbiges Adjektiv oder Partizip mit Neben-, nicht Haupton steht und darauf ein das Attribut regierendes zweisilbiges Substantiv folgt (in den folgenden Beispielen wird die obligate Zäsur durch zwei [...] Striche, die Sinn-Zäsur durch einen bezeichnet). ›Menons Klagen‹ v. 114: ›Ruft es von silbernen // Bergen / Apollons voran‹; ›Stutgard‹ v. 36: ›Seelen der streitenden // Männer / zusammen der Chor‹ (und v. 44); ›Heimkunft‹ v. 32: ›Herzen der alternden // Menschen / erfrischt und ergreifft‹.«

> Adolf Beck: »Die Liebe der Deutschen«. In: Hölderlins Weg zu Deutschland. Fragmente und Thesen. Stuttgart: Metzler, 1982. S. 55–103, hier S. 219 f., Anm. 37. – © 1982 J. B. Metzlersche Verlagsbuchhandlung und Carl Ernst Poeschel Verlag GmbH in Stuttgart.

Bachmaier wird von Beck erst referiert und zitiert, dann kritisiert:

»Liebe, so sagt [Bachmaier] mit Grund, ist bei Hölderlin ›nicht nur etwas Individuelles oder Persönliches, sondern wird zum Prinzip der Geschichte‹; daraus aber schließt er: ›Diotima wird deshalb zur Muse, zur versöhnenden Macht im *Chaos der Zeit*. Das Gedicht setzt mit einem antiken Topos, dem Musenanruf, ein, und es wird für die Zukunft eine befriedete Welt, die Vollendung der Geschichte, von der zur göttlichen Macht erhobenen Diotima erfleht‹.
Sonach gälte Diotima das ganze den Anruf erweiternde, in besondere Bitten verzweigte, so innige wie wahrhaft ›soziale‹ Gebet (v. 3–8) [...].
Diotima wird nun aber, abgesehen von der Überschrift, erst im letzten Drittel des Gedichts (v. 9–12) mit Namen genannt, und zwar in der 3. Person [...].
Hier ist Diotima die irdische, dem Dichter gegenwärtige Diotima: die Leidende, ›im Winter‹ der Zeit Frierende [...].
Nochmals: In dem das Gebet (mit ›Denn‹) begründenden Schlußteil ist Diotima die Leidende. Und sie soll in dem Gebet die angerufne ›Muse‹ sein – nicht die begeisternde Muse des Dichters natürlich, sondern die in Welt und Zeit Friedenstiftende? Die Mächtige, ›zur göttlichen Macht erhobene‹, von der der Dichter ›die Vollendung der Ge-

schichte [...] erfleht‹? Das ist unmöglich. Abgesehen davon, daß der jähe Wechsel vom Anruf zur Aussage in der 3. Person, wenn beides Diotima gälte, den so schönen Bau des Gedichts durch einen scharfen, tiefen Riß erschüttern würde: die ›himmlische Muse‹ ist Urania, die Göttin der Harmonie, der schon die größte der Tübinger Hymnen galt.«

Ebd. S. 64 f.

Buonaparte

Heilige Gefäße sind die Dichter,
　Worinn des Lebens Wein, der Geist
　Der Helden sich aufbewahrt,

Aber der Geist dieses Jünglings
　Der schnelle müßt' er es nicht zersprengen
　Wo es ihn fassen wollte, das Gefäß
　Der Dichter laß ihn unberührt
　wie den Geist der Natur,
　An solchem Stoffe
　　　wird zum Knaben
　　　der Meister
　Er kann im Gedichte
　　nicht leben und bleiben
　　Er lebt und bleibt
　　　in der Welt.

Nach Handschrift H 3 – bestehend aus zwei Doppelblättern im Quartformat, darin auf S. 7 in der unteren Hälfte, am Schluss einer Reinschrift von *Der Wanderer*.

Entstehung und Erstdruck

Zu dem Diotima-Erlebnis der ›Großen Liebe‹ kommt bei Hölderlin ein zweites, das einen wesentlichen Anteil an seiner Hinwendung zum hiesigen Leben hat. Es ist nicht persönlich-privaten Ursprungs, sondern stellt ein welthistorisches Ereignis dar: die Französische Revolution von 1789. Durch ihre in der Philosophie der Aufklärung vorbereitete Ablehnung der christlichen Lehre vom Gottesgnadentum, also durch die Delegitimierung der Monarchie als herrschende Staatsform, eröffnete diese Revolution einen im Abendland zuvor nie gekannten politisch-kulturellen Freiraum. In ihrem Sog zeigte sich im ausgehenden 18. Jahrhundert die Geschichte als ein Feld ungeheurer Möglichkeiten. Aus ihren nachrevolutionären Wirren ging in Frankreich sowohl die jakobinische Schreckensherrschaft hervor (mit der Hinrichtung Robespierres am 28. Juli 1794 als ihrem Höhepunkt) als auch der unaufhaltsame Aufstieg eines jungen Korsen, des 1769 oder 1768 geborenen Napoleone Buonaparte. Auf diese Weise, in der italienischen Namensform, unterzeichnete er viele Jahre seine Dokumente. Das gilt auch für das Jahr 1797, in dem das Gedicht vermutlich entstand (was Hölderlins Schreibweise im Titel erklärt). Erst ab 1801 nannte sich Napoleon dann Napoleon Bonaparte.

Um dem rhapsodischen Entwurf *Buonaparte* werkgeschichtlich gerecht zu werden und um Hölderlins seismographisch fiebernde Achtsamkeit auf die epochalen Spannungen zu erfassen, gilt es zunächst zu berücksichtigen, wer dieser Napoleone zur Zeit der Niederschrift des Textes war – und wer noch nicht. Er war tatsächlich noch kein politischer Führer oder Potentat (1799 wurde er Erster Konsul, 1802 alleiniger Konsul und erst 1804 dann Kaiser der Franzosen), sondern Soldat. Erstmals tat er sich 1795 hervor, bei der Niederschlagung eines Royalisten-Aufstands. Dann folgte sein Aufstieg als Feldherr der Revolutionstruppen. Als solcher trat er machtvoll und siegreich in Erscheinung. Für Frankreich erzwang er auf italienischem Gebiet bei Udine gegen das konservative Österreich am 17. Oktober 1797 den Frieden von Campo Formio, der die Etablierung einer Cisalpinischen Republik bewirkte.

Für Hölderlin wurde Buonaparte, der raumgreifende Tatheld –, wie Diotima, das durch Liebe einnehmende Wesen –, zur Kristallisationsfigur seiner frisch erweckten, zu dieser Zeit euphorischen Erwartungen an die Geschichte. Entsprechend kreisen mehrere aussagekräftige Gedichte aus den Jahren 1796 bis 1799/1800 um diese Gestalt. Neben *Buonaparte* sind dies *Die Muße*, *Die Völker schwiegen, schlummerten ...*, *Der Frieden* und *Dem Allbekannten*. Die drei in der Aufzählung zuerst genannten Gedichte behandeln jedoch die zeit- und kulturgeschichtliche Thematik von Krieg und Frieden in allgemeinerer Hinsicht. Und das spätere Napoleon[e]-Gedicht *Dem Allbekannten*, entworfen um 1800, steht durch den stark fragmentarischen Charakter seiner Form und durch die Zergliederung seines Gehaltes in verschiedene, zum Teil kaum miteinander verbundene Aspekte hinter *Buonaparte* zurück.

Der enge entstehungsgeschichtliche Zusammenhang zwischen dem Entwurf dieser Ode und dem schnellen Aufstieg Napoleons zu einem Kriegsherrn, der (wie Hölderlin meint) den Idealen einer neuen Zeit geopolitischen Einfluss gewinnt, spiegelt sich in der Wechselwirkung, in der Form und Gehalt dieses Textes zueinander stehen. *Buonaparte* beginnt eindeutig in der Form einer Ode. Die ersten drei Verse sind gestaffelt, das heißt: die Verse zwei und drei sind nach rechts eingerückt (zur möglichen Vollendung der Strophe fehlt allerdings ein vierter Vers). Eine zweite Strophe wird wiederum mit Versabstand links begonnen. Dann jedoch löst sich die konventionelle poetologische Ordnung auf. Der Text verliert die Stilmerkmale

der Oden-Form und der Versifizierung bzw. Rhythmisierung überhaupt und geht in Prosa über. Darin bleibt er aber syntaktisch und semantisch korrekt. So entsteht der Gesamt-Eindruck eines stimmigen Sinngebildes, dem (nur) die ursprünglich zugedachte Form einer Ode nicht angemessen ist. Dieser an der Gestalt des Textes gewonnene Eindruck wird durch seinen Gehalt bestätigt. Und umgekehrt: der Gehalt begründet die Form (vgl. dazu die Bemerkungen im Zeilenkommentar).
Der Erstdruck des Textes erfolgte in: Carl Müller Rastatt, *Friedrich Hölderlin. Sein Leben und sein Dichten. Mit einem Anhange ungedruckter Gedichte Hölderlins*, Bremen: Hampe, 1894, S. 103. – Bemerkenswert ist an dieser Stelle, dass der in der Forschung auch im 20. Jahrhundert noch lange vernachlässigte Text den ersten Editoren offensichtlich große Verständnisschwierigkeiten und damit auch Probleme der zeitlichen Einordnung bereitet hat. So entschied sich Marie Joachimi-Dege 1909 dafür, das Gedicht in die Abteilung »Aus der Zeit der Umnachtung« (also nach 1806/07) zu versetzen (*Hölderlins Werke in vier Teilen*, hrsg., mit Einl. und Anm. vers. von Marie Joachimi-Dege, Berlin 1909).

Zeilenkommentar

1 *Heilige Gefäße sind die Dichter:* Dieser erste Vers fasst programmatisch Hölderlins Verständnis vom Dichter zusammen, der für ihn in der griechisch-antiken Tradition des Helden-Preises und in der jüdisch-christlichen Tradition der Propheten und Apostel steht. Als »Gefäße« sind die Dichter aufnehmende Wesen. Sie empfangen und sie fassen zugleich: sie lassen sich erfüllen vom weltgeschichtlichen Geschehen und geben diesem Geschehen durch ihr eigenes spezifisches Dasein eine neue Form, die des deutenden, verkündenden Wortes.

2 *des Lebens Wein, der Geist:* Das Auserwähltsein der Dichter wird hier durch die spirituelle Qualität dessen betont, was die »Gefäße« aufnehmen: Wein, das rituelle Getränk vieler Kulturen, so auch der griechischen und der jüdisch-christlichen Tradition. Die zusätzliche, fokussierende Hervorhebung des »Geistes« evoziert über das Motiv der Gärung die Vorstellung der Verwandlung des Stoffes durch den Dichter in das inspirierte Wort.

3 *sich aufbewahrt:* Das reflexive Verb mit eigentlich passiver Bedeutung, hier aber durch den Bezug auf den »Geist / Der Helden« aktiv, signalisiert, dass Hölderlin in den Dichtern nicht eigenmächtige Deuter, sondern eigentlich Medien sieht. Subjekt (und damit von seinem Seins-Status her gesehen Substanz) ist der genannte »Geist«, der durch die Dichter als Medium hindurchgeht. Er, der Aufbewahrte, ist zugleich das, was sich bewahrt in den »Gefäßen« bzw. sich bewahrheitet, indem es durch die Dichter zu Wort kommt.

4 *Aber:* Die adversative Konjunktion am Beginn der neuen Strophe hat eine wichtige poetologische Funktion. Sie zeigt an, dass im Folgenden ein markanter Gegensatz zur grundsätzlichen Aussage der ersten Strophe zu erwarten ist.

4 *Geist:* Nirgendwo im Text wird Napoleon[e] mit Namen genannt oder wird konkret auf seine Person hingewiesen (etwa auf die Tatsache, dass er ein Korse oder ein französischer Heerführer ist), sondern er wird als »Geist« angesprochen. Damit wird er seinerseits, wie zuvor auf andere Weise die Dichter, als Werkzeug gesehen, als Medium, durch das eine überindividuelle Kraft geschichtlich wirkt. Vers 8 wird im Modus des Vergleichs diese eigentlich Epoche machende Kraft als »den Geist der Natur« bezeichnen.

4 *Jünglings:* Von seinem Lebensalter von fast dreißig Jahren aus gesehen, ist Buonaparte zur Entstehungszeit des Gedichts kein ›Jüngling‹ mehr. Jedoch gehörte er – wie

Buonaparte als Erster Konsul
Ölgemälde von Jacques-Louis David, 1797

Hölderlin, der ihn preisende Sänger – noch immer der jungen Generation an, also jener Generation, die aus der Französischen Revolution ihre Lebensperspektiven bezog. Das Substantiv ›Jüngling‹ meint vor allem Hintergrund: ›Verjüngender‹, ›jung Machender‹. Buonapartes Wirken wird im Zeichen der kulturellen Erneuerung, des Gestaltens einer neuen Zeit wahrgenommen; der Feldherr erscheint nach seinen Triumphen in Italien nicht eigentlich mehr als Krieger, sondern als Friedensbringer. In der Ode *Der Frieden*, wohl im Spätherbst 1799 entstanden, nennt Hölderlin den Frieden entsprechend selbst »verjüngender« (V. 25).

5 *Der schnelle:* Das Attribut, mit dem »der Geist dieses Jünglings« (V. 4) näher charakterisiert wird, meint in der Hauptsache wohl ›tatkräftig‹ (vgl. Duden Etymologie. Herkunftswörterbuch der deutschen Sprache, 2., völlig neu bearb. und erw. Aufl., hrsg. von Günther Drosdowski, Mannheim [u. a.] 1989, S. 644f.) und ›entschlussfreudig‹. Zusätzlich spielt es auf den raschen Aufstieg an, den Buonaparte als Feldherr erlebt. In dieser Nuance liegt eine Ambivalenz. Sie steht zum adversativen »Aber« in V. 4 in Bezug und begründet von ihrem Gehalt her gesehen den formalen Abbruch des Oden-Entwurfs. Wenn nämlich atemberaubende ›Schnelligkeit‹ das Wirken Buonapartes beschreibt, wenn die Kraft dieses Helden eine ist, die auf weitere Taten sinnt, dann kann es in der Gegenwart nur eine Ahnung der welthistorischen Aufgabe dieses Mannes und der Art ihrer Erfüllung geben, aber keine genaue Kenntnis von ihr. »Buonaparte« verdichtet sich zum Namen eines Versprechens, einer Verheißung. Sein Schicksal ist zukunftsoffen. Dem entspricht Hölderlin gestisch durch die Öffnung der Odenform ins (scheinbar) Fragmentarische. Gehaltlich reagiert er darauf, indem er in den folgenden Versen gerade diese Problematik ausführt, nämlich, welche Gefahr darin liegt, eine nicht aus der Rückschau

darstellbare, sondern eine erst Epoche machende Gestalt dichterisch zu fixieren.

6 *Wo es ihn fassen wollte, das Gefäß:* In diesem Vers verdichtet sich das eigentliche, im Textganzen durch die Wechselwirkung von Form und Gehalt reflektierte Thema des Gedichts in einer Figura etymologica: in der starken Verwandtschaft der Wörter »fassen« und »Gefäß«. An dieser Stelle werden sie in Kontrast gesetzt. Der Dichter darf den Buonaparte-Stoff nicht nur nicht eigenmächtig ausgestalten wollen; selbst wenn er zu dessen bloßer Aufnahme bereit wäre (also als ein ›heiliges Gefäß‹), könnte er ihm nicht entsprechen. – In der Elegie *Brod und Wein* wird dieses Motiv mit Bezug auf »die Himmlischen« (V. 112) aufgenommen: »nicht immer vermag ein schwaches Gefäß sie zu fassen« (V. 113).

9 *An solchem Stoffe:* In der verallgemeinernden Rede von »solchem Stoffe« wird ähnlich wie in der Wendung »Geist« in V. 4 deutlich, dass es Hölderlin mit diesem Gedicht nicht um Buonaparte als um eine individuelle Person geht. Er hätte sonst von ›diesem Stoffe‹ sprechen müssen. Hölderlin fasst das Phänomen Buonaparte hier nicht als einzelnes oder exklusiv, sondern er nimmt es als Beispiel für die Gegenwart eines Tathelden und darüber hinaus für den ›Stoff der Geschichte‹, der sich von Zeit zu Zeit in wirkmächtigen Gestalten verdichtet, ohne deshalb objektiviert und in den Grenzen eines Textes dargestellt werden zu können.

10f. *Knaben / Meister:* Das Bild des »Knaben« ruft die angemessene Haltung angesichts der Unmittelbarkeit erschütternder geschichtlicher Ereignisse hervor. Es lässt den Dichter scheu werden und staunen, ihn das eigene Unvermögen spüren, sich jedoch auch beschenkt fühlen. Und es lässt ihn die Zukunft, statt sie von sich her mit Projektionen zu verstellen, so annehmen, wie das Wort es buchstäblich sagt: als das, was ihm zukommt. Ähnlich verwendet Hölderlin dieses Bild, generell bezogen auf die Menschen, später auch in *Brod und Wein*; vgl. dort V. 73–76. – Das sogleich folgende Motiv des »Meisters« relativiert die Rede vom »Knaben«. Im Einklang mit der Aussage der ersten Strophe signalisiert es, dass die Auszeichnung, ein Dichter zu sein, in der Regel durchaus darin besteht, einer Gestalt formvollendet und mit der Deutungshoheit des inspirierten Sehers und Künders seinen Ausdruck verleihen zu können, und zwar immer dann, wenn es sich um einen ›Stoff‹ handelt, der bereits geschichtlich ausgeprägt ist.

14 f. *Er lebt und bleibt / in der Welt:* Die »Welt« meint hier den Ort geschichtlicher Taten. Dort wirkt Buonaparte zur Zeit der Entstehung dieses Textes nicht nur, dort empfängt er auch bereits die ihm gebührenden militärischen und politischen Auszeichnungen für seine Siege, gewinnt er persönlichen Ruhm und die Aura eines großen Feldherrn sowohl bei den Völkern als auch bei den Potentaten. Von der »Welt« wird die Sphäre des Gedichts unterschieden (vgl. V. 12), jedoch nicht in Form eines ausschließenden Gegensatzes. Buonaparte erhält sein Helden-Bild gerade in diesem ihn nicht fassen wollenden Gedicht.

Metrische Besonderheiten

Wie oben dargelegt, deutet sich für den rhapsodischen Entwurf *Buonaparte* die Form einer Ode an. Ihr stilistisches Hauptmerkmal besteht jedoch darin, dass sie sich in Verbindung mit der Entwicklung des Themas in die Form eines Prosatextes hinein auflöst. Auch abgesehen davon, dass Hölderlin die Form der Ode (mutmaßlich: bewusst) nicht durchhält, manifestiert sich in dieser Textur von Anfang an – nicht einmal in den drei Versen der ersten, ihrerseits noch unvollständigen Strophe – keines der klassischen Odenmuster, die sonst bei Hölderlin begegnen: Man findet keine asklepiadeische Strophe (die das Gedicht *Heidelberg* kennzeichnet) oder alkäische Strophe (die dem Gedicht *Dichterberuf* zugrunde liegt). Insofern die feste, vorgegebene Odenform fehlt, lassen sich an *Buonaparte* im strengen Sinne also keine metrischen Besonderheiten hervorheben.

Das bedeutet jedoch nicht, dass dem Text jegliche metrische Gestaltung fehlt. Es begegnen sowohl Trochäen (– ◡) als auch Jamben (◡ –), Daktylen (– ◡ ◡) und Anapäste (◡ ◡ –). Der erste Vers lässt sich rein trochäisch betonen; der darauf folgende rein jambisch; der dritte Vers zeigt die Reihenfolge Jambus, Anapäst und Jambus. Der vierte Vers könnte gelesen werden in der Abfolge von zwei Daktylen und einem Trochäus. Sinnlogischer erscheint es aber, von einem Spondeus (– –) nahe der Versmitte auszugehen. Er entsteht, wenn die Betonung auf dem tragenden Wort »Geist« und auf der ersten Silbe des Demonstrativpronomens »dieses« angenommen wird. Die Funktion dieser Betonung wäre es, die Besonderheit der Napoleon-Gestalt auch metrisch umzusetzen.

Die auffallende metrische Unregelmäßigkeit in diesem Text unterstreicht das Wesensbild Buonapartes, wie Hölderlin es hier zeichnen will: sie drückt das Begeisterte und Begeisternde, das Ungestüme und das durch ein Maß nicht zu Fassende dieses Geistes aus.

Forschungsstimmen

Das Buonaparte-Gedicht zählt noch immer zu den in der Hölderlin-Forschung unterschätzten Texten. In den Werkausgaben wird es meist nur mit wenigen erläuternden Zeilen bedacht. Auch in der Sekundärliteratur findet es bisher kaum Erwähnung. Die erste detaillierte Gedichtanalyse und zeitgeschichtliche Einordnung hat der Verfasser zusammen mit Ursula Brauer vorgelegt in dem Buch *»Streit und Frieden hat seine Zeit«. Hölderlins Entwicklung seiner Geschichtsphilosophie aus der Anschauung der Gegenwart: Fünf Zeitgedichte vor 1800*, Stuttgart/Weimar: Metzler, 2000, bes. S. 256–276. Die hier gegebenen einleitenden Bemerkungen und der Zeilenkommentar nehmen die dort entwickelten Ergebnisse auf.

Noch vor der Veröffentlichung dieser Untersuchung hat ULRICH GAIER (*1935) auf einen wichtigen Aspekt aufmerksam gemacht. Er analysiert den handschriftlichen Zusammenhang, in dem *Buonaparte* zur Ode *Empedokles* steht. In dieser räumlichen Nähe sieht er keinen Zufall, sondern die Manifestation eines poetologisch-philosophischen Bezugs:

»Empedokles treibt [...] der Geist der Unruh, wie Buonaparte. In Empedokles drängt die individuell eingeschränkte Kraft des Lebens aus ihren Schranken zurück in ›Element‹, ins bodenlose Leben, in Buonaparte verkörpert sich das Element, das gärende Feuer, der Geist der Unruh und vernichtet die tötende Einschränkung des politischen Lebens der Völker. Buonaparte ist vom Dichter nicht zu gestalten, wie der Geist der Natur selbst, wohl aber seine Kehrfigur Empedokles. Wie die Entwürfe auf zwei Seiten eines Manuskriptblatts stehen, so kann Empedokles als ›kühneres fremderes Gleichniß und Beispiel‹ (IV 150; 2, 426) für Buonaparte oder besser die revolutionären, entgrenzenden Bewegungen in der Zeit dienen, die sich in Buonaparte eine Gestalt und ein Werkzeug geschaffen haben.«

Ulrich Gaier: *Hölderlin. Eine Einführung.* Tübingen/Basel: Francke, 1993. S. 292. – Mit Genehmigung von Ulrich Gaier, Konstanz.

Rolf Selbmann (*1951) untersucht die Darstellung des Verhältnisses von Dichtern und Tathelden in Hölderlins Lyrik. Den Aufstieg Napoleons zum Ersten Konsul 1799 sieht er als markanten Wendepunkt für Hölderlins Einschätzung an. Er illustriert den Sinneswandel anhand der Entstehungsgeschichte der Ode *Dichterberuf*, nimmt aber auch auf *Buonaparte* Bezug:

»Ursprünglich gehen Dichter und Heroen gemeinsam aus dem Erscheinen des Bacchus [griechischer Gott des Weines] hervor und treten gleichrangig auf: die Dichter sind für das Wecken der Schlafenden, die Heroen für Gesetzgebung und Eroberung zuständig. [...]
Wie im ersten Entwurf [zu *Dichterberuf*] hatte Hölderlin auch in dem 1797 entstandenen Gedicht ›Buonaparte‹ die ideale Gemeinschaft von Dichter und Held konzipiert [...].
Offensichtlich läßt sich der Wendepunkt in Hölderlins poetischem und politischem Denken damit genau fixieren. Die als noch offen erlebten Verhältnisse im revolutionären Frankreich waren mit dem Staatsstreich Napoleons 1799 umgeschlagen. Hölderlins Verstörung darüber läßt sich biographisch belegen. Sie hat offensichtlich auch Hölderlins bisherige Einschätzung des Dichterberufs grundlegend erschüttert. Die arbeitsteilige Gleichgerichtetheit und Ebenbürtigkeit von Dichter und Held, die Goethes ›Tasso‹ in der noch höfischen Welt desillusioniert hatte, war nun auch in der revolutionären Gegenwart gescheitert.«

Rolf Selbmann: Dichterberuf. Zum Selbstverständnis des Schriftstellers von der Aufklärung bis zur Gegenwart. Darmstadt: Wissenschaftliche Buchgesellschaft, 1994. S. 68 f. - © 1994 Wissenschaftliche Buchgesellschaft, Darmstadt.

Wulf Wülfing (*1934) widmet sich in einem Aufsatz der Mythisierung der Napoleon-Gestalt in der deutschen Literatur des 19. Jahrhunderts. An *Buonaparte* hebt er aus dieser Sicht zwei Aspekte hervor: zum einen die ungewöhnlich frühe heroische Überhöhung des Korsen, der 1797 noch einer von mehreren erfolgreichen Generälen der französischen Revolutionstruppen war, zum anderen den Vergleich Napoleons mit der allgewaltigen Natur (vgl. V. 8):

»Dieser Vergleich ist hinsichtlich unserer Thematik bedeutungsvoll. Ohne hier auf den Stellenwert, den ›Natur‹ bei Hölderlin hat, eingehen zu können, bleibt festzuhalten, daß in Hölderlins Text ein General, der Oberbefehlshaber einer Armee – ein Mann also, der in besonderer Weise der *Geschichte* unterworfen ist, mehr noch: in sie eingreift –, daß ein solcher Mann einerseits mit der *Natur* andererseits verglichen wird, also mit dem, was nach traditioneller Auffassung der Geschichte eben nicht unterworfen, sondern ihr entgegengesetzt ist und damit z. B. in der Lage, Trost spendendes Gegenbild zu dem zu sein, was der geschichtliche Bereich durch seine ›Enge‹, Ungerechtigkeit usw. an Verdruß bereitet. Was aber ist nun das tertium comparationis [das ›Dritte‹, das zwei Dinge, die miteinander verglichen werden sollen, gemeinsam haben], das die Basis dafür abgibt, daß zwei sonst zueinander im Verhältnis der Antithese stehende Elemente – eine geschichtliche Figur einerseits und die Natur andererseits – miteinander verglichen werden können?
Beobachtungen an anderen Texten, mit deren Hilfe sich eine der Funktionen, die Naturmetaphorik zu jener Zeit haben kann, beschreiben läßt, legen die Vermutung nahe, daß ›Natur‹ einerseits und ›Buonaparte‹ andererseits eines gemeinsam haben: das Moment der Notwendigkeit, des Unausweichlichen. Der Siegeszug dieses ›Helden‹ ist also unaufhaltsam wie ein Naturereignis, wie z. B. – und auch dieser Vergleich wäre vielfältig nachweisbar – ein reinigendes Gewitter; es ist die Stunde, da die Nicht-Helden, die Philister, die sonst das Sagen haben, schweigen müssen. Damit ist aber auch der antithetische Charakter von ›Na-

tur‹ einerseits und ›Buonaparte‹ andererseits aufgehoben; und zwar vor allem deswegen, weil Metapher und Vergleich, die funktional dasselbe leisten können, letztlich darauf hinauslaufen, die *Identität* der miteinander in Beziehung gesetzten Gegenstandsbereiche zu manifestieren: Der ›Held‹, also Bonaparte, *ist* Natur, und zwar ist er – und dies macht seinen qualitativen, fundamentalen Unterschied zu den Nicht-Helden aus – Konzentration von Natur; er ist mit einer größeren Fülle von ›Leben‹ begabt. Ich bezeichne die literarische Darstellung dieser Identifizierung im folgenden mit der Kurzformel *Naturmotiv*. [...]
Zu den Attributen, mit denen Hölderlin Bonaparte ausstattet, gibt es in der historischen Wirklichkeit – noch – kaum ein Pendant; es handelt sich vielmehr um Zuschreibungen, die zwar von Daten der historischen Wirklichkeit ausgehen können, diese aber auf eine solch hyperbolische Weise übertreffen, daß die Verbindung zwischen historischer Wirklichkeit und hymnischem Wort zu zerreißen droht. Hölderlins Rede von ›Buonaparte‹, vom ›Geist dieses Jünglings‹, ist eine Rede, die sich gegenüber der Wirklichkeit – fast – selbständig gemacht hat. Kurz: Hölderlins Entwurf zu einer Bonaparte-Ode ist Mythisierung Bonapartes.
Hölderlins Entwurf wäre allerdings auch dann Mythisierung Bonapartes, wenn er *nach* Lunéville, Austerlitz und Jena und Auerstedt [Schlachten, in denen Napoleons Truppen siegten] geschrieben worden oder wenn der ›Held‹ 1798 sang- und klanglos gestorben wäre. Denn das entscheidende Merkmal für Mythisierung ist letztlich nicht jene Pointe, sondern die im Entwurf behauptete Identität von ›Buonaparte‹ und ›Natur‹.

> Wulf Wülfing: Zum Napoleon-Mythos in der deutschen Literatur des 19. Jahrhunderts. In: Helmut Koopmann (Hrsg.): Mythos und Mythologie in der Literatur des 19. Jahrhunderts. Frankfurt a. M.: Klostermann 1979. S. 81–108; Zitate: S. 83 f., 85. – © 1979 Vittorio Klostermann Verlag, Frankfurt am Main.

Da ich ein Knabe war

Da ich ein Knabe war,
  Rettet' ein Gott mich oft
    Vom Geschrei und der Ruthe der Menschen,
    Da spielt' ich sicher und gut
      Mit den Blumen des Hains,   5
        Und die Lüftchen des Himmels
          Spielten mit mir.

Und wie du das Herz
Der Pflanzen erfreust,
Wenn sie entgegen dir   10
Die zarten Arme streken,

So hast du mein Herz erfreut
Vater Helios! und, wie Endymion,
War ich dein Liebling,
Heilige Luna!   15

O all ihr treuen
Freundlichen Götter!
Daß ihr wüßtet,
Wie euch meine Seele geliebt!

Zwar damals rieff ich noch nicht   20
Euch mit Nahmen, auch ihr
Nanntet mich nie, wie die Menschen sich nennen
Als kennten sie sich.

> Doch kannt' ich euch besser,
> Als ich je die Menschen gekannt,
> Ich verstand die Stille des Aethers
> Der Menschen Worte verstand ich nie.
>
> Mich erzog der Wohllaut
> Des säuselnden Hains
> Und lieben lernt' ich
> Unter den Blumen.
>
> Im Arme der Götter wuchs ich groß.

Nach Handschrift H 53 – ein Heft, bestehend aus fünf Lagen von je zwei Doppelblättern im Quartformat, die ineinandergelegt sind; darin: S. 38–39.

Entstehung und Erstdruck

Dieser Text, den Hölderlin ohne Überschrift ließ (deshalb wird von den Herausgebern in der Regel der erste Vers ersatzweise auch als Titel genommen), ist wohl 1797/98 entstanden, also noch während der Frankfurter Zeit und damit in der Nähe Diotimas. Ob es sich bei der fast ohne Korrekturen gebliebenen Niederschrift um einen Entwurf handelt oder um ein fertiges Gedicht, lässt sich nicht entscheiden und ist in der Forschung entsprechend strittig. Im ersten kompletten Druck von 1874 (s. S. 48) wird der Text an seinem Ende mit Punkten versehen und damit als Fragment gedeutet. Tatsächlich entspricht Hölderlins häufig antithetischem Denken eher ein Kompositionsprinzip, das zur Darstellung der früheren Lebenszeit die Beschreibung einer späteren in Kontrast setzt (vgl. *Der Gott der*

Der junge Hölderlin
Getönte Bleistiftzeichnung, 1786

Jugend von 1794/95; *An die Natur* von 1795; und in diesem Band: *Hälfte des Lebens* von 1803, Vorstufen 1800). Jedoch wirkt der Text in sich stimmig. Und er verfügt durch den sentenzhaften Satz an seinem Ende über einen Vers, der zweifellos geeignet ist, einen Schluss zu markieren und damit die Vollständigkeit des Textes zu signalisieren.

Die harmonisierende, aufheiternde Nähe Diotimas scheint im Gestus dieses Gedichts greifbar zu sein. Die Verse entwerfen aus der Rückschau ein anderes Bild des jungen Hölderlin, als dies die frühesten der überlieferten Gedichte tun. Es ist ein selbstbewusstes, stolzes Bild eines Menschen, der um das eigene Auserwähltsein weiß. Und es zeigt die Welt des Kindes nicht als Ort der Schuld und der Buße, sondern als Sphäre der Gegenwart der Götter. Auch wenn der Rückblick stilisiert ist (dies kann in der Kunstform eines Gedichts nicht anders sein), offenbart er sicherlich reale Züge des kindlichen Erlebens, die der Knabe aber seinerzeit nach außen hin, vor der Familie und vor anderen Respektspersonen, verborgen hielt. Dies tat er wohl mit Grund, denn die zarte Naturfrömmigkeit, die demonstrative Distanz zum gewöhnlichen Tun der Menschen und das im letzten Satz so stolz wie selbstverständlich gegebene Bekenntnis, ein Liebling der Götter – und eigentlich von ihnen erzogen – zu sein, sind Eigenschaften, die im christlich-pietistischen Umfeld des Knaben alle auf schärfste Ablehnung gestoßen wären.

Diese Vorlieben jedoch erklären Hölderlins reale weitere Entwicklung: seine Zuwendung zur Welt als dem eigentlich heimatlichen Lebensraum der Menschen; seine Begeisterung für die griechische Kultur nicht aus klassisch-humanistischen Gründen, sondern aus der Überzeugung heraus, dass die Götter der Griechen als beseelende Kräfte der allumfassenden Natur noch immer präsent und existentiell erfahrbar sind; und schließlich sein Streben danach, seine Mitmenschen aus ihren gewohnten Lebensritualen heraus- und an das Erlebnis des Göttlichen in der Welt heranzuführen.

Hölderlin differenziert in diesem Gedicht selbst zwischen dem naiv-entzückten Erleben des Knaben und der späteren Fähigkeit, sein Glück auch benennen zu können (vgl. V. 20–23). Doch nirgendwo in diesem Text deutet er an, dass es durch die Jahre einen Bruch in seinem innigen Erfahren der Natur gegeben hätte. Die Nennung der Kräfte im Gedicht ist ihm inzwischen möglich. Der Text erscheint so als gereifte Form des Dankes (vgl. V. 12–15). Der Schlusssatz lässt sich werkimmanent und biographisch auf die Zukunft beziehen. Er versteht sich dann als Selbstauftrag, in der Erfüllung des ›Dichterberufs‹ nun von den Göttern und ihrer Zuwendung zu den Menschen zu künden: »Im Arme der Götter wuchs ich groß« (V. 32).

Der Erstdruck der Verse 8 bis 15 geschah als Leitwort auf dem Titelblatt der Ausgabe von Ludwig Uhland und Gustav Schwab (*Gedichte von Friedrich Hoelderlin*, Stuttgart/Tübingen: Cotta, 1826). Der erste Druck des gesamten Textes erfolgte in: *Friedrich Hölderlins ausgewählte Werke*, hrsg. von Christoph Theodor Schwab, Stuttgart: Cotta, 1874, S. 5.

Zeilenkommentar

2 *ein Gott:* Der unbestimmte Artikel gibt einen ersten Hinweis auf das wahre Lebensgefühl des Knaben, der nicht wirklich an den Einen, ihm von Haus aus vermittelten Gott des Christentums glauben kann. Wohl Anfang 1800 wird Hölderlin unter der bezeichnenden Überschrift *Wurzel alles Übels* epigrammatisch formulieren: »Einig zu seyn ist göttlich und gut; woher ist die Sucht denn / Unter den Menschen, daß nur Einer und Eines nur sei?« Und gut ein Jahr zuvor schrieb er in seinem Weihnachtsbrief von 1798 an den Freund Isaac von

Sinclair: »Es ist auch gut, und sogar die erste Bedingung alles Lebens und aller Organisation, daß keine Kraft monarchisch ist im Himmel und auf Erden.«

6 *Lüftchen des Himmels:* Wachgerufen wird – im Duktus des »Knaben« – bereits hier die Vorstellung vom »Äther« (griech. *aither* ›Luft‹), der erst in V. 26 direkt genannt wird. Nach antiker Auffassung stellt der Äther die spirituelle Kraft des Kosmos dar, die Quintessenz der vier Elemente. Noch die Physik des 18. Jahrhunderts sah in ihm den Geist, der das Universum erfüllt. Auch für Hölderlin ist der Äther eine die Allnatur (und damit: eine umfassende Heimat) bedeutende, inspirierende Größe. Vgl. *Hymne an den Genius der Jugend*, V. 39, und das Hexameter-Gedicht *An den Aether*, wohl 1796/97 entstanden, mit Bezug auf den hier in Rede stehenden Text besonders die V. 1 f.: »Treu und freundlich, wie du, erzog der Götter und Menschen / Keiner, o Vater Aether! mich auf«; auch *Brod und Wein*, bes. V. 65 f.

13 *Vater Helios:* der Sonnengott der griechischen Mythologie; die Kraft der Natur, die durch Licht und Wärme das Lebendige fördert und Orientierung in der Welt ermöglicht, das Vertrautsein mit ihr. Helios wird *Vater* genannt, um dem Gefühl der Geborgenheit, der Freude und Dankbarkeit für diese Kraft im Aufblicken zur Sonne seinen Ausdruck zu verleihen.

13/15 *Endymion/Luna:* Nach dem griechischen Mythos ist Endymion ein Hirte, der sich von Zeus ewige Jugend und ewigen Schlaf erbeten hatte. Die Mondgöttin Selene (lateinisch: Luna) liebt den schönen Jüngling und besucht ihn jede Nacht in einer Höhle des karischen Berges Latmos. Dass das lyrische Ich sich hier mit Endymion vergleicht, lässt sein hohes Selbstbewusstsein erkennen, nämlich ein Günstling der Götter zu sein.

20–23 *Zwar damals ... Als kennten sie sich:* So in sich erfüllt und glücklich das kindliche Erleben der Kräfte der Natur auch ist, es kann nur auf naive Weise ein vollkommenes Erleben genannt werden. Und es vermag – von Natur aus – in diesem Zustand nicht zu bleiben. Es muss sich zu einem reflektierten Dasein hin entwickeln, wie es das des lyrischen Ichs ist. Als solches wird es ihm zur Aufgabe, die Kräfte zu nennen, die das Leben durchwirken. Und es muss sich bereit machen, auf den Anruf der Götter zu hören, wenn diese sich mitteilen wollen. Damit zeigen sich zwei wesentliche Aspekte des ›Dichterberufs‹, den Hölderlin für sich in Anspruch nimmt. Ein dritter Aspekt kommt hinzu: die Vermittlung des göttlichen Willens an die Menschen. Dieser Aspekt wird hier nicht nur nicht genannt, sondern die soziale menschliche Welt und das Erlebnis der Natur scheinen in *Da ich ein Knabe war* verschiedene und gegensätzliche Sphären zu sein. Das erklärt sich aus der Erzählperspektive. Es weist aber auch – vom Standpunkt des Erwachsenen aus gesehen – auf die noch nötige Entwicklung des Knaben hin. Sein Leben, für sich genommen, ist »Schiksaallos, wie der schlafende / Säugling« (*Hyperions Schiksaalslied*, V. 7 f.; zuerst gedruckt im Zweiten Band des *Hyperion, oder Der Eremit in Griechenland*, Tübingen 1799, S. 94 f.) – Das *Schiksaalslied* steht auch in einem formalen Bezug zum hier erläuterten Text. Die treppenartige Einrückung der ersten Strophe hier zeigt sich dort durchgängig und ist so im gesamten Werk Hölderlins nur in diesem einen Gedicht anzutreffen.

26 *Aethers:* vgl. Anm. zu 6 *Lüftchen des Himmels*.

31 *Unter den Blumen:* Ähnlich heißt es im Roman *Hyperion* von Diotima: »Unter den Blumen war ihr Herz zu Hause, als wär' es eine von ihnen« (*Hyperion, oder Der Eremit in Griechenland*, Erster Band, Tübingen 1797 [Erstausgabe], Zweites Buch, S. 99).

Metrische Besonderheiten

Das Gedicht beginnt mit einer siebenzeiligen Strophe, deren treppenartige Einrückungen an die Form einer Ode erinnern. Nach dieser setzt sich der Text jedoch mit sechs vierzeiligen Strophen fort, die keine Einrückungen aufweisen. Er schließt mit einem einzigen, sentenzenhaften Satz. Formal ist dieses Gedicht also durchaus ungleichmäßig gestaltet. Es manifestiert sich in ihm jedoch durchgängig ein in der Forschung meist als ›rhapsodisch‹ bezeichneter Ton. Ein festes Metrum liegt nicht vor; das Gedicht ist freirhythmisch komponiert.

Das Rhapsodische weist im Allgemeinen u. a. folgende Charakteristika auf (vgl. Gero von Wilpert, *Sachwörterbuch der Literatur*, Stuttgart ⁶1979, S. 679f.): Es handelt sich um eine erzählende Dichtung, die vom Stil her gesehen dynamisch, subjektiv, auf Wirkung bedacht ist. Sie thematisiert den Augenblick der Ergriffenheit durch eine spezielle Erkenntnis oder Offenbarung; sie ist oft fragmentarisch, in freien Rhythmen gehalten. Sprachlich gesehen fallen besonders Steigerungen, An- und Ausrufe auf.

Der erzählende Charakter des vorliegenden Gedichts ist vom ersten Vers an offensichtlich und wird bis zum Ende der dritten Strophe durchgehalten. Zwischen der zweiten und der dritten Strophe zeigt sich eine besondere dynamische Verbindung noch dadurch, dass der mit der zweiten Strophe beginnende Satz die Strophengrenze sprengt und erst mit dem Abschluss der dritten Strophe endet (man könnte von einem Enjambement, also einem Zeilenbruch, über eine Abschnittsgrenze hinaus sprechen). Bereits in der dritten Strophe finden sich zwei Anrufungen. Sie erreichen ihren Höhepunkt in der vierten Strophe, nämlich in der Anrede der »Freundlichen Götter!« (V. 17) und in der folgenden Exclamatio, in denen das lyrische Ich feierlich seine Liebe zu den Göttern bekennt. Die Strophen fünf und sechs sind durch einen nachdenklichreflexiven Ton gekennzeichnet. Er lässt den eigentlich für das rhapsodische Dichten typischen Charakter der Unmittelbarkeit des Erlebens vermissen. Die Reflexionen münden mit der siebenten Strophe und mit dem Schlusssatz in ein subjektives Fazit. Dort wird wirkungsvoll das Selbstbewusstsein des lyrischen Ichs demonstriert, wie es ihm – nach seiner eigenen Deutung – aus göttlicher Offenbarung erwachsen ist.

Eine genauere metrische Analyse ergibt für die erste Strophe, dass an keiner Stelle zwei Hebungen aufeinanderstoßen, die den durchgängig fließenden Rhythmus stören könnten; dieser Rhythmus seinerseits spiegelt formal die in der Kindheit erfahrene Harmonie des lyrischen Ichs wider. Ähnlich verhält es sich mit der zweiten Strophe. Erst in der dritten Strophe fällt (wenigstens) eine Besonderheit auf: Im Übergang von V. 12 zu V. 13 prallen zwei Hebungen aufeinander. Dadurch wird ein emphatischer Bezug hergestellt zwischen dem Kernwort »erfreut« und dem als Vater angesprochenen Gott Helios.

Die vierte Strophe ist wieder in fließendem Rhythmus notiert. In der fünften Strophe, genau in der Strophenmitte, prallen im Übergang von V. 21 zu V. 22 erneut zwei Hebungen aufeinander. Sie können hier als Bekräftigung des Verhältnisses zwischen dem lyrischen Ich und den Kräften der göttlichen Natur verstanden werden, das ein Nennen nicht nötig hat: weder von Seiten des kindlichen Ichs (vgl. V. 20f.) noch von Seiten der Götter. Durch die antithetische Gegenüberstellung des Personalpronomens in der ersten Person Singular in der Subjektform (»ich«) zum Personalpronomen in der zweiten Person Plural in der Objektform (»Euch«) sowie durch die antithetische Gegenüberstellung des Personalpronomens in der Objektform in der zweiten Person Plural (»ihr«) zum Personalpronomen in der ersten Person in der Objektform (»mich«) ergibt sich eine insgesamt chiastische (»Überkreuz«-)Struktur. Sie besteht auch inhaltlich gesehen in

der kreuzweisen Verschränkung der Seinsebene von lyrischem Ich einerseits und jener der Götter andererseits.
In den folgenden beiden Strophen und der Schlusszeile ist der Rhythmus wieder ein schwungvoll fließender.

Forschungsstimmen

Dem rhapsodischen Text wird gern bescheinigt, dass er die Anmutung eines Liedes habe. Dafür spricht zunächst eine konzeptionelle Nähe des Textes zu *Hyperions Schiksaalslied*, wie D. E. SATTLER (*1939) betont:

»Duktisch [von der Führung, vom Ton oder Charakter her gesehen] ähnliche Züge tragen die im Herbst 1795 geschriebenen *Segmente einer vorletzten Fassung* des *Hyperion*, die auch eine Prosavorstufe des Textes enthalten. Am Schluß des Segments C teilt Hyperion einiges aus seinen früheren Papieren mit: *Da ich ein Kind war, heißt es, da strekt' ich meine Arme aus ...* [...]. Vermutlich hatte Hölderlin die unregelmäßigen, auch unterschiedlich notierten Strophen für eine *Vorstufe der endgültigen Fassung* vorgesehen, die bis auf einige Spuren verloren ist [...]; später trat dann *Hyperions Schiksaalslied* an diese Stelle.«

Friedrich Hölderlin. Sämtliche Werke. Kritische Textausgabe. Hrsg. von D. E. Sattler. Bd. 4: Oden I. Darmstadt: Luchterhand, 1985. S. 25. – © 2004 Luchterhand Literaturverlag, München, in der Verlagsgruppe Random House GmbH.
[Vgl. Friedrich Hölderlin: Sämtliche Werke, Briefe und Dokumente. Hrsg. von D. E. Sattler. 12. Bde. München: Luchterhand Literaturverlag, 2004.]

ULRICH HÄUSSERMANN (*1928) gibt eine Interpretation des Textes unter dem Aspekt des Liedhaften:

»Man wird dieses Gedicht wohl am besten als Lied ansprechen (vielleicht war es ursprünglich als Lied innerhalb des *Hyperion*-Romans gedacht). [...]
Die Anfangsworte *Da ich ein Knabe war* streifen wohl bewußt an die Formel des Paulus: ›Da ich ein Kind war ...‹ (1. Kor. 13). Scharf sind dann die Weisen des Daseins gegeneinandergesetzt: *Geschrei* und *Ruthe* als die Umgangsformen der Menschen untereinander (das Wort *Ruthe* deutet tiefer als nur auf die vom Kind erlittene Rute) – und auf der anderen Seite das ›gute‹ Spiel des Einverständnisses zwischen den Blumen, dem Himmel, den Lüften und ihm, dem Knaben: *gut* in einem absoluten Sinn, denn die Sphäre dieses Spiels ist jenseits der Urteile. Das Spiel des Knaben findet seine tröstliche Bestätigung durch die Antwort vom Himmel: *Und die Lüftchen des Himmels / Spielten mit mir.* Für dieses Spiel von Bitte und Gnade hat Hölderlin hier (wie oft) das märchenhafte Bild von der Pflanze – das nun aber nicht verzärtelt wird, sondern in kühler Strenge dasteht. [...]
Endymion – der schöne Jüngling, dem Zeus süßen Schlaf und ewige Jugend schenkte und den Luna allnächtlich besucht – ist das spielerische Traumbild. Wie Endymion, so ist der Knabe, in seiner pflanzenhaft zarten Entfaltung, wie in einen durchlässigen Schlaf gehüllt, durchlässig für die Berührung durch die Freude der Götter, Sonne und Mond.
Von diesem noch fast tänzerischen Vorspiel drängt das Lied zum ersten Gipfel: *Daß ihr wüßtet, / Wie euch meine Seele geliebt!* In aller Schüchternheit wird ein Geständnis abgelegt von tiefer Glut. Von diesem Gipfel aus wendet sich der Blick um, aus dem intimen Raum der göttlichen Stille in die Region des menschlichen Verstands. Das Gedicht holt aus zu einem Gedanken von scharfer Wirksamkeit. [...]
Hinter der hellen Intelligenz dieser Zeilen [V. 20–23] lebt der präzise geistige Takt, der erst der greifbare Bürge für

Zu Seite 36. Tages-Ordnung und Lehrstunden-Plan im Kloster Denkendorf im Sommer 1785. A.

Sonntag.	Montag.	Dienstag.	Mittwoch.	Donnerstag.	Freitag.	Samstag.	
4 Uhr. M. a. f.	6 Uhr. c e b e n.	5 Uhr.	4 Uhr.	5 Uhr.	5 Uhr.	5 Uhr.	Ercolanum: Welsisius 2
6 Uhr Morgensegen mit Verlesung des Sonntäglichen Evangeliums.	6½ Uhr.	5½ Uhr. Morgengebet mit Verlesung eines Kapitels aus dem Alten Testament.		5½ Uhr.	5½ Uhr.		Latein 5 Griech. 2
6½ — 7 Uhr.	6½ — 7 Uhr Reinigung des Körpers, und Unterrichtung.	6½ — 6 Uhr.	6½ — 6 Uhr.	5½ — 6 Uhr.	5½ — 6 Uhr.	Nov. T. Hebr. 1
7 — 8 Uhr. Privatstudien.	7 — 8 Uhr Repetition und Aus-arbeitung der Lectionen der Woche.	6 — 7 Uhr. Pathetik (Eing.) Comp.-Log. Wirtemb. helehrt. und Gesch.	6 — 7 Kopf nach dem Comp.-Log.	6 — 7 Kopf nach dem Comp.-Log. Wirtemb. helehrt. und Gesch.	6 — 7 Kopf nach dem Wirtemb. helehrt. und Gesch.	6 — 10½ Uhr. Aus-arbeitung des Hebdomadaris.	Rhetorik 3 Geschch. 1½ Geogr. 1
9 — 10½ Uhr Kirchenbesuch.	9 Uhr Privatstudium vom Propst.	7 — 8 Uhr. Exhitatik. Nep. 9 Uhr. Xenoph. (Kvod.)	7 — 8 Uhr.	7 — 8 Uhr. Cornelius Nep.	7 — 8 Uhr. Hebdomadar's u. lat. Compos-Uebung.		Arithm. 14 Dichtkunst 1 Stromat. 1 Jul. 19 St.
10½ — 11 Uhr Privatstud.	10½ Uhr. Privatstudium tung auf die Lectionen der Woche.	9 — 10½ Uhr. Privatstudium.	9 — 10½ Uhr. P r i v a t s t u b i u m.	9 — 10½ Uhr.	9 — 10½ Uhr.		
11 — 12 Uhr Ehrenhalber.	10½ Uhr. Ehrenbach Gesang. Vortrag eines Psalms einer Kapitels aus dem Alten Testament, eines Gebets oder einer relig. Betrachtung, Lobgesang der lichtl. Gesch.						Sonntag 1 Montag 4
11 — 12 Uhrnachmittags unter Vorleung des sonntäglichen Evangeliums.—Recreation.	11 — 1 Uhr Mittagessen unter Vorleung eines Kapitels aus dem N. T. und mit Gesang; dann Recreation.					Dienstag 4 Mittwoch 4 Donnerstag 4
2 — 3 Uhr. Catechetischer Unterricht nach dem Württemb. Ev. Kinderlehre.	2 — 3 Uhr Musik-Uebung.	1 — 2 Uhr.	2 Uhr Ausfahrung.	1 — 3 Uhr Dichtkunst.	1 — 1½ Uhr Ausarbeitung des Hebdomadaris.	1 — 3 Uhr. Musik-Uebung.	Freitag 1 Samstag 1 Jul. 19 St.
3 — 4 Uhr Nachmittagspredigt wobei eine abweichende Postille vorgelesen wird.		2 — 3 Uhr. Grich. N. T.	1 — 3 Uhr. Cic. Ep. ad Div.	3 — 4 Uhr Griech. Gesch. oder.	3 — 4½ Uhr Unterricht nach der Postille.		
3 — 6 Uhr Privatstud.	3 — 4½ Uhr. Privatstudium. Prosaik Lateinisch.	3 — 4 Uhr. Xenoph. Crevier. Hodeget.	4 — 5 Uhr. Cic. Ep. ad Div.	4 — 4½ Uhr Unterricht nach der Postille.			
	4½ — 5½ Uhr. Privatstudium gemäß Postillae.	5 — 5½ Uhr.	5 — 5½ Uhr.	P r i v a t s t u d i u m.	4½ — 5½ Uhr Spazieren? entfernt? wobei nicht abweichend.		
	5½ Ehrenhalber wie Vormittag, nur mit Verlesung eines Kapitels aus dem N. T.						
6 — 8 Uhr Abendgebet unter Verlesung des sonntägl. Episteln u. mit Gesang. — Recreation.	6 — 8 Uhr. Abendgebet unter Verlesung eines Kapitels aus dem N. T. und mit Gesang; dann Recreation.						
8 Uhr Abendessen mit Verlesung eines Kapitels eines Evangel. u. mit Gesang.	8 Uhr. Abendgebet mit Verlesung eines Kapitels aus dem N. T. und mit Gesang.						
9 u. m.	Nach 8 Uhr Privatstuden.						

N u m. Im Winter fanden folgende Abänderungen statt: Vormittags 6 Uhr, erste Lection 7 L, 8 — 9 Privatstudium; 9 — 10 zweite Lection.

Tagesordnungs- und Lehrstundenplan
im Kloster Denkendorf im Sommer 1785

die Echtheit des religiösen Erlebnisses ist. Ein wissender Schmerz liegt im Hintergrund. – Der zweite, inwendigere Gipfel des Gedichts sind die Zeilen: *Ich verstand die Stille des Aethers / Der Menschen Worte verstand ich nie.* Die Schicht des Verstandes, die hier angesprochen wird, ist so tief, daß die üblichen Formen des Verstehenwollens entmachtet sind: ein Finden ohne zu suchen, ein Wissen ohne zu fragen. Das übliche Gespräch von Frage und Information, von Rede und Gegenrede erscheint daneben wie inhaltslos. Voller Inhalt und Gewicht ist aber die *Stille des Aethers.* Stille ist ja nicht Lautlosigkeit, sondern das, was durch das Lauschen entsteht, der Raum, in dem das Zarte seinen Ton findet und sich verständigen kann. Mit einer flüchtigen Handbewegung wird daher alle menschliche Pädagogik ihrer Bedeutung enthoben, denn was wahrhaft erzieht, ist das Horchen auf die Laute des Hains – jener andere Ge-horsam auf das, was von oben her kommt. [...]
In der Stille, in der das Zärtliche wachsen kann, hat die Liebe ihren Ort, nicht da, wo sie ›geboten‹ wird. *Unter den Blumen wird die Liebe gelernt.*
Die großlinige Schlußzeile führt das Ganze zu einem energischen Schluß: *Im Arme der Götter wuchs ich groß.* Das Wort *groß* steht nicht im Vordergrund, ist aber doch von Bedeutsamkeit. Das kindlich bescheidene Gedicht hat einen stolzen Schluß.«

Ulrich Häussermann: Friedrich Hölderlin mit Selbstzeugnissen und Bilddokumenten. Reinbek: Rowohlt, 1961. S. 39–41. – © 1961 Rowohlt Taschenbuch Verlag GmbH, Reinbek bei Hamburg.

ECKART KLESSMANN (*1933) hebt das Authentische des in jenen Versen wiedergegebenen Erlebens des Kindes hervor – um dann eine Brücke zu schlagen zum entmündigten Hölderlin, in dessen isoliertem Leben als Pflegesohn der Familie Zimmer (zuweilen) das Existenzgefühl des Kindes wiederkehrt:

»Im August 1797 schreibt Hölderlin an seinen Bruder aus Frankfurt am Main: ›Der Himmel und die Luft umgibt mich, wie ein Wiegenlied.‹ Der Satz wirkt wie eine Paraphrase zu diesen ursprünglich titellosen Versen, die wohl 1797 oder 1798 entstanden sind. Die eigene Kindheit als Thema eines Gedichts kommt häufiger vor; solche Reminiszenzen gibt es schon in der Poesie der Antike. Bei Hölderlin erscheint aber etwas Neues: Der Dichter erinnert sich glücklicher Kindertage unter der Obhut der Götter im Ablauf der Stunden zwischen Sonne (Helios) und Mond (Luna). Diese Götter sind hier nicht, wie damals so oft, zu verstehen als poetische Versatzstücke aus klassizistischem Fundus, sie gelten für Hölderlin als ganz reale Abbilder einer sowohl geistig wie sinnlich erfahrenen Welt, die freilich eine solche Trennung nicht kennt oder nicht als Dualismus betrachtet.

Nein, keine Kindheitsidylle, nichts von jener Niedlichkeit, die der Erwachsene dem Kind zuspricht, weil er es nicht ernst nimmt. Wer sich der eigenen Anfänge zu erinnern vermag, weiß von dem großen Abenteuer, die Welt zu erkennen, zu begreifen, sich anzueignen: das Licht wie die Luft, die Bäume und Blumen, die Farben und Düfte. Sprache der Erwachsenen konnte schwer verständlich sein, die ›Stille des Äthers‹ nicht. [...]

›Ich verstand die Stille des Äthers‹: Gern denkt man sich dieses Wort über dem Leben des Umnachteten, der sich seiner Identität entäußert und bestreitet, jemals Hölderlin geheißen zu haben. *Auch ihr / Nanntet mich nie, wie die Menschen sich nennen.* Aber er vergleicht sich in diesen Versen Endymion, jenem mythischen Hirten, dem Zeus ewige Jugend im ewigen Schlaf gewährt hat. Unabweisbar stellt sich hier die Erinnerung ein, daß wir uns Hölderlin (trotz der Zeichnung von Louise Keller) nie als greisen Umnachteten, sondern als ewig jungen schönen Poeten vorstellen, wie ihn Karl Hiemer 1792 gemalt hat. Jahrzehnte später überliefert Wilhelm Waiblinger von dem

Kranken das Wort kindlichen Vertrauens: ›Es geschieht mir nichts.‹

Die letzten Gedichte vor den Jahren im Tübinger Turm sprechen immer wieder vom Dank an die Himmlischen, die über seiner Kindheit wachten (*Ewige Götter! mit euch brechen die Bande mir nie*), und die Gewißheit ist ihm geblieben und bestätigt worden: *Im Arme der Götter wuchs ich groß.*«

> Eckart Kleßmann: Die Obhut der Himmlischen. In: Frankfurter Anthologie. Gedichte und Interpretationen. Hrsg. von Marcel Reich-Ranicki. Bd. 19. Frankfurt a. M.: Insel Verlag, 1996. S. 53–55. – Mit Genehmigung von Eckart Kleßmann, Bengerstorf.

DETLEV LÜDERS (*1929) unterstreicht, dass Hölderlin in *Da ich ein Knabe war* indirekt seinen dichterischen Selbstauftrag auf das existentielle Erleben des Kindes zurückführt – eines Erlebens, das, um dieser Aufgabe auch nur der Möglichkeit nach gewachsen zu sein, sich von seiner anfänglichen Inständigkeit notwendig entfernen muss:

»Dieser Zustand des Kindes kann in der Weite und Ursprünglichkeit seiner Beziehung zum Kosmos und zu den Göttern durch keine spätere Form des Menschseins übertroffen werden. Ihm eignet schon das Innestehen im ›Ganzen‹, und daher ist auch er schon auf seine Weise vollkommen. Ihm fehlen freilich noch Wesenszüge späterer Stufen des Menschenlebens, wie die Fähigkeit zum Nennen (v. 20f.). Das Mit-Namen-Rufen der Götter und Mächte, eines der grundlegenden Elemente der reifen Dichtung Hölderlins, erscheint hier implizite als eine Aufgabe des Dichters.«

> Friedrich Hölderlin: Sämtliche Gedichte. Studienausgabe in zwei Bänden. Komm. von Detlev Lüders. Bd. 2. Wiesbaden: Aula-Verlag, ²1989. S. 156. – © AULA-Verlag, Wiebelsheim.

Heidelberg

Lange lieb ich dich schon, möchte dich, mir zur Lust,
  Mutter nennen und dir schenken ein kunstlos Lied,
    Du der Vaterlandsstädte
      Ländlichschönste, so viel ich sah.

5 Wie der Vogel des Walds über die Gipfel fliegt,
  Schwingt sich über den Strom, wo er vorbei dir glänzt
    Leicht und kräftig die Brüke
      Die von Wagen und Menschen tönt.

Wie von Göttern gesandt, fesselt ein Zauber einst
10 Auf die Brüke mich an, da ich vorüber gieng
    Und herein in die Berge
      Mir die reizende Ferne schien,

Und der Jüngling der Strom fort in die Ebne zog
  Traurigfroh, wie das Herz, wenn es, sich selbst zu schön
15   Liebend unterzugehen
      In die Fluthen der Zeit sich wirft.

Quellen hattest du ihm, hattest dem Flüchtigen
  Kühle Schatten geschenkt, und die Gestade sahn
    All ihm nach, und es bebte
20   Aus den Wellen ihr lieblich Bild.

60 *Heidelberg*

Aber schwer in das Thal hieng die gigantische
  Schiksaalskundige Burg nieder bis auf den Grund
    Von den Wettern zerrissen;
      Doch die ewige Sonne goß

Ihr verjüngendes Licht über das alternde   25
  Riesenbild, und umher grünte lebendiger
    Epheu; freundliche Wälder
      Rauschten über die Burg herab.

Sträuche blühten herab, bis wo im heitern Thal,
  An den Hügel gelehnt, oder dem Ufer hold,   30
    Deine fröhlichen Gassen
      Unter duftenden Gärten ruhn.

Nach der Handschrift H 318 – ein Doppelblatt im Folioformat,
dort, im Anschluss an die Niederschrift der Ode *Empedokles*, auf
S. 1 f. Es handelt sich vermutlich um eine Abschrift des Erstdrucks
(D 18). Sie besitzt im Original keine Strophenfugen und erfährt später (wohl 1803/04) Überarbeitungen.

Entstehung und Erstdruck

Hölderlin hat Heidelberg zum ersten Mal am 3. Juni 1788 besucht, während einer fünftägigen Reise von Maulbronn in die Pfalz. Seiner Mutter berichtet er in einem Reisetagebuch von den frisch gewonnenen Eindrücken: »Die Stadt gefiel mir außerordentlich wohl. Die Lage ist so schön, als man sich je eine denken kan. Auf beiden Seiten und am Rüken der Stadt steigen steile waldichte Berge empor, und auf diesen steht das alte, ehrwürdige Schloß – Ich stieg

auch hinauf ... Merkwürdig ist auch die neue Brüke daselbst« (zit. nach: StA 6,1, S. 35).
Weitere Aufenthalte folgten – im Juni 1795 auf der Heimreise von Jena, Ende Dezember desselben Jahres während einer Fahrt nach Frankfurt, im November 1798 in Begleitung Isaac von Sinclairs auf dem Weg nach Rastatt und schließlich im Frühsommer 1800 auf seiner Heimreise von Homburg nach Nürtingen. Von diesen Begegnungen mit Heidelberg (und von möglichen weiteren) sind jedoch keine biographischen Zeugnisse überliefert. Dennoch dürfte bei diesen Gelegenheiten der »Zauber« (V. 9) der Stadt auf Hölderlin ähnlich stark gewesen sein. Das poetische Zeugnis der anhaltenden Faszination hat sich in Form dieser Ode erhalten.
Erste Entwürfe gehen ins Jahr 1798 oder gar bis in den Sommer 1795 zurück. Zumindest scheint eine mit Bleistift notierte Vorstufe der Verse 9–12 die Stimmung wiederzugeben, in der Hölderlin sich befand, als er nach seinem überstürzten Weggang von Jena die Stadt sah: »Wie von Göttern gesandt, hielt mich ein Zauber fest / Da ich müßig und still über die Brüke gieng / Ein vertriebener Wandrer / Der vor Menschen und Büchern floh« (H 12 / H 435 Bl. 2). Hölderlin hatte sich erst am 15. Mai 1795 in die Matrikel der Universität Jena eingeschrieben, vor allem, um dort den Philosophen Johann Gottlieb Fichte (1762–1814) zu hören. Er fühlte sich aber rasch fremd und ungeborgen in den intellektuellen Abstraktionen der idealistischen Philosophie. Zudem scheute er die Nähe des ebenfalls in Jena weilenden Friedrich Schiller, der ihm Mentor, aber oft auch irritierender Ratgeber war.
Wie sehr ihm diese Zeit zugesetzt hatte, bezeugen in seiner Korrespondenz wenigstens zwei Briefe. Den einen schrieb er selbst eineinhalb Jahre später, am 20. November 1796, an den (späteren) Philosophen Georg Wilhelm Friedrich Hegel (1770–1831). Darin heißt es: »Es ist recht gut, daß mich ... die Luftgeister, mit den metaphysischen

Flügeln, die mich aus Jena geleiteten, seitdem ich in Frankfurt bin, verlassen haben« (zit. nach: StA 6,1, S. 222). Den anderen Brief empfing er noch einmal drei Jahre später von Susette Gontard. Am 31. Oktober 1799 appelliert sie eindringlich an ihn: »Kehre nicht dahin zurück, woher Du mit zerißnen Gefühlen in meine Arme Dich gerettet« (zit. nach: *Hölderlin. Dokumente seines Lebens*, hrsg. von Hermann Hesse und Karl Isenberg, Frankfurt a. M. 1979, S. 163). Gemeint ist Jena und damit die Nähe Schillers.

Die Wiederbegegnung mit Heidelberg im Juni 1795 muss vor diesem nachhaltig negativ gefassten Hintergrund wie eine Offenbarung der sichtbaren Harmonie der Welt auf ihn gewirkt haben. Die Vollendung der Ode könnte jedoch erst im Verlauf des Jahres 1800 und damit kurz vor der Drucklegung erfolgt sein. Für diese Vermutung sprechen wenigstens zwei Indizien: die Anrede der Stadt im Präsens, ein Umstand, der auf das unmittelbare (Wieder-)Erleben Heidelbergs deutet; sowie das sogleich in V. 1 abgelegte Bekenntnis, dass das lyrische Ich die Stadt »lange« schon liebt.

Das persönliche Kennenlernen bietet sicherlich einen Anlass, aber nicht den eigentlichen Grund für Hölderlins Lob der Stadt. Die Faszination, die für ihn von Heidelberg ausgeht (und ähnlich von Stuttgart: 1800 schreibt er eine Elegie, die diesen Namen als Titel führt), beruht auf dem Zusammenspiel von Natur und Kultur, Erde und Himmel, menschlichem Können und göttlichem Geben, das er an einem solchen Ort verwirklicht sieht. Hölderlin entwickelt wie für Personen (*Buonaparte* und *Diotima* sind dafür Beispiele), so auch für bestimmte Städte einen mythisch überhöhten (bzw. tiefer sehenden) Blick. In dieser Perspektive erscheint der Raum, in den hinein sie wachsen, als Anwesen der Allnatur in Form besonderer landschaftlicher Reize und Begünstigungen für die Entfaltung des menschlichen Lebens. So kann Hölderlin vom Rhein sagen, dass »er das Land baut / Der Vater Rhein

und liebe Kinder nährt / In Städten, die er gegründet«
(*Der Rhein*, V. 87–89). Hier erscheint der Strom, den Hölderlin einen »Halbgott« nennt (ebd., V. 31), als die eigentlich aktive, als die bereitende Kraft für die Entstehung von Städten. Und schließlich sind es die Städte selbst, die – für Hölderlin – davon zeugen, in welcher Fülle sich die versammelten Kräfte der Allnatur offenbaren.

Der Erstdruck (D 18) erfolgte in: *Aglaia. Jahrbuch für Frauenzimmer auf 1801*, hrsg. von N. P. Stampeel, Frankfurt a. M.: A. Hermann, S. 320–322. Die Druckvorlage, die Hölderlin wohl in der zweiten Hälfte des Jahres 1800 eingereicht hatte, gilt als verloren.

Zeilenkommentar

2 *Mutter:* In der 1801 entstandenen Elegie *Heimkunft* sieht Hölderlin in der Stadt, durch die er, über den Bodensee aus den Schweizer Alpen herkommend, wieder den »Boden der Heimath« betritt, gleichfalls eine solche Mutter. Er stellt sich zu ihr »wie ein Sohn« und preist die Stadt als »glükseeliges Lindau!« (V. 55, 57, 59). Mit der Anrede als ›Mutter‹ wird ein Gefühl der Geborgenheit hervorgerufen.

3 *Vaterlandsstädte:* Mit dem Begriff des ›Vaterlands‹ verbindet sich zu Hölderlins Zeit weniger der Begriff einer Nation als jener der Heimat im engeren geographischen Sinne; hier mithin Württemberg. Im Kontext dieses Gedichts ist die Korrespondenz mit der Anrede »Mutter« zu beachten. Die Nennungen ergänzen sich, und zusammen verstärken sie den Eindruck, dass das lyrische Ich sich in der Atmosphäre Heidelbergs heimisch fühlt.

5f. *Wie der Vogel ... Schwingt sich:* In der Abschrift H 318 findet sich dazu die spätere, in ihrer Bildlichkeit expressivere Fassung »Wie der Vogel des Wald[s] über die wehenden / Eichengipfel so schwingt über den

Strom sich dir«. – Die »Gipfel« meinen in beiden Fällen (Baum-)Wipfel; vgl. *Brod und Wein*, V. 13: »Jezt auch kommet ein Wehn und regt die Gipfel des Hains auf«.

7 *Brüke:* Die noch heute zu bewundernde Brücke stellte zu Hölderlins Zeit ein ganz neues Bauwerk dar. Sie wurde von 1786 bis 1788 errichtet, wurde also in dem Jahr von Hölderlins erstem Aufenthalt dort fertiggestellt.

9f. *fesselt ... einst / ... gieng:* Hier vollzieht sich ein Tempuswechsel vom Präsens ins Präteritum (»fesselt« ist als Präteritum ohne Apostroph zu lesen; andere Ausgaben ergänzen daher hier den Apostroph: »fesselt'«) – als Zeichen, dass die nun aufgerufenen Eindrücke keine frischen, sondern bereits vor längerer Zeit erlebte sind. Das Adverb »einst« unterstreicht den zeitlichen Abstand. Der Gehalt der Aussagen dieser und der weiteren Strophen (erst im letzten Vers erfolgt die Rückkehr zum Präsens) wirkt durch die temporale Verlagerung ins Frühere noch eindringlicher; erscheint das Erlebte in der folgenden Darstellung dem lyrischen Ich (und damit auch für den Leser) doch als sehr gegenwärtig.

10 *Auf die Brüke:* In ihren Textkonstitutionen verfahren die Herausgeber im Hinblick auf den Kasus des bestimmten Artikels unterschiedlich: Einige (wie Friedrich Beißner und Jochen Schmidt, ihnen folgend Gerhard Kurz in seiner bei Reclam erschienenen Ausgabe der Gedichte) entscheiden sich für die auch hier präferierte akkusativische Lesart. Andere (so D. E. Sattler und ihm folgend Michael Knaupp) befürworten mit Bezug auf H 318 und im Unterschied zu vorherigen Textstufen (einschließlich D 18) den Dativ: »Auf der Brücke«. Setzt man voraus, dass das Textmaterial der Ode beide Lesarten ermöglicht, sollten gehaltliche Überlegungen bei der Konstitution mitbestimmen. In

Heidelberg, Alte Brücke
Postkarte, frühes 20. Jahrhundert

der Variante »Auf der Brüke« antwortet die adverbiale Bestimmung des Ortes auf die Frage ›wo?‹. Die so gesehene Szene wirkt statisch. In der hier bevorzugten Variante antwortet die Ortsbestimmung auf die Frage ›wohin?‹. Sie verleiht der Szene Dynamik und eine reichhaltigere Aussage. Das lyrische Ich wird nicht als eines gezeigt, das sich schon auf der Brücke befindet und dort ein Offenbarungserlebnis hat. Es erscheint vielmehr als eines, das von diesem Bauwerk magisch angezogen wird. Der Zauber geht von der Brücke aus, die Stadt und Strom schön verbindet und insofern selbst Ort und Ereignis der Vereinigung von Natur und Kultur ist. So die Brücke zu erleben und ihr einigendes Wesen zu gewahren: das ist jetzt die Offenbarung.

12 *reizende:* anziehende, verlockende.
13 *Jüngling:* vgl. *Der gefesselte Strom*, V. 1; *Der Rhein*, V. 24.
14 *Traurigfroh:* Die Verbindung gegensätzlicher Wörter zu Neologismen (neuen Wortschöpfungen) ist ein typisches Stilmittel in Hölderlins Dichtung (vgl. in *Hälfte des Lebens* die Formulierung »ins heilignüchterne Wasser«, V. 7). Das Attribut »traurigfroh« begegnet auch in dem Drama *Der Tod des Empedokles* (1. Fassung, 2. Akt, 3. Szene, V. 1221 ff.): »die Schmerzen ... / Die fromm genährt an traurigfroher Brust / Wie Kinder liegen« (zit. nach: StA 4,1, S. 53). Hier in der Ode beschreibt es das Zusammenspannen widersprüchlicher und doch sich auseinander ergebender Empfindungen in einem Gefühl. Der Neckar wird anthropomorphisierend (vermenschlichend) dargestellt als ein Jüngling mit einnehmendem Wesen (vgl. V. 6 »glänzt«; V. 18–20: »und die Gestade sahn / All ihm nach, und es bebte / Aus den Wellen ihr lieblich Bild«). Er ist sich seiner Eigenschaften bewusst, genießt sich im Strömen seiner Kraft, hat aber als Jüngling überströ-

mende Kräfte und entwickelt aus ihnen die Sehnsucht, sich zu verströmen, anstatt sich (Kultur stiftend) zu bewahren.
17 *Flüchtigen:* In dieser Selbstbeschreibung des lyrischen Ichs manifestiert sich noch ein persönlicher Reflex Hölderlins auf seine überstürzte Abreise aus Jena im Juni 1795.
18 *Gestade:* Ufer.
20 *ihr lieblich Bild:* Damit sind vordergründig »die Gestade« (V. 18) gemeint. Vielleicht spielt die Stelle aber zudem auf Diotima an. Denn im Juni 1795 traf Hölderlin in Heidelberg den Arzt, Naturforscher und Schriftsteller Johann Gottfried Ebel (1764–1830), der ihm als Freund der Familie Gontard in der Folge die Hofmeisterstelle dort anbot.
21–32 *Aber ... Gärten ruhn:* Mit dem adversativen »aber« verbindet sich ein Perspektivenwechsel von der horizontalen in die vertikale Richtung. Die horizontale Bewegung herrscht tendenziell schon in der zweiten und dritten Strophe vor (der Schwung der Brücke, der Verkehr der Menschen auf ihr, das vorübergehende lyrische Ich, die lockende Ferne). In der vierten und fünften Strophe dominiert diese Bewegung (der Strom, der in die Ebene fortzieht, die Gestade, die ihm nachsehen). Die drei weiteren Strophen sind durch Bewegungen charakterisiert, die von oben nach unten verlaufen (die ins Tal hängende Burg, die ihr Licht ausgießende Sonne; Wälder, die über die Burg herabrauschen, herabblühende Sträucher; Gassen am Hügel oder »unter duftenden Gärten«, V. 32). Das Lob der Stadt findet durch das Ausloten der sich ergänzenden Horizontalen und Vertikalen gestischen Ausdruck. Heidelberg erscheint in beiden Hinsichten als geglückte Verbindung von Natur und Kultur (Strom und Brücke; die vom Sonnenlicht und der Vegetation umspielte Burgruine). Und im Ganzen zeigt sich die Stadt gerade

nicht als geschlossene Ortschaft, sondern als dynamischer Lebensraum, der sich aus dem Zusammenhang der die Welt bildenden Dimensionen aufbaut.

21–23 *die gigantische / Schiksaalskundige Burg ... / Von den Wettern zerrissen:* Das Heidelberger Schloss wurde zweimal zerstört: 1689 im Pfälzischen Krieg von französischen Truppen unter General Mélac und nach seinem Wiederaufbau 1764 durch Blitzeinschlag. Dass Hölderlin unter »Wettern« auch Kriege als geschichtliche Ereignisse versteht, wird besonders deutlich im hymnischen Fragment *Wie wenn am Feiertage*, entstanden wohl 1800. In ihm ist die Rede von »Wettern, die in der Luft, und andern / Die vorbereitender in Tiefen der Zeit, / Und deutungsvoller, und vernehmlicher uns / Hinwandeln zwischen Himmel und Erd und unter den Völkern« (V. 39–42). Zuvor schon hieß es: »Die Natur ist jetzt mit Waffenklang erwacht« (V. 23). Vgl. auch die *Friedensfeier*, V. 31–33: »Denn unermeßlich braußt, in der Tiefe verhallend, / Des Donnerers Echo, das tausendjährige Wetter, / Zu schlafen, übertönt von Friedenslauten, hinunter.«

26 f. *grünte lebendiger / Epheu:* Im Unterschied zu der Burg, die den Wirren der Zeit unterworfen ist, symbolisiert der immergrüne Efeu (wie unmittelbar zuvor »die ewige Sonne«, V. 24) Unsterblichkeit. Zugleich spielen die Verse auf den Geburtsmythos des Dionysos an: Semele, die sterbliche Mutter des Dionysos, begehrte nach dem Mythos den unsterblichen Zeus in dessen eigener Gestalt zu sehen. Zeus kam zeugend, doch auch vernichtend als Blitz zu ihr. Efeu soll das Feuer erstickt haben, das Semele ergriffen hatte. Durch diese Fügung konnte Dionysos, das Kind des Zeus und der Semele, gerettet werden.

27 f. *freundliche Wälder / Rauschten:* Die Wälder sind wie der Rausch, der hier durch das Verb assoziiert wird, im antiken Mythos eine dem Dionysos zugehö-

rige Sphäre. – Im Ganzen stiftet der in diesen Versen aufgerufene Dionysos-Mythos eine weitere Dimension, durch die Heidelberg als Fokus sinnvoller Bewegungen hervortritt. An dieser Stelle findet die Begegnung und Vermittlung zwischen Antike und Abendland statt.

32 *ruhn:* Mit diesem Verb – nicht zufällig dem Schlusswort des Gedichts – kehrt die Ode in ihr anfängliches Tempus zurück. Die Wiederaufnahme des Präsens signalisiert, wie gegenwärtig das Erlebnis Heidelberg dem lyrischen Ich weiterhin ist und wie auch alles Erinnern diesem Zweck der Vergegenwärtigung diente. Tempus und Semantik (Bedeutung) des Verbs zeigen zudem an, dass der Wahrnehmung der Stadt nichts Wesentliches hinzuzufügen ist. Das Bild hat sich gerundet. Bei aller Dramatik im Detail (vgl. V. 21–23) zeigt es sich als ein harmonisches und vermittelt vom Anfang (»Lust«, V. 1) bis zum Ende (»heitern«, »fröhlichen«, V. 29, 31) den Eindruck (dionysischer) Freude.

Metrische Besonderheiten

Heidelberg gehört zu den asklepiadeischen Oden. Wie der alkäischen Ode (s. S. 131 ff.) liegt auch der asklepiadeischen Ode eine bestimmte Strophenform zugrunde. Sie ist charakterisiert durch zwei gleich gebaute Verse, die sogenannten Asklepiadeen, und durch zwei unterschiedlich gebaute Verse, einen sogenannten Pherekrateus und einen sogenannten Glykoneus (diese Bezeichnungen leiten sich von den Namen der griechischen Lyriker ab, die vermutlich die Erfinder jener Versformen gewesen sind). Schematisch lässt sich die asklepiadeische Strophenform wie folgt darstellen:

```
– ᴗ – ᴗ ᴗ – | – ᴗ ᴗ – ᴗ –
– ᴗ – ᴗ ᴗ – | – ᴗ ᴗ – ᴗ –
– ᴗ – ᴗ ᴗ – ū
– ᴗ – ᴗ ᴗ – ᴗ –
```

Charakteristisch für die asklepiadeische Strophe sind die beiden Hebungen in der Mitte der ersten beiden Verse. Sie erzeugen den sogenannten Hebungsprall. Er führt zu einem Stocken des Sprachflusses und zu einer hörbaren Zäsur. Der Hebungsprall entsteht zudem in den Übergängen von V. 1 zu V. 2 und von V. 2 zu V. 3. Durch dieses häufige Aufeinandertreffen zweier Hebungen ergibt sich insgesamt ein Strophenrhythmus, der sich zur Darstellung von differenzierten logischen und thematischen Strukturen wie zum Beispiel gedanklichen Gegensätzen eignet. Dadurch hebt sich die asklepiadeische Strophenform als Gegensatz von der alkäischen ab, deren Rhythmus eher geeignet ist, organisch sich entwickelnde Prozesse darzustellen. Hölderlin hat zur Gestaltung seiner Oden immer wieder beide Strophenformen verwendet; dies zeigt, dass in seinem dichterischen Selbstverständnis jede Form ein Eigenrecht hat, und vor allem, dass ihm beide als Pole eines Spannungsfeldes gelten, das nur als vollständiges Spektrum die erlebte Wirklichkeit im Ganzen poetologisch aufzunehmen vermag.

Bis auf eine besonders auffällige Ausnahme wird in *Heidelberg* das Schema der asklepiadeischen Strophenform ohne signifikante Abweichungen verwendet. In der ersten Strophe, um sie als Beispiel zu nehmen, wird durch den Hebungsprall im ersten Vers ein retrospektiver (»Lange lieb ich dich schon«) von einem prospektiven (»möchte dich ... /... nennen«) Aspekt abgegrenzt. Durch den Hebungsprall in der Versmitte des zweiten Verses entsteht eine Emphase (eindrückliche Unterstreichung) der Worte »dir« und »schenken« – ein Ausdruck der besonderen Wertschätzung und der Hingabe des lyrischen Ichs an die angeredete Stadt. Das Aufeinandertreffen der Hebungen im Übergang von V. 1 zu V. 2 (»mir zur Lust, / Mutter nennen«) und von V. 2 zu V. 3 (»ein kunstlos Lied, / Du«) hat jeweils die Funktion, die Sphäre des lyrischen Ichs einerseits und die Sphäre der Stadt andererseits einander gegenüberzustellen. Diese Antithese ist freilich keine direkte, unvermittelbare, sondern eine harmonische. Sie steht trotz allem unter dem Vorzeichen einer Annäherung: das lyrische Ich kündigt an, die von ihm geliebte Stadt in einem – seinem – Gesang zu preisen.

Die erwähnte besondere metrische Ausnahme zeigt sich in V. 26. Dort wird die Hebung am Ende des Verses zugunsten einer Senkung aufgelöst. Dadurch entfällt der eigentlich zu erwartende Hebungsprall zwischen den Versen 26 und 27 (»lebendiger / Epheu«). Der Rhythmus wird fließender. Der Sinn dieser Ausnahme ist offensichtlich. Das Attribut *lebendiger* sagt ihn wörtlich aus. Durch den Kontext wird deutlich, dass sich das Attribut auf den Vegetationsgott Dionysos bezieht, der das Dynamische, vorwärts Drängende, Strömende, Rauschende (vgl. V. 28) verkörpert.

Forschungsstimmen

Im Zentrum der Deutung, die GÜNTER MIETH (*1931) von *Heidelberg* gibt, steht eine poetologische These. Hölderlin, so Mieth, schaffe mit dieser Ode genau das, was Friedrich Schiller in seiner Definition der Idylle beschrieben, aber selbst nicht dichterisch umgesetzt habe. Durch die biographischen Hintergründe der Ode (Hölderlins Flucht auch vor Schillers Einfluss aus Jena 1795) bekommt diese These neben ihrer wissenschaftlichen Relevanz einen zusätzlichen Reiz.

»Im Angesichte Heidelbergs wurde sich Hölderlin der heimatlichen Realität natürlicher und menschlicher Schönheit bewußt. In liebend-preisender Anrede, die das gedankliche Gegenüber von lyrischem Subjekt und odischem Objekt bewahrt, wird die Stadt in ihren wesentlichen Charakteristika deutend dargestellt. Die gehobene Stimmung gebändigter Begeisterung baut aus den einzelnen Elementen ein lebendiges Landschaftsbild auf, ohne jedoch deren jeweilige Besonderheiten völlig aufzuheben. Die Brücke, ein menschliches und von Menschen tönendes Bauwerk, das die beiden Ufer des heimatlichen Neckar, gleich dem natürlichen Flug des Vogels über die Wipfel der Bäume, harmonisch miteinander verbindet, erhält ihre biographische Bedeutung dadurch, daß auf ihr der Dichter einst durch den Blick in die westliche Ferne gebannt wurde. Der liebende ›Untergang‹ des jünglingshaften Stromes, der sich in seinem revolutionären Drang einem Größeren opfert, erscheint zu diesem Zeitpunkt des ›Übergangs‹ als verlockende Lebensmöglichkeit. Der Sehnsucht des Dichters, dem Fluß nach Westen zu folgen und sich nicht nach dem heimatlichen Süden zu wenden, widerspricht jedoch die Burg, die im 17. Jahrhundert durch die französischen Truppen und im 18. Jahrhundert nach der Wiedererbauung durch Blitzeinschlag zerstört worden war. Die natürlichen und geschichtlichen Ereignisse warnen den Dichter vor einem revolutionären Aufbegehren gegen das Schicksal, vor dem opferbereiten Sprung in die ›Fluten der Zeit‹. Das letzte Wort hat hier nicht die geschichtliche Forderung, sondern die ewige Natur, die ohnehin die Geschichte gesetzmäßig verjüngend in sich zurücknimmt. Das lyrische Ich bescheidet sich wie die Stadt selbst, deren ›fröhliche Gassen / Unter duftenden Gärten ruhn‹. Die harmonische Einheit von Mensch, Natur und Geschichte ist in der Natur selbst gegründet. Die Widersprüche enthüllen ihr Wesen als harmonische Entgegensetzungen. Der Zurückführung der räumlichen und zeitlichen Bewegung auf die Statik des räumlich und zeitlich in sich ruhenden Seins entspricht der lyrische Progreß [Fortschritt], der aus der odischen Spannung die idyllische Grundstimmung hervorgehen läßt. Schillers Idyllen-Definition findet hier ihre poetische Realisierung: ›Der Begriff dieser Idylle ist der Begriff eines völlig aufgelösten Kampfes ..., er ist kein andrer als das Ideal der Schönheit auf das wirkliche Leben angewendet. Ihr Charakter besteht also darin, daß aller **Gegensatz der Wirklichkeit mit dem Ideale**, der den Stoff zu der satyrischen und elegischen Dichtung hergegeben hatte, vollkommen aufgehoben sey, und mit demselben auch aller Streit der Empfindungen aufhöre. Ruhe wäre also der herrschende Eindruck dieser Dichtungsart, aber Ruhe der Vollendung, nicht der Trägheit; eine Ruhe, die aus dem Gleichgewicht nicht aus dem Stillstand der Kräfte, die aus der Fülle nicht aus der Leerheit fließt, und von dem Gefühle eines unendlichen Vermögens begleitet wird. Aber eben darum, weil aller Widerstand hinwegfällt, so wird es hier ungleich schwürriger, als in den zwey vorigen Dichtungsarten, die **Bewegung** hervorzubringen, ohne welche doch überall keine poetische Wirkung sich denken läßt. Die höchste Einheit muß seyn, aber sie darf der Mannichfaltigkeit nichts nehmen; das Gemüth muß befriedigt werden, aber ohne daß das Streben darum aufhöre.‹ [*Schillers Werke. Nationalausgabe*, Bd. 20, Weimar 1962, S. 472 f.] Genau das, was Schiller in seiner Abhandlung *Über naive und sentimentalische Dichtung* zwar postuliert, selbst jedoch nicht realisiert hatte, leistete Hölderlin mit dieser Ode in seltener Vollendung. Ideal und Wirklichkeit fallen im konkreten Bilde zusammen. Die beherrschende Stimmung der Ruhe ist das Ergebnis des harmonischen Ausgleichs widerstrebender Kräfte, natürlich-realer und historisch-idealer Bewegung. Etwas ganz Erstaunliches ist geschehen: In gewisser Hinsicht wiederholt die Ode in außerordentlicher Verkürzung die weltanschauliche Aussage des Romans *Hyperion*, dessen Hauptfigur am Ende in die ›Arme der

Natur, der wandellosen, stillen und schönen‹ zurückkehrt. Zu diesem Ergebnis führt eine konkrete, historisch-biographische Interpretation des Gedichts.«

> Günter Mieth: Friedrich Hölderlin. Dichter der bürgerlich-demokratischen Revolution. Berlin: Rütten & Loening, 1978, S. 103–105. – © 1978 Aufbau Verlagsgruppe GmbH, Berlin (die Originalausgabe / deutsche Erstausgabe erschien 1978 bei Rütten & Loening, Berlin; Rütten & Loening ist eine Marke der Aufbau Verlagsgruppe GmbH.

Auf den hier angeführten Text Schillers (wenn auch auf eine andere Stelle daraus) bezieht sich, im Kapitel über *Brod und Wein* (s. S. 112 ff.), auch Jochen Schmidt im Hinblick auf die Bestimmung des Elegischen bei Hölderlin.

Vor Günter Mieth hatte – mit anderer Akzentuierung – schon EMIL STAIGER (1908–1987) den idyllischen Charakter der Ode und das darin sich bekundende, Geschichte absorbierende (in sich aufsaugende) Verständnis von Natur betont:

»Die Burg ist ›von den Wettern zerrissen‹, nicht von den Wettern, die in der Luft hinwandeln, sondern von den grimmigeren, die sich entladen zwischen den Völkern. Menschenhände haben diese Wunde in die Landschaft geschlagen. Und eine Klage über die Frechen, eine Frage nach dem Sinn, schwebt hier wohl an den Dichter heran und möchte ausgesprochen werden. Aber er geht darüber hinweg, der Heiterkeit des Ganzen zulieb. Nicht einmal eine vollständige Strophe wird dem Grausamen eingeräumt. Mit der letzten Zeile ›Doch die ewige Sonne goß‹ setzen bereits die heilenden Kräfte der Natur ein, welche ›der Menschen Tun vergißt‹ und gütig ihr Geschäft, die Liebe darzustellen, weiterführt. Das Riesenbild altert, ihr Licht verjüngt. Efeu, Wälder und blühende Sträucher decken schon halb das Zerrissene zu und werden es ganz

dem Blick entziehn, bis auch die Trümmer zerbröckelt und wieder zur Mutter Erde heimgekehrt sind.
So endet das Gedicht im Frieden, in einem Frieden freilich, der die Frage nach dem Schicksal ohne rechte Antwort stehen läßt. [...]
Die vielen Zeugen der Liebe, die noch bleiben, sind dem Dichter genug. Er schränkt sich ins Idyll ein und gedenkt des Schicksals nur als einer Episode, deren Bild zwar manchmal wie der ›Vogel der Nacht‹ unbequem vor das Auge schwirrt, das aber das Gefühl des Göttlich-Reinen nicht verwirren kann. Drum gibt die Ode auch den Zug des Stromes im Präteritum wieder, während die ersten Strophen und die letzte im Präsens gehalten sind. Der Zug des Stromes ist Geschichte; und was Geschichte ist, geht vorbei. Doch vor der Geschichte war die Natur; und die Natur besteht, wenn längst die Spuren der Geschichte verweht sind.«

Emil Staiger: Hölderlin: Drei Oden. In: E. S.: Meisterwerke deutscher Sprache aus dem neunzehnten Jahrhundert. Zürich: Atlantis Verlag, ⁴1961. S. 21–23. – Mit Genehmigung von Hans-Rudolf Staiger, Zürich.

ULRICH GAIER (*1935) dagegen sieht in *Heidelberg* eine durchgängige geschichtsphilosophische Dimension, in die auch die Naturbildlichkeit einbezogen ist:

»Pragmatisierung des Lautlichen, das heißt die Kontextualisierung bestimmter lautlicher Phänomene mit den Sphären ihrer Entstehung, Funktion und Wirkung, ist vor allem für eine traditionsbewußte und geschichtskundige Zeit wie die Hölderlins ein bedeutendes fiktionales Verfahren. [...] In *Heidelberg* etwa, liest man das Gedicht in diesem pragmatischen Kontext, leuchten plötzlich Begriffe wie ›Vaterlandsstädte‹, Burg ›von den Wettern zerrissen [...] alternde Riesenbild‹ in ihrem zeitgeschichtlich politischen Sinn auf und ergeben mit Strom und Brücke, lebendigem Efeu, duftenden Gärten und fröhlichen Gassen zusammen das Bild eines neu sich formierenden, unter den noch schwer hereinhängenden Trümmern einer abgelebten monarchischen Vergangenheit lebendig und dynamisch emporwachsenden Vaterlandes.«

Ulrich Gaier: Hölderlin. Eine Einführung. Tübingen/Basel: Francke, 1993. S. 230. – Mit Genehmigung von Ulrich Gaier, Konstanz.

Besondere Aufmerksamkeit hat in der Forschungsliteratur Hölderlins mythisierende Wahrnehmung der Brücke gefunden. ADOLF BECK (1906–1981) deutet die Eigenart ihrer Wirkung auf den Dichter biographisch aus dem Gefühl der Entfremdung, mit dem Hölderlin 1795 Jena und damit die Autoritäten Fichte und Schiller verlassen hatte:

»Wir glauben zu verstehen, warum aus der lebendig gegliederten Harmonie des Stadtbildes gerade die Brücke herausgehoben ist: Sinnbild des Übergangs schlechthin, hat sie auch dem Dichter den Übergang von der Flucht zur Ruhe, vom ›Irrsaal‹ zum Geborgensein, von der unheimischen Fremde, vom ›Elend‹ zur Heimat geschaffen. Wir glauben tiefer zu verstehen, warum er die Stunde des Schauens auf der Brücke als einen Zauber, ›wie von Göttern gesandt‹, empfindet: es ist für ihn ein Schicksal, eine Gnade, daß er, in seinem Daseinsgrunde verstört, in seiner Naturinnigkeit erschüttert, unter dem Zwang der Selbsterhaltung einem übermächtig-fremden, mit Eiseskälte ihn umfangenden Bereiche geistiger Bildung entflohen, die Harmonie und Ruhe dieses Landschaftsbildes, und in ihm die reine Ordnung der Natur, finden durfte.«

Adolf Beck: Hölderlins Ode Heidelberg. In: A. B.: Forschung und Deutung. Ausgewählte Aufsätze zur Literatur. Hrsg. von Ulrich Fülleborn. Frankfurt a. M.: Athenäum Verlag, 1966. S. 265–278, hier S. 270.

Dieter Henrich (*1927) sieht die Bilder der Stadt und insbesondere die Beschreibung der Brücke aus der Präzision hervorgehen, mit der Hölderlin Land- und Ortschaften wahrgenommen hat. So sei für die Form der Brücke

»charakteristisch, daß sich ihr einer Schwung und Zug aus der Folge der einzelnen Brückenbögen aufbaut. So ist also eine doppelte Bewegung an ihr zu unterscheiden: die der unteren Brückenlinie, die eine Sequenz kleiner und steiler Bogen ist, und die der oberen Brückenlinie, die sich aus der Folge der Joche [der einzelnen Brückenbögen] als der ganze Zug der Brücke und der durch sie getragenen Straße zur Stadt ergibt. Beide Linien zusammen bestimmen mit ihrem doppelten Schwung den einen Baukörper der Brücke, der sich gegen das Licht oder aus dem leuchtenden Rot des Sandsteins stets deutlich abzeichnet. Beide Bewegungen sind ›Schwünge‹, indem sie aufsteigen und niedergehen, – die einzelnen Joche ebenso wie der eine Bogen der ganzen Brücke, der in der Mitte am weitesten sich von dem Wasser des Stromes entfernt. Die Bewegung in der Folge der Joche [Unterteilungen durch die Pfeiler] gründet den einen hochragenden Brückenzug, der dem Auge zunächst auffällig wird. Hölderlin vergegenwärtigt ihn aber so, wie er dem Blick, der sich in den Brückenzug konzentriert, schließlich wirklich erscheint: als den aus der Einheit zweier Schwungbewegungen aufgebauten Bewegungsablauf.
Genau so fliegen alle kleinen Vögel und die Waldvögel zumal. Ihr Flug geht nicht in gerader Linie dahin. Mit wenigen kurzen Schlägen schwingen sie sich in die Höhe und zugleich voran. Darauf lassen sie sich vom Schwung weitertragen, wobei sie zugleich um einiges niedergleiten. Dann fangen sie sich und schwingen sich wieder und oft höher empor und zugleich voran. Und sie wiederholen dasselbe, bis sie sich auf das Ziel niederlassen, auf das der schwingende Bogenflug schon im ersten Schwung hin ori-

entiert gewesen ist. Ihr Flug ist also eine in einer Linie ausgezogene Folge von Bögen, – in einem ein Zug und eine Bogenfolge. [...]
Auch wir können den Vogel im Flug von dem Vollzug der Flugbewegung kaum noch abgehoben wahrnehmen. Ebenso ist der Körper der Brücke nur doppelter Schwung, eigentliches Sich-Schwingen in den Bögen, ganze Schwungbewegung in dem Bewegungszug von Ufer zu Ufer, der aus der Reihe der einzelnen Schwünge der Bögen hervorgeht und in ihn aufgeht.«

> Dieter Henrich: Der Gang des Andenkens. Beobachtungen und Gedanken zu Hölderlins Gedicht. Stuttgart: Klett-Cotta, 1986. S. 23, 25. – © J. G. Cotta'sche Buchhandlung Nachfolger GmbH, Stuttgart.

HEINRICH ROMBACH (1923–2004) nennt die Ode »ein Paradigma für hermetische Erfahrung«. Entsprechend konstatiert er, dass ihr Gehalt durch hermeneutische Methoden (wie sie die zuvor zitierten Forscher anwenden) nicht wirklich zu fassen sei. Die Hermeneutik (die Lehre vom Verstehen) ziele auf ein Verstehen durch Analyse, durch ein Differenzieren etwa von Sinn und Ausdruck und dadurch, dass die Gehalte auf äußere, externe Kriterien bezogen werden, von denen her sie ihre Bedeutung erhalten. Die Hermetik dagegen (die von einem verschlossenen, nur dem Eingeweihten verständlichen Sinn eines Textes ausgeht) wolle das Verborgene, Unbegreifliche sagbar werden lassen – das, was nicht dem intersubjektiven Verstehen, sondern nur dem inneren Nachvollziehen zugänglich ist. In seiner »hermetischen Deutung« von *Heidelberg* beschreibt er das Phänomen der Brücke so:

»Sie wird ›leicht‹ und ›kräftig‹ genannt und in eine gewagte Gleichnisbeziehung zum Vogelflug gebracht. Sie erscheint nicht als Bauwerk, sondern als Bewegung; sie ›schwingt sich‹ über den Strom und erreicht dabei die

Leichtigkeit, die der Vogel zeigt, wenn er über die Wipfel fliegt. Die Brücke erscheint somit als etwas, das kraft eigenen Schwungs über sich selbst hinausgeworfen wird, dann wieder in sich und zur Erde zurückkehrt. Sie ist solches Erdhafte, das aus eigener Kraft für einen Augenblick seine Erdhaftigkeit verliert und wie der Vogel zwischen Himmel und Erde ein eigenes neues Reich begründet. Hat dies nicht gleichnishafte Beziehung auf das Menschsein? Aus der Spannung dieses Bogens gewinnt die Brücke, daß sie ›tönt‹. Wagen und Menschen bringen ihren Schwung so in Schwingung, daß sie aus der Vielzahl der Anstöße das Einheitliche und Bestimmende eines Tones erhält. [...]
Der Hermeneutiker mußte den Text so verstehen, daß es die ›Wagen und Menschen‹ sind, die tönen, der Hermetiker dagegen so, daß es ›die Brücke‹ ist, die ›tönt‹. [...]
Das ›Tönt‹ ist mit Sicherheit auf die Brücke zu beziehen, nicht auf die Wagen und Menschen. Diese machen nur, daß die Brücke tönt, aber sie selbst tönen nicht. Sie bringen nicht einen Ton, sondern nur ein Geräusch hervor; dieses und das ganze geschäftige Treiben bringt die *Brücke* zum Tönen. Das Tönen ist der Laut der Brücke, nicht das Lautwerden der Menschen und Wagen. [...] Wie die Brücke den Ton aus sich selbst hervorbringt, wenn auch erregt durch vielfache Geräusche, so bringt der Strom sein eigenes Licht hervor (›glänzt‹), und spiegelt nicht nur ab. Derselbe Übergang von einer trivialen Wirklichkeit in eine andere Welt, in der alles aus sich selber lebt und handelt, gerade auch die Dinge, vollzieht der Dichter auch später bei den freundlichen Wäldern; sie ›rauschen über die Burg herab‹, was vielleicht nur in einer allerersten, ganz flüchtig durcheilten Dimension das akustische Rauschen der Wälder im Wind meint, dann aber eigentlich und mit großer Bestimmtheit ein Wesenshandeln des Waldes. Er rauscht, indem er umhüllt, verbirgt, überwächst und schützt. [...] Beim Übergang der Geräusche in den Ton, der Farben in den Glanz, des Wachstums in das Rau-

schen, geht auch die Zeit über in den Augenblick, die Ungebundenheit in das ›Gefesseltsein‹ und die Wirklichkeit in den ›Zauber‹. Alles springt auf einmal um, gewinnt eine wesentlich höhere Bedeutung, schlägt zusammen und erhält doch überhaupt erst seine Klarheit, seine Unterscheidung, seine Bildschärfe.«

Heinrich Rombach: Hölderlins *Heidelberg* – eine hermetische Dichtung. Bruchstücke einer Auseinandersetzung [mit Hans-Georg Gadamer; Anm. U. B.]. In: H. R.: Der kommende Gott. Hermetik – Eine neue Weltsicht. Freiburg i. Br.: Rombach, 1991. S. 150–155 und 158–160, hier S. 150, 158 f. – © 1991 Rombach Verlag KG, Freiburg i. Br. / Berlin / Wien.

Brod und Wein

An Heinze

1

Rings um ruhet die Stadt; still wird die erleuchtete Gasse,
   Und, mit Fakeln geschmükt, rauschen die Wagen hinweg.
Satt gehn heim von Freuden des Tags zu ruhen die Menschen,
   Und Gewinn und Verlust wäget ein sinniges Haupt
5 Wohlzufrieden zu Haus; leer steht von Trauben und Blumen,
   Und von Werken der Hand ruht der geschäfftige Markt.
Aber das Saitenspiel tönt fern aus Gärten; vieleicht, daß
   Dort ein Liebendes spielt oder ein einsamer Mann
Ferner Freunde gedenkt und der Jugendzeit; und die Brunnen
10   Immerquillend und frisch rauschen an duftendem Beet.
Still in dämmriger Luft ertönen geläutete Gloken,
   Und der Stunden gedenk rufet ein Wächter die Zahl.
Jezt auch kommet ein Wehn und regt die Gipfel des Hains auf,
   Sieh! und das Schattenbild unserer Erde, der Mond
15 Kommet geheim nun auch; die Schwärmerische, die Nacht kommt,
   Voll mit Sternen und wohl wenig bekümmert um uns,
Glänzt die Erstaunende dort, die Fremdlingin unter den Menschen
   Über Gebirgeshöhn traurig und prächtig herauf.

2

Wunderbar ist die Gunst der Hocherhabnen und niemand
  Weiß von wannen und was einem geschiehet von ihr.
So bewegt sie die Welt und die hoffende Seele der
                                    Menschen,
  Selbst kein Weiser versteht, was sie bereitet, denn so
Will es der oberste Gott, der sehr dich liebet, und darum
  Ist noch lieber, wie sie, dir der besonnene Tag.
Aber zuweilen liebt auch klares Auge den Schatten
  Und versuchet zur Lust, eh' es die Noth ist, den Schlaf,
Oder es blikt auch gern ein treuer Mann in die Nacht hin,
  Ja, es ziemet sich ihr Kränze zu weihn und Gesang,
Weil den Irrenden sie geheiliget ist und den Todten,
  Selber aber besteht, ewig, in freiestem Geist.
Aber sie muß uns auch, daß in der zaudernden Weile,
  Daß im Finstern für uns einiges Haltbare sei,
Uns die Vergessenheit und das Heiligtrunkene gönnen,
  Gönnen das strömende Wort, das, wie die Liebenden, sei,
Schlummerlos und vollern Pokal und kühneres Leben,
  Heilig Gedächtniß auch, wachend zu bleiben bei Nacht.

3

Auch verbergen umsonst das Herz im Busen, umsonst nur
  Halten den Muth noch wir, Meister und Knaben, denn
                                    wer
Möcht' es hindern und wer möcht' uns die Freude
                                    verbieten?
  Göttliches Feuer auch treibet, bei Tag und bei Nacht,

Aufzubrechen. So komm! daß wir das Offene schauen,
  Daß ein Eigenes wir suchen, so weit es auch ist.
Fest bleibt Eins; es sei um Mittag oder es gehe
  Bis in die Mitternacht, immer bestehet ein Maas,
45 Allen gemein, doch jeglichem auch ist eignes beschieden,
  Dahin gehet und kommt jeder, wohin er es kann.
Drum! und spotten des Spotts mag gern frohlokkender
                                  Wahnsinn,
  Wenn er in heiliger Nacht plözlich die Sänger ergreift.
Drum an den Isthmos komm! dorthin, wo das offene Meer
                                  rauscht
50 Am Parnaß und der Schnee delphische Felsen umglänzt,
Dort ins Land des Olymps, dort auf die Höhe Cithärons,
  Unter die Fichten dort, unter die Trauben, von wo
Thebe drunten und Ismenos rauscht, im Lande des
                                  Kadmos,
  Dorther kommt und zurük deutet der kommende Gott.

4

55 Seeliges Griechenland! du Haus der Himmlischen alle,
  Also ist wahr, was einst wir in der Jugend gehört?
Festlicher Saal! der Boden ist Meer! und Tische die Berge,
  Wahrlich zu einzigem Brauche vor Alters gebaut!
Aber die Thronen, wo? die Tempel, und wo die Gefäße,
60 Wo mit Nectar gefüllt, Göttern zur Lust der Gesang?
Wo, wo leuchten sie denn, die fernhintreffenden Sprüche?
  Delphi schlummert und wo tönet das große Geschik?
Wo ist das schnelle? wo bricht's, allgegenwärtigen Glüks
                                  voll
  Donnernd aus heiterer Luft über die Augen herein?

Vater Aether! so riefs und flog von Zunge zu Zunge 65
   Tausendfach, es ertrug keiner das Leben allein;
Ausgetheilet erfreut solch Gut und getauschet, mit
                       Fremden,
   Wird's ein Jubel, es wächst schlafend des Wortes Gewalt
Vater! heiter! und hallt, so weit es gehet, das uralt
   Zeichen, von Eltern geerbt, treffend und schaffend hinab. 70
Denn so kehren die Himmlischen ein, tiefschütternd
                       gelangt so
   Aus den Schatten herab unter die Menschen ihr Tag.

5

Unempfunden kommen sie erst, es streben entgegen
   Ihnen die Kinder, zu hell kommet, zu blendend das Glük,
Und es scheut sie der Mensch, kaum weiß zu sagen ein
                       Halbgott, 75
   Wer mit Nahmen sie sind, die mit den Gaaben ihm nahn.
Aber der Muth von ihnen ist groß, es füllen das Herz ihm
   Ihre Freuden und kaum weiß er zu brauchen das Gut,
Schafft, verschwendet und fast ward ihm Unheiliges heilig,
   Das er mit seegnender Hand thörig und gütig berührt. 80
Möglichst dulden die Himmlischen dieß; dann aber in
                       Wahrheit
   Kommen sie selbst und gewohnt werden die Menschen
                       des Glüks
Und des Tags und zu schaun die Offenbaren, das Antlitz
   Derer, welche schon längst Eines und Alles genannt
Tief die verschwiegene Brust mit freier Genüge gefüllet, 85
   Und zuerst und allein alles Verlangen beglükt;

So ist der Mensch; wenn da ist das Gut, und es sorget mit Gaaben
  Selber ein Gott für ihn, kennet und sieht er es nicht.
Tragen muß er, zuvor; nun aber nennt er sein Liebstes,
90 Nun, nun müssen dafür Worte, wie Blumen, entstehn.

6

Und nun denkt er zu ehren in Ernst die seeligen Götter,
  Wirklich und wahrhaft muß alles verkünden ihr Lob.
Nichts darf schauen das Licht, was nicht den Hohen gefället,
  vor den Aether gebührt müßigversuchendes nicht.
95 Drum in der Gegenwart der Himmlischen würdig zu stehen,
  Richten in herrlichen Ordnungen Völker sich auf
Untereinander und baun die schönen Tempel und Städte
  Vest und edel, sie gehn über Gestaden empor –
Aber wo sind sie? wo blühn die Bekannten, die Kronen des Fests?
100 Thebe welkt und Athen; rauschen die Waffen nicht mehr
In Olympia, nicht die goldnen Wagen des Kampfspiels,
  Und bekränzen sich denn nimmer die Schiffe Korinths?
Warum schweigen auch sie, die alten heilgen Theater?
  Warum freuet sich denn nicht der geweihete Tanz?
105 Warum zeichnet, wie sonst, die Stirn des Mannes ein Gott nicht,
  Drükt den Stempel, wie sonst, nicht dem Getroffenen auf?

Oder er kam auch selbst und nahm des Menschen Gestalt
an
Und vollendet und schloß tröstend das himmlische Fest.

7

Aber Freund! wir kommen zu spät. Zwar leben die Götter
 Aber über dem Haupt droben in anderer Welt.
Endlos wirken sie da und scheinens wenig zu achten,
 Ob wir leben, so sehr schonen die Himmlischen uns.
Denn nicht immer vermag ein schwaches Gefäß sie zu
fassen,
 Nur zu Zeiten erträgt göttliche Fülle der Mensch.
Traum von ihnen ist drauf das Leben. Aber das Irrsaal
 Hilft, wie Schlummer und stark machet die Noth und die
Nacht,
Biß daß Helden genug in der ehernen Wiege gewachsen,
 Herzen an Kraft, wie sonst, ähnlich den Himmlischen
sind.
Donnernd kommen sie drauf. Indessen dünket mir öfters
 Besser zu schlafen, wie so ohne Genossen zu seyn,
So zu harren und was zu thun indeß und zu sagen,
 Weiß ich nicht und wozu Dichter in dürftiger Zeit?
Aber sie sind, sagst du, wie des Weingotts heilige Priester,
 Welche von Lande zu Land zogen in heiliger Nacht.

8

Nemlich, als vor einiger Zeit, uns dünket sie lange,
 Aufwärts stiegen sie all, welche das Leben beglükt,

Als der Vater gewandt sein Angesicht von den Menschen,
    Und das Trauern mit Recht über der Erde begann,
Als erschienen zu lezt ein stiller Genius, himmlisch
    Tröstend, welcher des Tages Ende verkündet' und
                                                schwand,
Ließ zum Zeichen, daß einst er da gewesen und wieder
    Käme, der himmlische Chor einige Gaaben zurük,
Derer menschlich, wie sonst, wir uns zu freuen
                                                vermöchten,
    Denn zur Freude mit Geist wurde das Größre zu groß
Unter den Menschen und noch, noch fehlen die Starken zu
                                                höchsten
    Freuden, aber es lebt stille noch einiger Dank.
Brod ist der Erde Frucht, doch ists vom Lichte geseegnet,
    Und vom donnernden Gott kommet die Freude des
                                                Weins.
Darum denken wir auch dabei der Himmlischen, die sonst
    Da gewesen und die kehren in richtiger Zeit,
Darum singen sie auch mit Ernst die Sänger den Weingott
    Und nicht eitel erdacht tönet dem Alten das Lob.

9

Ja! sie sagen mit Recht, er söhne den Tag mit der Nacht
                                                aus
    Führe des Himmels Gestirn ewig hinunter, hinauf,
Allzeit froh, wie das Laub der immergrünenden Fichte,
    Das er liebt und der Kranz, den er von Epheu gewählt,
Weil er bleibet und selbst die Spur der entflohenen Götter
    Götterlosen hinab unter das Finstere bringt.

Was der Alten Gesang von Kindern Gottes geweissagt,
  Siehe! wir sind es, wir; Frucht von Hesperien ists!
Wunderbar und genau ists als an Menschen erfüllet,
  Glaube, wer es geprüft! aber so vieles geschieht,
Keines wirket, denn wir sind herzlos, Schatten, bis unser
  Vater Aether erkannt jeden und allen gehört.
Aber indessen kommt als Fakelschwinger des Höchsten
  Sohn, der Syrier, unter die Schatten herab.
Seelige Weise sehns; ein Lächeln aus der gefangnen
  Seele leuchtet, dem Licht thauet ihr Auge noch auf.
Sanfter träumet und schläft in Armen der Erde der Titan,
  Selbst der neidische, selbst Cerberus trinket und schläft.

Der Apollotempel in Korinth
Zeichnung von William Cole, 1833

Nach der Handschrift H 307 – dem sogenannten ›Homburger Folioheft‹, das aus 22 ineinandergelegten Doppelblättern und einem weiteren Doppelblatt besteht; darin: S. 5–10.
Referenztext für den Abdruck hier ist die dortige Reinschrift der Elegie. Hölderlin hat sie später zur Grundlage mehrerer Überarbeitungen gemacht. Diese Umgestaltung der Textur erfolgte jedoch nicht durchgängig und scheint unabgeschlossen geblieben zu sein. Sie weist zudem Unregelmäßigkeiten des Versbaus auf und lässt für die siebente Strophe offen, ob Hölderlin ihr ein Distichon hinzufügen wollte (von sieben auf acht wie bei den anderen Strophen). Jede weitere Konstitution einer zweiten Textfassung ist aufgrund dieser Vorbehalte problematisch.

Entstehung und Erstdruck

In den Jahren 1800/01 entstanden die großen Widmungselegien Hölderlins: *Heimkunft*, *Brod und Wein*, *Stutgard* und (das Fragment) *Der Gang aufs Land*. Betrachtet man den Verweisungszusammenhang dieser Elegien, kann *Heimkunft*, entstanden im Frühling 1801, mit seiner generalisierenden Widmung *An die Verwandten* als der für das Projekt der Widmungen programmatische Text verstanden werden. Die Gegenwart wird in ihm als Zeit des Erwachens und des freudigen Aufbruchs in eine neue, lichte Zukunft gedeutet: »Denn bacchantischer zieht drinnen der Morgen herauf« (V. 8). Die »Verwandten«, an die sich diese Grundbotschaft richtet, sind nicht in erster Linie die Angehörigen der eigenen Familie, sondern es sind jene, denen Hölderlin sich in gleichen frohlockenden Erwartungen verbunden sieht. Entsprechend sind jeweils an solche Personen die anderen Widmungselegien adressiert. Hölderlin möchte diese Individuen noch näher mit seiner Vorstellungswelt vertraut machen. Er will sie überzeugen und mobilisieren, damit sie seine Mitstreiter werden beim Verkünden und Verbreiten der Botschaft von der geschichtlichen Chance auf eine das Leben der Menschen erfüllende Zeit, einer Chance, die jetzt zu ergreifen sei.

Der erste Entwurf zu *Brod und Wein* – unter dem Titel *Der Weingott* – entstand wahrscheinlich noch 1800. Für Hölderlin stellten diese Monate eine Phase vor allem politisch-geschichtlicher Spannungen dar, von deren Lösung er sich nichts weniger als einen kosmopolitischen Frieden in Europa mit der Perspektive einer Erneuerung der abendländischen Kultur versprach. Den Hintergrund dieser weitreichenden Hoffnungen bildeten die anhaltenden kriegerischen Auseinandersetzungen zwischen Frankreich und den monarchischen Großmächten Österreich und Preußen. 1799 hatte der sogenannte Zweite Koalitionskrieg begonnen. Er brachte den Franzosen nach anfänglichen Niederlagen im Jahr 1800 entscheidende Siege: Napoleon gewann die Schlacht von Marengo, Moreau die bei Hohenlinden. Österreich musste sich in Verhandlungen fügen. Sie wurden am 2. Januar 1801 im ostfranzösischen Lunéville eröffnet und endeten dort am 9. Februar mit der Unterzeichnung eines Friedensvertrages.

Hölderlins Sehnsucht danach, in dem sich abzeichnenden Frieden mehr als ein machtstrategisches, militärpolitisches Ereignis zu sehen, das von der Geschichte schnell entwertet werden würde (wie es real geschah), äußerte sich 1800/01 parallel zu den Gedichten und unverhüllter in seinen Briefen. So schreibt er im Juli 1800 aus Stuttgart an die Mutter von seiner Hoffnung auf einen »baldigen gründlichen Frieden«. Und im Neujahrsbrief 1800/01 an Karl Gok, seinen jüngeren Halbbruder, heißt es, »daß unsere Zeit nahe ist, daß uns der Friede, der jezt im Werden ist, gerade das bringen wird, [...] was wenige ahnden [...] daß der Egoismus in allen seinen Gestalten sich beugen wird unter die heilige Herrschaft der Liebe und Güte, daß Gemeingeist über alles in allem gehen und dass das deutsche Herz in solchem Klima, unter dem Seegen dieses neuen Friedens erst recht aufgehn [...] wird.« Und kaum hatte Hölderlin die Nachricht vom tatsächlich geschlossenen Frieden erhalten, schrieb er unter dem Datum des

23. Februar 1801 aus Hauptwil in der Schweiz an seine Schwester: »Ich glaube, es wird nun recht gut werden in der Welt. Ich mag die nahe oder die längstvergangene Zeit betrachten, alles dünkt mir seltne Tage, die Tage der schönen Menschlichkeit.«

Von allen genannten Widmungselegien bedenkt Hölderlin in *Brod und Wein* am intensivsten und am stärksten differenzierend »die nahe oder die längstvergangene Zeit«. Entsprechend ist diese Elegie an geschichtsphilosophischen Gehalten die reichste. In ihr begegnen die Motive der Verbindung von Antike und Abendland, des göttlichen Geschicks des »Gemeingeists«, der Neudeutung des Christusgeschehens, des Dichterberufs und der wesenhaften Verwandtschaft.

Als Verwandter im Geist wird in diesem Fall der aus Hölderlins Perspektive väterlich wirkende Dichter und Übersetzer Johann Jacob Wilhelm Heinse (1746–1803) angesprochen: sowohl im Titel durch die Widmung als im Text durch Worte, die das lyrische Ich direkt an ein (imaginäres) Du richtet. Hölderlin hatte Heinse Ende Juli 1796 in Kassel persönlich kennengelernt. Die Umstände der Begegnung sind insofern geschichtsträchtig, als sich die Familie Gontard mit Susettes Gesellschafterin Marie Rätzer und mit dem Hofmeister Mitte Juli vor den in Frankfurt einrückenden Franzosen nach Kassel geflüchtet hatte; nur der Hausherr, Jakob Gontard, blieb zur Sicherung seines Eigentums zurück. Zusammen mit Heinse reiste man am 9. August ins nahe Driburg weiter. Heinse war Hölderlin jedoch schon zuvor bekannt geworden: als Autor des 1787 erschienenen Romans *Ardinghello oder die glückseligen Inseln*. Durch den Pantheismus dieses Buches, die Feier des Weingottes Dionysos und des ›Vater Aether‹, fühlte Hölderlin sich Heinse schon längere Zeit besonders nah. Alle drei genannten Motive finden substantielle Aufnahme in die Widmungselegie. Und bereits 1790 hatte Hölderlin dem Dichter eine Ehre dadurch erwiesen, dass er seinem

Hymnus an die Göttin der Harmonie eine Sentenz aus dem *Ardinghello* als Motto gab.

Brod und Wein ist eine streng triadisch aufgebaute Elegie. Ihre neun Strophen sind in drei Sinneinheiten von jeweils drei Strophen untergliedert. Jede Strophe wird wiederum in drei mal drei Distichen aufgeteilt (nur die siebente Strophe hat, nach diesem Maß, ein Distichon zu wenig). Die achtzehn Verse der ersten Strophe entfalten bereits die Botschaft des ganzen Gedichts. Sie zielen unter dem Vorzeichen einer Wahrnehmung der heraufziehenden Nacht in drei Schritten auf eine Erweiterung des Bewusstseins. Die Bewegung geht aus von der Beschreibung städtischer Kultur (»Rings um ruhet die Stadt; still wird die erleuchtete Gasse, / Und, mit Fakeln geschmükt, rauschen die Wagen hinweg«; V. 1 f.) und erweitert sie zuerst um eine Einbeziehung der kultivierten Natur (»Aber das Saitenspiel tönt fern aus Gärten«; V. 7), um dann den Blick zu öffnen für die kosmische, die numinos wirkende Natur: »die Schwärmerische, die Nacht kommt, / Voll mit Sternen und wohl wenig bekümmert um uns« (V. 15 f.).

Die Bildmächtigkeit und klare innere Gliederung dieser Strophe haben sicher dazu beigetragen, dass sie zunächst separat und unter dem eigenen Titel *Die Nacht* zum Druck kam. Sie erschien ohne die Widmung an Heinse und mit einer Textabweichung im letzten Vers (18) im *Musenalmanach für das Jahr 1807* (hrsg. von Leo Freiherrn von Seckendorf, Regensburg: Montag und Weiß, S. 90–91). Hölderlin hatte im Frühling 1804 den Kontakt zu Seckendorf (1773–1809) gesucht und ihm vielleicht im Juni diesen Jahres auf seiner Reise von Nürtingen nach Homburg in Stuttgart, dem Wohnort Seckendorfs, die Textvorlage übergeben (zusammen mit einer Fassung der ebenfalls in diesem Almanach abgedruckten Elegie *Stutgard*). Auf die Drucklegung hat Hölderlin indessen keinen Einfluss mehr gehabt – mit der Konsequenz, dass sich Seckendorf editorische Freiheiten herausnahm. Der Herausgeber begründete sein Tun in einem Brief vom 7. Februar 1807 an Justinus Kerner (1786–1862), einen Arzt und Dichter, der Hölderlin während seines Aufenthaltes im Autenriethschen Klinikum betreute: »Er weiß nichts, daß von seinen Gedichten etwas im Almanach gedruckt ist, denn als ich Sinklair davon schrieb, war er unzugänglich. Ich habe sie mit äußerster Schonung, aber doch hie und da verändern müssen, um nur Sinn hineinzubringen« (*Justinus Kerners Briefwechsel mit seinen Freunden*, Stuttgart/ Leipzig 1897, Bd. 1, S. 10).

Diese Einschätzung seiner Lyrik ist zwar für die frühe Rezeptionsgeschichte Hölderlins charakteristisch. Doch gerade *Die Nacht* hinterließ andere, prägende Eindrücke. So beschrieb Clemens Brentano (1778–1842) in einem Brief an Philipp Otto Runge vom 21. Januar 1810 den Text als »klar und sternenhell und einsam und eine rück- und vorwärts tönende Glocke aller Erinnerung; ich halte sie für eines der gelungensten Gedichte überhaupt« (*Gesammelte Schriften*, hrsg. von Christian Brentano, Bd. 8, Frankfurt a. M. 1855, S. 139). Und über ein Jahrhundert später kommentiert Hermann Hesse (1877–1962) rückblickend seine Lektüre dieser Strophe, die er als Schüler in einem Lesebuch fand: »Nie mehr, so viel und so begeistert ich auch als Jüngling las, haben Dichterworte mich so völlig bezaubert, wie diese damals den Knaben« (*Die Nürnberger Reise*, Berlin 1927, S. 61). Hesse meint sogar, es sei dieses Leseerlebnis gewesen, das ihn »vielleicht zum Dichter hat werden lassen« (ebd., S. 62).

Die Nacht und ihr organisches Gegenstück, der Tag, bestimmen die Bildlichkeit des ganzen Gedichts. Dabei kommt der Nacht immer stärker die metaphorische Bedeutung einer dunklen, götterfernen Geschichtszeit zu; entsprechend wird der Tag zum Symbol für die Zeit der kulturellen Erneuerung, die aus der Zuwendung der »Himmlischen« (V. 55) zu den Menschen erwächst. Die poetologische Architektur von *Brod und Wein* stellt Tag und Nacht absichtsvoll in die Spannung einer harmonischen Entgegensetzung (vgl. V. 143). Aus ihr resultiert die geschichtsphilosophische Botschaft des Gedichts. Sie baut sich schrittweise wie folgt auf: Die Tatsache, dass aus der Nacht (von der die erste Strophentrias handelt) überhaupt der Tag hervorgehen kann (von ihm kündet am Beispiel des antiken Griechenlands die zweite Strophentrias), soll Zeugnis dafür sein, dass die noch gegenwärtige Nacht die Ermöglichung des kommenden Tags in sich birgt (die konkreten Bedingungen nennt nacheinander die dritte Strophentrias).

Der Erstdruck des ganzen Gedichts erschien in: Carl Müller-Rastatt, *Friedrich Hölderlin. Sein Leben und sein Dichten. Mit einem Anhange ungedruckter Gedichte Hölderlins*, Bremen: Hampe, 1894, S. 179–182.

Zeilenkommentar

1 *Rings um ruhet die Stadt:* Eine ähnliche, das Kommende verortende Formulierung findet sich in dem wohl 1797 entstandenen Zeitgedicht *Die Muße*: »ringsum ruhen die Dörfchen« (V. 23).

2 *mit Fakeln geschmükt, rauscht:* Substantiv und Verb deuten auf die kultisch-festliche Sphäre des Dionysos, ebenso die in V. 5 genannten Trauben. Durch diese Symbolik wird sogleich erkennbar, dass die im Titel des Gedichts genannten Naturalien nicht allein für die Sakramente des christlichen Abendmahls – Brot und Wein für Fleisch und Blut Christi – stehen. Sie empfangen ihre Bedeutung ebenso aus dem griechischen Mythos, in dem Demeter das Brot stiftet und Dionysos als Gott des Weines firmiert.

2f. *rauschen die Wagen ... ruhen die Menschen:* Die Atmosphäre dieser Verse wird vorweggenommen in dem 1799 entstandenen Gedicht *Abendphantasie*: »fröhlich

Brod und Wein 95

verrauscht des Markts / Geschäfft'ger Lärm; in stiller Laube / Glänzt das gesellige Mahl den Freunden« (V. 6–8).
4 *sinniges:* nachdenkliches, besonnenes.
17 *die Erstaunende:* Die Formulierung ist transitiv zu verstehen (mit Akkusativobjekt: ›jemanden erstaunen‹): nicht die Nacht erstaunt über etwas, sondern die Nacht setzt die Menschen (über sich) in Erstaunen. Vgl. die 1803 entstandene Ode *Chiron*, in der es heißt: »die erstaunende Nacht« (V. 4).
17 *Fremdlingin:* Diese Wendung begegnet bei Hölderlin öfter, so mit Bezug auf Diotima im *Hyperion*-Roman (Zweites Buch, S. 97 in der 1799 bei Cotta in Tübingen erschienenen Erstausgabe), in *Der Tod des Empedokles*, letzte Szene der ersten Fassung (V. 1836), in dem 1800 entstandenen Odenentwurf *Aus stillem Hauße senden ...* (wohl an die Prinzessin Amalie von Dessau gerichtet), V. 25, und in der wohl 1801 entworfenen Hymne *Am Quell der Donau* (V. 40). Diese Wortneuschöpfung (Neologismus) ist jedoch keine Eigenheit Hölderlins. Sie findet z. B. auch bei Schiller Verwendung, vgl. *Maria Stuart*, V. 2365.
19 *der Hocherhabnen:* Auch mit dieser Auszeichnung ist die Nacht gemeint; das Substantiv bildet mit den vorherigen Preisungen der Nacht in den Versen 15 und 17 einen Sinnzusammenhang.
23 *dich:* Gemeint ist Heinse; vgl. V. 109, 123.
31 *zaudernden Weile:* Dies ist der erste Hinweis darauf, dass die Nacht – nun als Bild für eine geschichtliche Phase gemeint – nach menschlichem Maß zu lange andauert; vgl. V. 125.
33 *Vergessenheit:* bezieht sich auf das Leiden, die Entbehrungen, welche die Nacht mit sich bringt. Die so verstandene Vergessenheit bildet eine Voraussetzung für das im Folgenden beschriebene visionäre Erleben.
das Heiligtrunkene: der Wein, hier als dionysisches

Kultgetränk, das in Ekstase versetzt. Der Weingott Dionysos (ursprünglich sollte das Gedicht auch diesen Titel tragen: *Der Weingott*) gilt als der Gott nächtlicher Feste; vgl. Vergil, *Georgica* 4,521.

35 *vollern Pokal und kühneres Leben:* Hölderlin verwendet zwei absolute Komparative – also Steigerungsformen ohne ein Vergleichswort –, um die Emphase dieser Worte noch zu erhöhen.

36 *Heilig Gedächtniß:* Im Unterschied zum ›profanen‹ Gedächtnis, das Fakten speichert, ist die Erinnerung an die wesentlichen Bezüge des Daseins gemeint, das Denken an die Götter, deren Anwesen das menschliche Leben beglückt. Hier insbesondere gilt das Gedächtnis der Vergegenwärtigung der antiken griechischen Hochkultur, die mit der folgenden Strophe einsetzt.

39 *Freude:* Die »Freude« stellt ein Grundwort dieser Elegie dar und wird entsprechend oft genannt (vgl. V. 3, 39, 78, 104, 133, 134, 136, 138). Das Wort verweist auf Dionysos (den Hölderlin in der Ode *Dichterberuf* ausdrücklich »Freudengott« nennt; vgl. dort V. 1) und meint letztlich die zur religiösen Ergriffenheit gehörende Begeisterung. Hölderlins Anführung der Freude dürfte von Friedrich Gottlieb Klopstock (1724–1803; vgl. dessen Oden *Wink*, *Verschiedne Zwecke* und *Sie*) und von Schiller (vgl. dessen Lied *An die Freude*) beeinflusst worden sein.

41 *das Offene:* vgl. im Zyklus der Widmungselegien *Der Gang aufs Land*, V. 1: »Komm! ins Offene, Freund!« Hier wie dort hat die Aufforderung eine erweckende, aus den gewohnten Vorstellungen herausreißende Funktion. *Das Offene* stellt die Sphäre der Bereitung dar, in der durch das Zusammenkommen von menschlicher Offenheit und göttlicher Offenbarung das Leben in seiner Fülle erfahren werden kann, also so, wie es die Strophen vier bis sechs im visionären Rückblick auf Griechenland gleich zeigen werden.

Brod und Wein 97

44 f. *ein Maas, / Allen gemein, … jeglichem … eignes beschieden:* Einerseits sind alle Menschen durch ihre Zugehörigkeit zu einer bestimmten Zeit in einen geschichtlichen Horizont gefügt; andererseits hat jeder Mensch in seiner Epoche ein eigenes Schicksal und besitzt Kräfte, sich distanzierend zu seiner Zeit zu verhalten. Auf diese Weise verfügt der Dichter durch die ihm eigene Inspiration über Möglichkeiten, die gegenwärtige Epoche imaginär, in der Vorstellung, zu transzendieren, sowohl auf eine vergangene (erfülltere) als auch auf eine kommende (ersehnte) Zeit hin.

47 *spotten des Spotts:* vgl. die Sprüche Salomos 3,34: »Er [Gott] wird der Spötter spotten«; Hölderlin spielt mit dem Spott, dem es hier zu spotten gilt, auf die rationalistische Aufklärung des 18. Jahrhunderts an, die der religiösen Begeisterung mit Hohn begegnete und sie ins Lächerliche zog.

47 *frohlokkender Wahnsinn:* Gemeint ist die dionysische Begeisterung und im Besonderen der *furor poeticus*, der Wahnsinn der Dichter, wie ihn Platon im *Phaidros* (244b–245a) beschreibt: »Die dritte Besessenheit, der Rausch von den Musen, welcher die zarte und unentweihte Muse ergreift, erweckt und in Taumel versetzt, verherrlicht unter Gesängen und der anderen Dichtung Tausende von Taten der Ahnen und bildet so die Nachkommen« (übers. von Kurt Hildebrandt, Stuttgart: Reclam, 1979, S. 41).

49 *Isthmos:* Der *Isthmos* von Korinth bildet das geographische Zentrum Griechenlands.

50 f. *Parnaß … delphische Felsen … / Land des Olymps … Höhe Cithärons:* Der Parnass erhebt sich unweit des Isthmos am Golf von Korinth. An seinem Fuße liegt der Kultort Apollos, Delphi. Die Sphäre des Olymps ist der Sitz der Götter. Die »Höhe Cithärons« meint ein bewaldetes Gebirge in der Nähe von Theben, das auch Ort dionysischer Orgien war (vgl. Ovid, *Metamorphosen* 2,223).

98 Brod und Wein

52 *Fichten ... Trauben:* Attribute des Dionysos.
53 *Thebe ... Ismenos ... Kadmos:* Die Nennung »Thebe« scheint doppeldeutig zu sein, nämlich sich sowohl auf die Mutterstadt des Dionysos (Theben/Thebae) als auch auf eine Baumnymphe dieses Namens zu beziehen; letztere Lesart wird durch das Verb (»rauscht«) besonders wahrscheinlich. Ismenos ist ein Bach bei Theben. Kadmos gilt als Begründer der Burg bzw. des Kerns der Stadt Theben. Von ihm, dem Urvater des thebanischen Königsgeschlechts, stammt Semele ab, die Mutter des Dionysos.
54 *Dorther kommt und zurük deutet der kommende Gott:* Mit dem Gott ist Dionysos gemeint, auf dessen Wesen die vorausgehenden Verse ihrerseits vielfach deuten. Er stammt aus Theben. Entsprechend weist er besonders auf diesen Ort zurück. Die Wendung »der kommende Gott« beschreibt sein Wesen grundsätzlicher: Sie bezieht sich auf den Aspekt des Mythos, dem gemäß Dionysos als der wandernde, in ferne Gegenden reisende Gott erscheint. Mit dieser Eigenschaft verbindet Hölderlin die Hoffnung, dass der Gott (und mit ihm der gesamte »himmlische Chor«, V. 132) nun bald in einem großen Zug von Osten nach Westen ins Abendland kommen und dort kulturstiftend wirken möge. Die Vorstufe des Textes (*Der Weingott*) formulierte: »Dort ist das Sehnen, o dort schauen zu Göttern wir auf.«
60 *mit Nectar gefüllt ... der Gesang:* Die Verbindung zwischen dem Trank der Götter und dem Gedicht hat ihr Vorbild bei Pindar (um 520 – um 445 v. Chr.). In dessen 7. Olympischer Ode heißt es (V. 7–9): »so sende ich den Nektartrunk, die Gabe der Musen, den Männern, die den Preis davontragen, die süße Frucht meines Geistes« (übers. von Eugen Dönt, Stuttgart: Reclam, 1986, S. 41). In seiner Überarbeitung der Reinschrift verändert Hölderlin den Vers in: »Wo mit

Nectar gefüllt, schreitend in Winkeln Gesang?« Auch hier ist ein Bezug zur griechischen Kultur gegeben. Hölderlin hat dabei wohl die antike Chorlyrik im Blick. Bei deren Darbietung war es üblich, dass die Sprecher zwischen zwei Strophen in ihrer tänzerischen Bewegung eine Wendung ausschritten. Sprachlich stellt die neue Textfassung ein Beispiel für den härteren, expressiveren Stil dar, der Hölderlin seit 1802 zunehmend zu eigen wird.

61 *die fernhintreffenden Sprüche:* Das Attribut signalisiert – wie die Nennung von Delphi zu Anfang des folgenden Verses –, dass Apollo (bzw. sein Orakel) die Quelle dieser Sprüche ist. Denn »fernhintreffend« ist seit Homer ein vielfach vorkommendes Epitheton dieses Gottes (etwa für dessen todbringende Pfeile).

65 *Vater Aether:* vgl. zum Gehalt S. 49, Anm. zu »Lüftchen des Himmels« (V. 6) im Kommentar zu Hölderlins Gedicht *Da ich ein Knabe war ...* Zum Ende von *Brod und Wein* hin nimmt Hölderlin diese Formulierung wieder auf. Dort erscheint »Vater Aether« (V. 154) freilich nicht mehr in der Rückschau, sondern als Garant für die zukünftig erfüllte Zeit. In diesem Perspektivenwechsel drückt sich die geschichtsphilosophische Intention des Gedichts aus: das schon einmal Gewesene als das unter anderen Bedingungen Wiederkehrende zu zeigen und die Zeit der Entbehrungen dazwischen als notwendige Zeit zu erklären.

68 *es wächst schlafend des Wortes Gewalt:* also ohne dass es dazu der Reflexion, der bewussten Wahl des Wortes bedurfte.

69 *Vater! heiter!:* Der Weingott nennt auch an dieser Stelle wie in V. 65 noch »Vater Aether«. Die Wahl des neuen Wortes verstärkt die Freude, die Begeisterung, die sich in dem Ausruf manifestiert. Die klangliche Nähe und ein intertextueller Verweis auf Heinse wahren die Verbindung zum Aether: In Heinses 1796–97 verfass-

tem Roman *Hildegard von Hohenthal* (*Sämmtliche Werke*, Bd. 5, Leipzig 1903, S. 39) heißt es über einen der Handelnden, Lockmann: »Er hatte den Tag Bewegung genug gehabt, und ging, als schon die Lyra über ihm durch das blaue Heiter der Luft glänzte, nach Hause.«

69f. *das uralt / Zeichen:* Die Wendung bezieht sich zurück auf das in V. 68 genannte Wort, das wiederum konkret die beiden Ausrufe in den Versen 65 und 69 meint. Das Zeichen ist damit ein Losungswort, durch das sich die Menschen untereinander als Begeisterte erkennen.

73 *Unempfunden:* Das Kommen der Götter wirkt zunächst so überwältigend, dass es den Menschen nicht möglich ist, eindeutige Empfindungen von ihnen zu haben: sich klar darüber zu werden, um welche der »Himmlischen« es sich handelt und was genau sie bei den Menschen bewirken wollen.

77 *der Muth von ihnen:* Gemeint ist der Mut, der von den Göttern ausgeht.

80 *thörig:* unwissend.

81 *in Wahrheit*: die gegenläufige Bestimmung zu »Unempfunden« – nun werden die Götter wahrnehmbar, sie offenbaren sich in ihren konkreten Bedeutungen.

84 *Eines und Alles:* Die auf Heraklit zurückgehende pantheistische Formel (griech. *hen kai pan* ›eines und alles‹) beschreibt das Göttliche als allgegenwärtig – das Göttliche ist ein alles durchwirkendes Wesen. Die Götter so zu nennen bedeutet zwar ihre höchste Verherrlichung im Ganzen, ist aber auch Zeugnis der noch undifferenzierten Empfindung.

85 *Genüge:* Genügsamkeit.

90 *Worte, wie Blumen:* Der Vergleich der Worte mit Blumen, herausgestellt am Ende der Strophe, hebt das Organische und damit die innere Notwendigkeit der Offenbarung hervor, wie sie prozesshaft in der gesamten

Strophe dargestellt wird. Im engeren Sinne bezieht der Vergleich sich darauf, dass die Menschen nun wie selbstverständlich der Anwesenheit der Götter entsprechen können: durch Schaffenskraft, die sich in preisenden Worten und in anderen kulturellen Taten manifestiert; vgl. die sechste Strophe. Ein Gegenbild, Ausdruck der versiegenden Schaffenskraft und des erstarrenden Lebens, findet sich in dem Nachtgesang *Hälfte des Lebens*: »Weh mir, wo nehm' ich wenn / Es Winter ist, die Blumen« (V. 8f.).

96 *in herrlichen Ordnungen:* In der Überarbeitung der Handschrift H 307 ersetzt Hölderlin diese Formulierung durch »in Tuskischen Ordnungen«. Die ›toskanische‹ Ordnung der Säulen gilt als die älteste Säulenform. Sie ist äußerst schlicht gehalten, denn sie weist weder Schmuck noch Profil auf. Hölderlins späte Textvariante ist sprachlich härter und unvertrauter: Sie bewirkt eine Konkretisierung des Bildes und zeigt eine strengere Sicht auf die verschiedenen Völker und mittelbar auf die ihnen von den Göttern auferlegte Disziplin ihres jeweiligen kulturellen Schaffens. Diese Veränderungen in der Wahrnehmung sind charakteristisch für Hölderlins in den Jahren nach 1801 sich schärfenden Blick auf die Spannungen und Gegensätze, durch die sich die geschichtlichen Entwicklungen vollziehen.

99 *die Bekannten, die Kronen:* Eigentlich ist der Bezug des Adjektivs »bekannten« auf die »Kronen« attributiv; hier wird es substantiviert. Hölderlin bedient sich des Öfteren dieses sprachlichen Mittels; vgl. V. 15: »die Schwärmerische, die Nacht«.

die Kronen des Fests: eine verdichtete Darstellung – die »Kronen« beziehen sich auf die in den folgenden Versen hervorgehobenen Städte, das »Fest« meint keine konkrete Feier, sondern die gesamte Zeit der Inspiration menschlicher Kultur durch die göttlichen Kräfte in der Antike; vgl. V. 108.

103 f. *die alten heilgen Theater / der geweihete Tanz:* Beide Sphären werden Dionysos zugeordnet.

107 f. *Oder er kam auch selbst ... das himmlische Fest:* Diese Verse beziehen sich in verhüllender Rede auf die Menschwerdung Gottes in der Gestalt Jesu Christi. Sie zeigen in ihrem Kontext deutlich das von der genuin christlichen Sicht abweichende Geschichtsbild Hölderlins. Christus erscheint in ihm als einer von mehreren »Himmlischen« (V. 95). Er gehört insofern der antiken Welt an. Seine Aufgabe ist es, im eigenen Schicksal das Ende dieser Epoche zu verkörpern und die Menschen über den Verlust der Nähe der Götter hinwegzutrösten. Das eine geschieht durch den Opfertod und die Auferstehung. Diese Ereignisse signalisieren, dass die sichtbare Harmonie zwischen den göttlichen und den menschlichen Kräften nicht fortdauern kann. Das andere folgt aus den tröstenden Worten Jesu vor seinem Tod, vor allem aus der Ankündigung, den Menschen durch seinen Vater den Heiligen Geist zu senden (vgl. Johannes 14–16). – Hölderlins Augenmerk auf den Heiligen Geist wird in den folgenden Jahren (1802–06) noch bestimmender für seine Deutung der Christus-Gestalt werden. In seinen späten Hymnen *Der Einzige* und *Patmos* sieht er Christus aus dieser veränderten Perspektive: als Gestalt, die in eine neue, geistigere Epoche hinüberweist. Diese Sicht prägt auch Hölderlins Überarbeitung der Verse 107 ff. von *Brod und Wein* in H 307. Christus erhält hier eine doppelte Bedeutung: Formal bildet er die Brücke zwischen zwei Epochen, inhaltlich gesehen setzt er zwischen ihnen eine strenge Zäsur. Konkret bedeutet dies: In ihm erscheint der Gott gestalthaft, aber mit einer alle sinnliche Feier und plastische Verehrung nun abweisenden Botschaft. Die späte Fassung lautet: »Aber er kam dann selbst und nahm des Menschen Gestalt an / ein Aer-

gerniß aber ist Tempel und Bild, / Narben gleichbar zu Ephesus.« Der erweiterte Bezug hat seine Referenz in der Apostelgeschichte, Kap. 19, V. 1–40, bes. V. 26 ff. Das Kapitel handelt von dem Gegensatz zwischen der antiken Bildreligion und der neuen, spirituellen Religiosität der Christen. In Ephesus kristallisiert sich der Kontrast: Dort befindet sich ein prächtiger Tempel zu Ehren der Göttin Diana und dazu ein berühmtes, dem Mythos nach vom Himmel gefallenes Kultbild von ihr; dort wächst aber auch eine der ersten und immer größer werdenden christlichen Gemeinden heran.

109 *Freund:* Gemeint ist Heinse.

112 *schonen:* Diese Begründung hat einen ironisch-sarkastischen Unterton. Das lyrische Ich spricht aus der Perspektive eines, der sich nach der Zuwendung der Götter sehnt und der dennoch in der vorangehenden Aussage einen Tadel am Verhalten der Götter hat anklingen lassen: »sie [...] scheinens wenig zu achten, / Ob wir leben«. An anderen Stellen verwendet Hölderlin das Verb ironiefrei und eindeutig zum Lob göttlichen Verhaltens. Vgl. *Heimkunft*, V. 25 f., wo der Gott »kundig des Maases / Kundig der Athmenden auch zögernd und schonend« genannt wird. Vgl. auch *Friedensfeier*, V. 52–54.

117 *ehernen Wiege:* ehern: eisern. Ein Bild für die Ungeborgenheit des Menschen in der götterfernen Zeit (dem Mythos gemäß folgt auf die Goldene und die Silberne die Eiserne Zeit des Menschengeschlechts).

119 *Donnernd kommen sie drauf:* Mit der Gewittermetaphorik spielt Hölderlin auf die geschichtlichen »Wetter«, die kriegerischen Auseinandersetzungen seiner Gegenwart, an.

123 *sagst du:* Gemeint ist Heinse.

123 f. *heilige Priester ... in heiliger Nacht:* vgl. *Dichterberuf*, bes. V. 1–8. – Die Verwendung des Attributs

»heilig« an gleicher Position in diesen zwei Versen ist auffällig. Dadurch wird betont, dass die Zeit der tief empfundenen Götterferne ein notwendiges Interregnum (Zwischenreich) darstellt und dass auch sie Begeisterndes in sich birgt. Es ist die Aufgabe des Dichters, dieses Begeisternde zu finden und ins Wort zu bringen, statt zu verzagen und über den Mangel zu räsonieren (vgl. V. 109–123); daran lässt sich Hölderlin hier durch Worte Heinses erinnern.

129 *ein stiller Genius:* Dies die zweite umschreibende Erwähnung Christi.

130 *welcher des Tages Ende verkündet':* vgl. Johannes 9,4: »Ich muss wirken die Werke des, der mich gesandt hat, so lange es Tag ist; es kommt die Nacht, da niemand wirken kann.« Vgl. auch Johannes 12,35.

132 *einige Gaaben:* Gemeint sind Brot und Wein. Sie werden jedoch nicht allein von Christus gespendet (bei der Eucharistie, dem Abendmahl), sondern auch durch die antiken Gottheiten Demeter (Brot) und Dionysos (Wein); es ist also der »himmlische Chor« dieser antiken Götter, der sie stiftet.

134 *zur Freude mit Geist wurde das Größre zu groß:* Das »Größre« wäre die Anwesenheit der Götter nicht bloß mittelbar im »Zeichen« (V. 131), sondern unmittelbar, in der intensiven Erfahrung von Fülle im Naturerleben und von Sinn in der Geschichte.

138 *donnernden Gott:* Zum einen wird mit diesem Bild auf den Mythos von der Geburt des Dionysos angespielt: Zeus, sein Vater, kam in Gestalt eines Blitzes zeugend zu Semele; den Sohn nennt Hölderlin in *Wie wenn am Feiertage …* entsprechend »die Frucht des Gewitters« (V. 53). Zum anderen bezieht sich das Bild auf Dionysos selbst: als begeisternde Kraft in den geschichtlichen Wettern.

139 *denken:* Mit Rückbezug auf V. 136 ist hier auch ›danken‹ gemeint.

143–148 *Ja! sie sagen ... unter das Finstere bringt:* Diese mit einem bekräftigenden »Ja!« einsetzenden Verse nehmen das letzte Motiv der achten Strophe auf, singen also dem »Weingott ... das Lob« (V. 141 f.). Dass er »den Tag mit der Nacht« aussöhne, ist eine Aussage von geschichtsphilosophischer Bedeutung. Dionysos erscheint hier christusähnlich: nicht nur als jederzeit wirkende, sondern auch als heilsbringende Gestalt. Sie verwandelt den »Götterlosen« ihr Leiden in gegenwärtige Freude und in die Gewissheit zukünftiger Freuden. Dionysos ist »Allzeit froh« – der »Freudengott« (*Dichterberuf*, V. 1). Als solcher bringt er den suchenden Menschen »die Spur der entflohenen Götter« – er ist anwesend nicht nur im Wein, sondern offenbart sich auch in kosmischen (vgl. V. 144) und in irdisch-vegetativen (vgl. V. 145 f.) Phänomenen. Diese Phänomene lässt er als Zeichen der umfassenden Ordnung der Welt und des andauernden Gedeihens des Lebens sehen. Zur kosmischen Ordnung gehört insbesondere, dass auf die gegenwärtige Nacht ein neuer Tag folgt und mit ihm wieder die Präsenz statt der Repräsentanz der Götter, also deren direkte Gegenwart statt ihres Daseins in nur auf sie verweisenden Dingen. Dieser ›versöhnenden‹ Gewissheit gilt hier das Hauptaugenmerk des lyrischen Ichs. Sie wird am Anfang der Strophe herausgestellt. Und sie begründet die in den folgenden Versen sich aussprechende geschichtliche Zuversicht.

144 *Führe des Himmels Gestirn:* Dieses Bild begegnet schon in der *Antigone* des Sophokles. Dort wird Dionysos durch den Chor als »Chorführer der Gestirn'« angerufen (V. 1196, in der Übersetzung Hölderlins).

149 *Was der Alten Gesang von Kindern Gottes geweissagt:* Nach dem dionysischen kommt jetzt der christlich-spirituelle Aspekt der zuversichtlichen Freude in den Blick, denn die Rede von »Kindern Gottes« ver-

weist deutlich auf die Bibel. An mehreren Stellen im Neuen Testament begegnet die Wendung mit heilsgeschichtlich-eschatologischer Bedeutung, so im Brief an die Römer 8,14: »Denn welcher der Geist Gottes treibt, die sind Gottes Kinder.« Vgl. auch Johannes 1,12f. und Brief an die Galater 4,4–7.

150 *Siehe! wir sind es, wir; Frucht von Hesperien ists:* Die Emphase des Ausrufs steigert im Zeichen der Freude die Zuversicht bis hin zur Euphorie – darüber, dass sich im eigenen Kulturraum und nah erwartet die zeitlich und räumlich ferne Prophezeiung erfüllen wird. Hesperien ist im griechischen Mythos der äußerste Westen der antiken Welt (vgl. Hesiod, *Theogonie*, V. 215). Hölderlin knüpft an dieses Bild an, indem ihm Hesperien gegenüber der Antike und dem Orient zum Inbegriff des Abendlandes wird. – Im Bild der Frucht wird die Blüte und das Vergehen der antiken gotterfüllten Zeit einerseits und die erwartete Wiederkehr der Götter andererseits als innerer, gleichsam organischer Zusammenhang gedeutet: Der eine Vorgang ist Voraussetzung für den anderen. Damit erhält zugleich die Nacht als notwendige Zwischenzeit indirekt eine erneute Rechtfertigung.

151 *genau ... als an Menschen: genau* ist etymologisch auf ›ge-nah‹ zurückzuführen und wird von Hölderlin noch so verstanden, d. h. im Sinne von ›sehr nahe‹, ›unmittelbar‹. Das *als* steht hier synonym für ›wie‹, ›als ob‹. Der Vers formuliert also eine religiöse Naherwartung.

152–156 *Glaube, wer es geprüft ... unter die Schatten herab:* In der späteren Überarbeitung lauten diese Verse: »Glaube, wer es geprüft! nemlich zu Hauß ist der Geist / Nicht im Anfang, nicht an der Quell. Ihn zehret die Heimath. / Kolonien liebt, und tapfer Vergessen der Geist. / Unsre Blumen erfreun und die Schatten unserer Wälder / Den Verschmachteten. Fast wär der Beseeler verbrandt.« – Aus zwei Gründen sind diese Verse besonders beachtenswert: Sie entfalten zum einen Hölderlins geschichtsphilosophisches Thema der Wanderung des inspirierenden Geistes. Und sie erklären zum anderen, was zuvor in den V. 149 f. so freudig verkündet wurde. – Der Geist kommt vom Orient her, aus der antiken Sphäre der Griechen. Jedoch wurde er dort als befeuernde Kraft nicht mehr erkannt und angenommen. Ohne sich in der Begeisterung der Menschen noch umsetzen zu können, hätte er sich fast verzehrt und wäre an eigener Kraft »verbrandt«. Stattdessen wandte er sich seinerseits von der »Heimath« ab. Das geschah nicht leichthin (sondern durch »tapfer Vergessen«), aber seinem unerschöpflichen Wesen gemäß. Dieses Wesen kann und will sich an immer neuen Orten manifestieren, »liebt« also »Kolonien«. Nun ist der Geist in Hesperien »zu Hauß« – angekommen im Abendland, das ihm Kühlung (»die Schatten unserer Wälder«) und damit beste Bedingungen für ein neues fruchtbares Zusammenwirken von göttlichen und menschlichen Kräften bietet. Zu den »Blumen« vgl. V. 90. – Der Geist trägt Züge des Dionysos (Motiv des Geburtsmythos, der Wanderungen). Er ist aber wesentlich mehr: die umfassende, den Gang der Geschichte vorantreibende Kraft.

155 f. *kommt als Fakelschwinger des Höchsten / Sohn, der Syrier:* Im Bild dieser Verse sind Dionysos und Christus vermittelt. Sowohl die Bezeichnung »Fakelschwinger« als auch die Bestimmungen »des Höchsten Sohn« und »der Syrier« deuten auf beide Gestalten. Dionysos wird in der griechischen Dichtung oft ›Fackelträger‹ genannt (vgl. *König Oedipus* von Sophokles, V. 215–219; Euripides, *Bakchen*, V. 145 f.); er ist Sohn des obersten Gottes, Zeus; und er ist als Wanderer einer, der aus dem Orient nach Griechen-

land gekommen ist (vgl. in den *Bakchen* V. 144 ff.). Christus gilt den Gläubigen als Lichtspender in dunkler Zeit (vgl. Lukas 12,49; Johannes 1,5; 3,19; 12,46) und als Sohn Gottes, geboren im Orient (das heutige Israel befindet sich auf dem Territorium der alten römischen Provinz Syria; vgl. Lukas 2,2).

158 *dem Licht thauet ihr Auge noch auf:* Gemeint ist die Seele als das innere Auge, das sich dem Göttlichen gegenüber öffnet. Das Motiv begegnet häufig in der Bibel, vgl. z. B. Matthäus 9,30; Johannes 9,10.

159 *der Titan:* Wahrscheinlich bezieht sich Hölderlin auf den Titan Typhon, der dem Mythos zufolge die Erdbeben auslösende Kraft personifiziert; vgl. Pindar, 1. Pythische Ode, V. 27–36.

160 *Cerberus trinket und schläft:* Diese Stelle hat ihr Vorbild bei Horaz (*Carmina* 2,19). Dort wird beschrieben, wie Dionysos in die Unterwelt hinabsteigt, mit Wein den Höllenhund Cerberus einschläfert und seine Mutter Semele aus dem Hades rettet. Doch auch die im christlichen Glaubensbekenntnis erwähnte Reise Christi in die Unterwelt ist mitgemeint. Der Wein, den Cerberus trinkt, deutet gleichfalls auf beide (halb)göttliche Gestalten. Dass Cerberus hier »der neidische« genannt wird, stiftet den Bezug des mythischen Bildes zur zeitgeschichtlichen Situation. ›Neidisch‹ hat im Schwäbischen die besondere Bedeutung ›streitsüchtig‹ – und dies ist für Hölderlin das charakteristische Merkmal seiner Zeit. Indem er Cerberus durch das Einwirken göttlicher Kräfte seiner die Menschen im Dunkeln gefangen haltenden Macht benommen sieht, bekundet Hölderlin – wie zuvor im Bild des ruhenden Titanen – am Ende dieser Elegie nachdrücklich seine Zuversicht, dass die nahe Zukunft dem Abendland einen Frieden und mit ihm kulturelle Blüte bringen werde.

Metrische Besonderheiten

Die triadisch gegliederte Elegie *Brod und Wein* hat neun Strophen mit jeweils neun Distichen (zur Charakteristik des elegischen Distichons vgl. S. 20 f.). Eine Ausnahme bildet die siebente Strophe, der ein Distichon fehlt. Vermutlich handelt es sich um ein Versehen Hölderlins. Dafür sprechen wenigstens zwei Gründe: zum einen der handschriftliche Befund – er dokumentiert, dass Hölderlin die Anzahl der Distichen (nachträglich) überprüft hat, ohne dass ihm das Fehlen dieses einen Distichons aufgefallen wäre. Zum anderen ist die siebente Strophe auch ohne das neunte Distichon von ihrem Gehalt her gesehen geschlossen.

Idealtypisch verwirklicht Hölderlin das Schema des elegischen Distichons zum Beispiel in der zweiten Strophe. Dem regelmäßigen Strömen des Hexameters setzt Hölderlin im Pentameter die stockende Bewegung, verursacht durch den Hebungsprall in der Versmitte, entgegen:

»Wunderbar ist die Gunst der Hocherhabnen und niemand
 — ⏑ ⏑ — ⏑ — ⏑ — ⏑ — ⏑ ⏑ — ⏑
Weiß von wannen und was einem geschiehet von ihr.«
 — ⏑ — ⏑ ⏑ — | — ⏑ ⏑ — ⏑ ⏑ —

Besonders in den letzten drei Distichen wird die den Sinn der Verse unterstützende Funktion dieser rhythmischen Kombination offensichtlich. In den Hexametern formuliert das lyrische Ich in reflexiv-mahnendem Sprachgestus die Voraussetzungen für das Gelingen der visionären Erinnerung an die gewesene gotterfüllte Zeit, die in den folgenden Strophen dann zum Thema wird. In Vers 31 beginnt der Hexameter noch langsam mit regelmäßig wechselnden Hebungen und einfachen Senkungen (»Aber sie muß uns auch«), bevor am Versende eine doppelte Senkung auftritt, die den Rhythmus beschleunigt (»in der zaudernden Weile«). In den Versen 33 und 35 bewirken dann doppelte Senkungen nach Hebungen ein größeres rhythmisches Tempo:

»Uns die Vergessenheit und das Heiligtrunkene gönnen«
‒ ⏑ ‒ ⏑ ⏑ ‒ ⏑ ⏑ ‒ ⏑ ⏑ ‒ ⏑

»Schlummerlos und vollern Pokal und kühneres Leben«
‒ ⏑ ‒ ⏑ ‒ ⏑ ⏑ ‒ ⏑ ⏑ ‒ ⏑ ⏑ ‒ ⏑

Sie unterstützen den am Ende der zweiten Strophe einsetzenden hymnischen Aufschwung. Zudem verstärken sie den Gehalt dieser Verse insofern, als das lyrische Ich den imaginären Aufbruch aus der »zaudernden Weile« (V. 31) der gegenwärtigen (geschichtlichen) Nacht in ein »kühneres Leben« (V. 35) vorbereitet. Die Pentameter in den Versen 32, 34 und 36 erzeugen durch den Hebungsprall in der Mitte des Verses jedes Mal eine Stauchung der zuvor strömenden Bewegung (etwa V. 32: »Daß im Finstern für uns einiges Haltbare sei«). Diese Stauchungen dienen dazu, das Überschwängliche des Hymnischen, das der Hexameter transportiert, zu bremsen. Gehaltlich korrespondiert dieser metrischen Konfiguration die Manifestation der dichterischen Forderungen nach dem »Haltbaren« (V. 32), nach dem »Heilig Gedächtniß auch, wachend zu bleiben bei Nacht« (V. 36).

Einige rhythmische Abweichungen fallen hauptsächlich in der Eingangsstrophe auf. Sie begegnen schon im ersten Hexameter: Dort markiert Hölderlin nach der dritten Hebung durch die Setzung des Semikolons eine deutliche Zäsur; sie ist gehaltlich dadurch gerechtfertigt, dass nach ihr eine neue Impression beginnt (»still wird die erleuchtete Gasse«). Metrisch müssten bei den ersten beiden Silben nach der Zäsur eine Senkung und eine Hebung folgen. Doch eine solche Betonung scheint wenig sinnvoll zu sein. Müsste nicht eher das Kernwort »still« hervorgehoben werden? In diesem Fall entstünde ein Hebungsprall in der

Versmitte – wie beim Pentameter. Ihm würden, metrisch unzulässig, drei Senkungen folgen. Und doch würde gerade diese prosarhythmische Betonung an dieser Stelle dem Gehalt entsprechen: Sie würde den Eindruck verstärken, dass die abendliche Stadt zur Ruhe kommt. Ähnlich verhält es sich im dritten Hexameter der ersten Strophe (»Wohlzufrieden zu Haus; leer steht von Trauben und Blumen«, V. 5). Auch hier setzt Hölderlin ein Semikolon nach der dritten Hebung. Das folgende Kernwort »leer« würde, wäre es zu betonen, wiederum einen Hebungsprall erzeugen, der zwar regelwidrig für den Hexameter, aber gehaltlich stimmiger wäre. Er würde die Szene des geräumten, verlassenen Marktes eindringlicher metrisch umsetzen. Auch im vierten Hexameter (»Aber das Saitenspiel tönt fern aus Gärten; vieleicht, daß«, V. 7) böte sich eine gehaltlich überzeugendere Leseweise mit dem Hebungsprall in der Versmitte an: dann, wenn man die sinntragenden Wörter »tönt fern« beide betont spräche. Und noch an wenigstens einer späteren Stelle des Gedichts verfährt Hölderlin anscheinend nach diesem Muster: in V. 89, dem letzten Hexameter der fünften Strophe (»Tragen muß er, zuvor; nun aber nennt er sein Liebstes«). Durch Hebungsprall werden dort die gewichtigen temporalen Angaben »zuvor; nun« betont.

Auch in den Pentametern von *Brod und Wein* lassen sich an charakteristischen Stellen Auffälligkeiten beobachten. So entfällt vermutlich der typische Hebungsprall inmitten des Verses 40: »Göttliches Feuer auch treibet, bei Tag und bei Nacht, / Aufzubrechen« (V. 40 f.). Der durch Kürzung des Verses um eine Hebung erzielten rhythmischen Beschleunigung entspricht gehaltlich die imaginierte Bewegung des Aufbruchs. Noch an drei weiteren Stellen löst Hölderlin wahrscheinlich das Versschema des Pentameters auf und erhält durch den Wegfall des Hebungspralls einen strömenden Vers mit fünf statt sechs Hebungen, der den hymnisch-begeisterten Ton des lyrischen Ichs formal zum Ausdruck bringt. Es handelt sich um die Verse 58 (»Wahrlich zu einzigem Brauche vor Alters gebaut!«), 96 (»Richten in herrlichen Ordnungen Völker sich auf«) und 156 (»Sohn, der Syrier, unter die Schatten herab«).

Forschungsstimmen

Brod und Wein gehört zwar metrisch betrachtet und wegen inhaltlicher Aspekte zur Gattung der Elegien. Jedoch begegnen in diesem Gedicht viele hymnische Aufschwünge. Dass sie im Hinblick auf den Begriff des Elegischen nicht irritieren müssen, sondern im Gegenteil: konzeptionell ihre Berechtigung haben, zeigt JOCHEN SCHMIDT (*1938) nach einer Bestimmung des Verhältnisses von Elegischem und Hymnischem in *Brod und Wein* durch einen Rekurs auf Schillers Verständnis von der elegischen Gattung:

»Inwiefern ist das Gedicht wirklich Elegie? Nur soweit, als es vom trauernden Andenken an ›Vergangengöttliches‹ und von der Klage über die dürftige Beschaffenheit der Gegenwart durchschattet ist. Wo der Dichter begeistert, voll heiligen Zukunftsglaubens spricht, tritt an die Stelle des Elegischen ein stark hymnisches Element. Dieses Neben- und Ineinander des nach dem allgemeinen Wortverstande ›Elegischen‹ einerseits und ›hymnischer‹ Elemente andererseits, der Wechsel zweier Gefühlssphären, bedeutet nicht, daß es sich um unorganische, in heterogene Teile zerfallende Dichtung handelt. Im Gegenteil: Elegisches und Hymnisches sind als verschiedene Erscheinungsweisen und Verfahrungsarten eines poetischen Geistes zu sehen, der als notwendige höhere Einheit der Dichtung erst fühlbar wird, indem er die einzelnen Teile der Dichtung in der Form des Gegensatzes erscheinen und miteinander wechseln läßt: so ergibt sich ein Ganzes, und auch die Teile lassen sich nur im Gegenüber erkennen. Das Dunkle, Elegische, Traurige ruft nach dem Hellen, Hymnischen, Freudigen als der angemessenen Folie des eigenen Ausdrucks, und umgekehrt. Hölderlins berühmtes Epigramm auf Sophokles: ›Viele versuchten umsonst das Freudigste freudig zu sagen / Hier spricht endlich es mir, hier in der Trauer sich aus‹ ist in hervorragendem Maße auf seine eigene Dichtung anwendbar. [...] Im Wechsel von Freude und Trauer stellt sich auch die Vollkommenheit der Elegie ›Brod und Wein‹ dar. Beide Worte sind in dieser wie in den andern elegischen Dichtungen Schlüsselworte von zentraler Bedeutung. Zugleich ist damit der Idealtypus der elegischen Gattung erreicht, den Schiller in seiner Schrift ›Über naive und sentimentalische Dichtung‹ definiert und der sich in jeder Einzelheit mit dem Charakter der Hölderlinischen Elegien deckt. Schiller schreibt: ›Setzt der Dichter die Natur der Kunst und das Ideal der Wirklichkeit so entgegen, daß die Darstellung des ersten überwiegt, und das Wohlgefallen an demselben herrschende Empfindung wird, so nenne ich ihn elegisch ... diese Gattung hat ... zwey Klassen unter sich. Entweder ist die Natur und das Ideal ein Gegenstand der Trauer, wenn jene als verloren, dieses als unerreicht dargestellt wird. Oder beyde sind ein Gegenstand der Freude, indem sie als wirklich vorgestellt werden. Das erste giebt die Elegie in engerer, das andere die Idylle in weitester Bedeutung.‹ [*Schillers Werke. Nationalausgabe*, Bd. 20, Weimar 1962, S. 448 f.] ›Brod und Wein‹ vereinigt die beiden in Schillers Analyse geschiedenen elegischen Empfindungsarten – Trauer und Freude –, erhebt sie durch den Wechsel zu einem Ganzen, das, um Schillers Terminologie zu folgen, elegisch im weitesten Sinne ist. Da sich aber die Vereinigung nicht als Verschmelzung, sondern im Wechsel vollzieht, erscheinen neben- und nacheinander im selben Gedicht die beiden ›Klassen‹, die ›Elegie in engerer‹ und die ›Idylle in weitester Bedeutung‹, die in Hölderlins Sprache nichts anderes als der heroische und idealische Ton sind.

> Jochen Schmidt: Hölderlins Elegie *Brod und Wein*.
> Die Entwicklung des hymnischen Stils in der elegischen Dichtung. Berlin: de Gruyter, 1968. S. 24 f. –
> © 1968 Walter de Gruyter GmbH & Co., Berlin.

Auf den hier angeführten Text Schillers (wenn auch auf eine andere Stelle daraus) bezieht sich, im Kapitel über *Heidelberg* (s. S. 71 ff.), auch Günter Mieth im Hinblick auf die Bestimmung des Idyllischen bei Schiller und die Anwendbarkeit des Begriffs auf diese Ode Hölderlins.

Die ausbleibende Resonanz der Zeitgenossen auf Hölderlins Dichtungen darf nicht darüber hinwegtäuschen, dass Hölderlin sich seinerseits gerade mit großangelegten lyrischen Texten wie *Brod und Wein* im geschichtsphilosophischen Diskurs seiner Gegenwart positionieren wollte. ULRICH GAIER (*1935) arbeitet heraus, dass er sich dabei vor allem von den kulturell dominierenden Gottesvorstellungen Goethes, Schillers, Novalis' und Friedrich Schleiermachers abzusetzen versuchte. So könne die bejahte Vorstellung spontan sich äußernder Religiosität, wie sie in V. 90 benannt wird,

»als Kritik an Goethes *Römischen Elegien* und seiner ironischen Art des neuern Gebrauchs der Mythologie verstanden werden – Hölderlin hat mit *Brod und Wein* zweifellos auch dieses Werk überbieten, auf es antworten wollen: die Numerierung der Einzelstücke ist zwar sekundär, aber es ist deutlich, daß Hölderlin durch seine Aufteilung in zusammenhängende Einzelstücke auf Goethes Zyklus von Einzelstücken anspielt, der ja in der Elegienliteratur ohne Beispiel ist; wie Goethe in der Elegie XX den Schreibprozeß fiktiv beginnt (V. 21 f.) und damit in den Anfang zurückleitet, so schließt auch *Brod und Wein* mit dem Stillwerden des Titans, mit dem die erste Strophe begonnen hat; wie Goethe geht es Hölderlin um das rechte Verhältnis zur ruinierten Antike, zur Gegenwart, zu dem, was an Frömmigkeit im antiken Geiste geblieben ist und die heillose Gegenwart erträglich macht. Der lockere Umgang Goethes mit den Glaubensvorstellungen der Römer ist für Hölderlin allerdings nicht der Gesichtspunkt, aus dem wir das Altertum anzusehen haben. Wenn für Goethe die Götter lebendig werden, so sind es die Statuen in der Werkstatt des Künstlers (Elegie XI), wie ihm umgekehrt der von ihm beherrschte römische Busen und Leib zum klassischen Bildwerk wird und die Sprache der Statuen verständlich macht; für Hölderlin, ausdrücklich sagt er es, schweigen die Theater, die Waffen und Wagen ertönen nicht mehr in Olympia; wo Goethe froh auf klassischem Boden begeistert wird (Elegie V), verhallt sein frohlockender Wahnsinn, der ihn Heinse ins alte Griechenland mitreißen läßt, ungehört und unbeantwortet zwischen den Ruinen. [...]

Wird Goethe kritisch überwunden, weil er das große Problemfeld der Kulturdifferenz und der Heillosigkeit der Gegenwart selbstironisch mit einem Rückzug ins private Glück umgeht, so antwortet Hölderlin mit dem Gedanken von der Sprachartigkeit, Logoshaftigkeit der Kultur und der in ihr erzeugten Göttervorstellungen auf Schiller, Schleiermacher [Friedrich Schleiermacher (1768–1834), Theologe, Philosoph und Pädagoge] und Novalis zugleich. Die Theorie wird in den Strophen 4–6 von *Brod und Wein* entfaltet. Am Anfang steht der Einbruch des ›großen Geschiks‹, das mit allgegenwärtigem Glück über die unbewußten Menschen hereinbricht und sie mit überbordendem Leben erfüllt; diese Begeisterung müssen sie mitteilen, einander, Fremden, und müssen dafür Sprache entwickeln, zunächst metaphorisch (›Vater‹), lautimitierend (›heiter‹, ›hallt‹), ererbt (›Aether‹), dann mit Worten, in denen sich die Erkenntnis einen Namen erschafft: ›Eines und Alles‹ (V. 84). [...]

Schillers kulturgeschichtliche Phantasie in der *Elegie* (später: *Der Spaziergang*) macht keine bestimmten Aussagen über die selbständige Existenz der Götter oder die Intentionalität der Kultur hinsichtlich des Göttlichen. [...] Schiller findet offenbar ›das vertraute Gesetz in des Zufalls grausenden Wundern‹ (V. 136) nicht; Geschichte erscheint als sinnloses Auf und Ab zwischen Phasen der Kultur und einer ›Natur‹, die dem Spaziergänger nach dem Entsetzen über die Kulturvernichtung der Revolution den Blick auf ›die Sonne Homers‹ gewährt. Hier antwortet Hölderlins Tröster Heinse in *Brod und Wein* mit dem Hinweis auf die Gaben der scheidenden Götter, auf die damit gestiftete menschliche Freude, den Dank, die Erinnerung und die Hoffnung, den Gesang, die Sage über das Bleiben und Versöhnen des Weingotts und die Erkenntnis, daß in der ruinösen Gegenwart des Abendlands eine Prophetie von ›Kindern Gottes‹ sich zu erfüllen beginnt. [...]

Der Gedanke der Sprachlichkeit von Kultur antwortet auch auf Schleiermacher. Trotz seiner extensiven Kenntnis Herders [Johann Gottfried Herder (1744–1803), Dichter, Theologe und Philosoph], trotz seiner Betonung der Notwendigkeit von Vermittlung konnte dieser sich nicht vorstellen, ›wie der Kunstsinn für sich allein übergeht in Religion‹, und hatte ›von einer Kunstreligion, die Völker und Zeitalter beherrscht hätte, [...] nie etwas vernommen‹. Das ist richtig, antwortet Hölderlin, denn der Kunstsinn für sich ist sekundär und allenfalls ein Phänomen moderner Subjektivität. Aber umgekehrt spricht Religion, spricht Anschauung und Gefühl für das Universum als Kunst, und jede Kultur, die sich wie die griechische als Ehre der Himmlischen versteht und nichts zuläßt, ›was nicht den Hohen gefället‹ (V. 93), ist die von Schleiermacher vermißte Kunstreligion. Auch die griechischen Götter und Christus werden anders gedeutet: Haben für Schleiermacher die Griechen nur eine ›schöne Mythologie‹ hinterlassen, die ihm ›gleichgültig‹ ist, hat das Christentum die Heiden kühn hinweggeführt ›über die Trennung, die sie gemacht hatten zwischen dem Leben und der Welt der Götter und der Menschen‹, so hat zumindest Dionysos die gleiche (wenn nicht eine größere) Gültigkeit und Funktion wie Christus [...].

Das ist auch vollends die Antwort auf Novalis, der Christus mit dem Tod, dem Zeichen und Übergang in das Aorgische [Unbegrenzte, Ungegliederte] der Nacht, identifiziert hatte. Die Überwindung des Todes durch den Tod ist eine Leistung schon des Dionysos; die Trunkenheit und Nachtbegeisterung der Bacchen und ›heiligen Priester, / Welche von Lande zu Land zogen in heiliger Nacht‹ (V. 123f.) gehört schon in die griechische Religiosität und widerlegt die Geschichtskonstruktion der fünften *Hymne an die Nacht*. [...] Das Hymnische der Gesänge, das sich in *Brod und Wein* vorbereitet, rechtfertigt sich nicht als Hymne an die Nacht, sondern als Hymne während der Nacht in Vorbereitung des neuen Tages und des werdenden Vaterlandes.

Hölderlins Elegie *Brod und Wein* antwortet also auf viele Stimmen und gewinnt ihr Profil aus dem Dialog, in den er sie mit den Zeitgenossen treten läßt.«

Ulrich Gaier: Hölderlin. Eine Einführung. Tübingen/Basel: Francke, 1993. S. 397 f., 400–402. – Mit Genehmigung von Ulrich Gaier, Konstanz.

Hölderlins Hoffnung auf eine erneuerte Sinnerfahrung im geschichtlichen Leben richtet sich um 1800 auf einen Enthusiasmus, der als Begeisterung nicht hierarchisch (von oben), von einem transzendent bleibenden Gott vermittelt wird, sondern der aus der freudigen Begegnung der Menschen untereinander entsteht: in Freundschaft und Liebe, die Kultur stiftend ein ganzes Volk einen und Völker verbinden kann. RAINER NÄGELE (*1943) analysiert, wie

Hölderlin dieses Modell von Intersubjektivität in die poetologische Struktur von *Brod und Wein* umsetzt.

»Die Linearität einer Geschichte, in der schließlich das signifizierende [sich auf etwas Bestimmtes beziehende] Subjekt im Menschen selbst zum Subjekt der Geschichte wird, ist gebrochen durch eine Gegenwartserfahrung, die weiter denn je vom zunächst schon greifbaren und begreifbaren Punkt der Identität abliegt. Wo nach der Logik der Linearität die Linien sich treffen sollen, klafft der Bruch:

> ›Aber Freund! wir kommen zu spät. Zwar leben die
> Götter
> Aber über dem Haupt droben in anderer Welt.
> Endlos wirken sie da und scheinens wenig zu achten,
> Ob wir leben, so sehr schonen die Himmlischen uns.‹
> (v. 109–112)

Scheinbar sinnlos hängen die Fäden der eben entzifferten Geschichte ins Leere. Der Schock dieser Erfahrung stellt die poetische Existenz selbst in Frage und mit ihr den poetischen Kalkül. Das fehlende Distichon dieser Strophe ist nur der sichtbare Ausdruck einer Erschütterung, deren Ausmaß gerade daran ablesbar ist, daß sie sich im Äußerlichsten, im mechanischen Zahlenkalkül verrät, soll doch gerade die ›mechanische Arbeit‹ nach Hölderlin Halt und Schutz gegen zu große innere Erschütterung verleihen. Nun ist selbst diese äußerste Schutzhaut gestört und geritzt.

Was im gestörten Kalkül sichtbar wird, ist die doppelte innere Erschütterung des Textes angesichts einer erschütterten Geschichte. Das signifizierende Subjekt hat sich in der Gestalt der Götter entfernt, während die intersubjektive Sphäre, das andere konstituierende Moment des Diskurses, fehlt (›so ohne Genossen zu seyn‹). Der Anredegestus (v. 109 und 123) schafft eine fiktive Intersubjektivität, die den Text vor dem völligen Zusammenfall in der Leere bewahrt. In der so geschaffenen fiktiven Kommunikationssphäre findet der Text eine doppelte, doch fragile Begründung.«

> Rainer Nägele: Text, Geschichte und Subjektivität in Hölderlins Dichtung – ›Unessbarer Schrift gleich‹. Stuttgart: Metzler, 1985. S. 104 f. – © 1985 J. B. Metzler'sche Verlagsbuchhandlung und Carl Ernst Poeschel Verlag GmbH in Stuttgart.

Dichterberuf

Des Ganges Ufer hörten des Freudengotts
 Triumph, als alleroberend vom Indus her
  Der junge Bacchus kam, mit heilgem
   Weine vom Schlafe die Völker wekend.

Und du, des Tages Engel! erwekst sie nicht,
 Die jezt noch schlafen? gieb die Geseze, gieb
  Uns Leben, siege, Meister, du nur
   Hast der Eroberung Recht, wie Bacchus.

Nicht, was wohl sonst der Menschen Geschik und Sorg'
 Im Haus und unter offenem Himmel ist,
  Wenn edler, denn das Wild, der Mann sich
   Wehret und nährt! Denn es gilt ein anders

Zu Sorg' und Dienst den Dichtenden anvertraut!
 Der Höchste, der ists, dem wir geeignet sind
  Daß näher, immerneu besungen
   Ihn die befreundete Brust vernehme.

Und dennoch, o ihr Himmlischen all und all
 Ihr Quellen und ihr Ufer und Hain' und Höhn
  Wo wunderbar zuerst, als du die
   Loken ergriffen, und unvergeßlich

Dichterberuf

Der unverhoffte Genius über uns
  Der schöpferische, der göttliche kam, daß stumm
    Der Sinn uns ward und, wie vom
      Strale gerührt das Gebein erbebte,

25 Ihr ruhelosen Thaten in weiter Welt!
  Ihr Schiksaalstag', ihr reißenden, wenn der Gott
    Stillsinnend lenkt, wohin zorntrunken
      Ihn die gigantischen Rosse bringen,

Euch sollten wir verschweigen, und wenn in uns
30   Vom stetigstillen Jahre der Wohllaut tönt
    So sollt' es klingen, gleich als hätte
      Muthig und müßig ein Kind des Meisters

Geweihte, reine Saiten im Scherz gerührt?
  Und darum hast du, Dichter! des Orients
35   Propheten und den Griechensang und
      Neulich die Donner gehört, damit du

Den Geist zu Diensten brauchst und die Gegenwart
  Des Guten übereilest, in Spott, und den Albernen
    Verläugnest, herzlos, und zum Spiele
40   Feil, wie gefangenes Wild, ihn treibest?

Bis aufgereizt vom Stachel im Grimme der
  Des Ursprungs sich erinnert und ruft, daß selbst
    Der Meister kommt, dann unter heißen
      Todesgeschossen entseelt dich lässet.

Zu lang ist alles Göttliche dienstbar schon
  Und alle Himmelskräfte verscherzt, verbraucht
    Die Gütigen, zur Lust, danklos, ein
      Schlaues Geschlecht und zu kennen wähnt es

Wenn ihnen der Erhabne den Aker baut
  Das Tagslicht und den Donnerer, und es späht
    Das Sehrohr wohl sie all und zählt und
      Nennet mit Nahmen des Himmels Sterne

Der Vater aber deket mit heilger Nacht,
  Damit wir bleiben mögen, die Augen zu.
    Nicht liebt er Wildes! doch es zwinget
      Nimmer die weite Gewalt den Himmel.

Noch ists auch gut, zu weise zu seyn. Ihn kennt
  Der Dank. Doch nicht behält er es leicht allein,
    Und gern gesellt, damit verstehn sie
      Helfen, zu anderen sich ein Dichter.

Furchtlos bleibt aber, so er es muß, der Mann
  Einsam vor Gott, es schüzet die Einfalt ihn,
    Und keiner Waffen brauchts und keiner
      Listen, so lange, bis Gottes Fehl hilft.

Nach dem Erstdruck (D 21) in: *Flora. Teutschlands Töchtern geweiht. Eine Quartalsschrift von Freunden und Freundinnen des schönen Geschlechts.* Zehnter Jahrgang. Viertes Vierteljahr. Tübingen: Cotta, 1802. S. 32–35.

Entstehung und Erstdruck

Die Keimzelle von *Dichterberuf* bildet die zweistrophige Ode *An unsre großen Dichter*. Sie wurde von Hölderlin zusammen mit anderen Gedichten in einer Reinschrift als Druckvorlage einem Brief vom 30. Juni 1798 an Friedrich Schiller beigelegt (H 479). Schiller nahm eine Titelredaktion vor und veröffentlichte den Text mit der Überschrift *An unsre Dichter* in dem von ihm herausgegebenen Musen-Almanach auf das Jahr 1799.

In der darauffolgenden Zeit erweitert Hölderlin die Kurzode wesentlich: zu einem Text von sechzehn Strophen. Und er gibt ihm jenen neuen Titel, der das existentiell bedeutsamste seiner Themen programmatisch benennt. *Dichterberuf* ist seinerseits in zwei Fassungen überliefert. Die erste ist wohl schon 1800 entstanden, die zweite, eine Überarbeitung für den Druck, 1801. Die Druckvorlage für diese hier wiedergegebene Fassung dürfte Hölderlin in der zweiten Hälfte des Jahres 1801 als eine von mehreren Proben seiner Arbeit an Ludwig Ferdinand Huber (1764–1804) geschickt haben. Huber stand in Diensten des Verlegers Johann Friedrich Cotta (1764–1832) und hatte Hölderlin am 6. August 1801 den Verlag einer Gedichtausgabe angeboten. Das Projekt wurde zwar nicht verwirklicht; Huber sorgte jedoch für die Veröffentlichung einiger der Gedichte in der Zeitschrift *Flora*. Zu diesen gehört auch *Dichterberuf*.

Im Vergleich der beiden Fassungen von *Dichterberuf* zeichnet sich die spätere sprachlich durch stärkere expressive Härten aus. Auch das Bild des gesellschaftlichen Umfelds, in dem der Dichter wirken muss, wird dramatisch aufgeladen geschildert. Besonders deutlich wird dies in den Schlussversen 61 bis 64. Ihr Duktus ist härter, der Ton heroischer als in der ersten Fassung. Dem Dichter, der sich geschickt sieht in eine Zeit, die sich dem nahenden Göttlichen nicht auch selbst annähern will, bleibt demnach nur seine Lauterkeit: die Überzeugung, dass sich seine eigene Sicht auf die Geschichte trotzdem bewahrheiten wird. Die Bewährung der persönlichen Anschauung wird jedoch an ein negatives Momentum geknüpft: »Gottes Fehl« (V. 64). Dieses Motiv einer Zunahme der durchlebten Gottferne, aus deren Extrem sich Hölderlin den Umschlag in die neue Begegnung der Götter und Menschen erhofft, wird zu einem Kennzeichen seiner hymnischen Spätdichtung von 1802 bis 1806 werden.

Zeilenkommentar

1–4 *Des Ganges ... Völker wekend:* Die erste Strophe lautet in allen drei Fassungen (*An unsre großen Dichter* mitgerechnet) gleich. Mit diesem Anfang spiegelt Hölderlin den Dichter und dessen Berufung sogleich in die Perspektive eines Halbgottes hinein: in die des Dionysos, der als friedlicher, Freude spendender Eroberer erscheint, als inspirierendes, Kultur stiftendes Wesen, das auf seinem Siegeszug von Osten nach Westen die Völker begeistert. Diese Darstellung des Dionysos-Zuges enthält auch eine indirekte Kritik an Frankreich, das die Eroberung Europas mit Gewalt und unter Missachtung der prägenden Grundsätze seiner Revolution vorantreibt; deren Ideale sollten für Hölderlin eigentlich die kulturelle Erneuerung des Abendlandes mitbewirken.

5 *Und du, des Tages Engel:* Gemeint ist der Dichter. Das geht aus der entsprechenden Stelle in *An unsre großen Dichter* eindeutig hervor. Dort lautet V. 5: »O wekt, ihr Dichter! wekt sie vom Schlumer auch, –«. Die Umschreibung des Dichters als »des Tages Engel« trägt zu seiner weiteren mythischen Erhöhung bei. Denn der Engel (griech. *angelos* ›Bote‹) ist der Mittler zwischen Göttern und Menschen. Hier erscheint er als dazu berufen, die neue Annäherung zwischen Göttern und Men-

schen zu verkünden und durch seine Worte den kulturellen Horizont aufzuhellen. Als Vermittler des Tages rückt der Dichter zudem in die Nähe des Sonnengottes Apoll. Der Bezug liegt auch deshalb nahe, weil Apoll – wie Dionysos – als Gott der Dichter und ihrer Kunst gilt (vgl. die zweite Fassung der Ode *Dichtermuth* aus dem Jahr 1800; dort sagt Hölderlin aus der Perspektive der Dichter: »Unser Ahne, der Sonnengott«, V. 16).

7 *Meister:* Berücksichtigt man V. 43, wo diese Prädikatisierung wiederkehrt (vgl. die Erläuterung dort), ist mit dem Meister Apoll gemeint. Daraus folgt nicht notwendig der Rückschluss, dass er auch »des Tages Engel« (V. 5) sein muss. Einleuchtender erscheint es, in ihm den ›Gott des Tages‹, im Dichter seinen Boten zu sehen.

7 f. *du nur / Hast der Eroberung Recht:* Die Tatsache, dass nur Apoll und Dionysos als rechtmäßige Eroberer bezeichnet werden, ist wiederum als indirekte Kritik am Aggressor Frankreich zu lesen.

11 f. *sich / Wehret:* Die Wendung ist hier auch mundartlich zu verstehen. Sie meint im Schwäbischen ›arbeiten‹, ›sich anstrengen‹, ›vorwärtskommen‹.

14 *geeignet:* zugeeignet.

19 f. *als du die / Loken ergriffen:* Angesprochen ist einer der »Himmlischen«, wahrscheinlich der »Höchste«. Das Bild verwendet Hölderlin auch in *Patmos* (V. 129: »Die Loken ergriff es …«). Es geht auf das biblische Motiv der prophetischen Berufung zurück; vgl. Hesekiel 8,1–3: »Da fiel die Hand Gottes des Herrn auf mich … Und er streckte etwas wie eine Hand aus und ergriff mich bei dem Haar meines Hauptes.«

25 *Thaten in weiter Welt:* vgl. das hymnische Fragment *Wie wenn am Feiertage …*, V. 30: »Thaten der Welt«. Gemeint sind die kulturgeschichtlich bewegenden Ereignisse in Orient und Okzident, antikem und abend-

ländischem Zeitalter, bis hin zur Französischen Revolution.

26–28 *reißenden ... zorntrunken ... gigantischen:* Die adjektivischen Attribute (zuvor schon: »ruhelosen«, V. 25) illustrieren, wie Hölderlin um 1801 die geschichtlichen Spannungen sich chaotisch steigern sieht. Im Ganzen signalisiert das Bild jedoch die Gewissheit, dass selbst in dieser scheinbar eskalierenden (ausufernden) Entwicklung noch göttliche Ordnung herrscht.

30 *Vom stetigstillen Jahre der Wohllaut tönt:* Handelte die vorherige Strophe von den Konvulsionen (Zusammenkrampfungen) der voranschreitenden Geschichte, ist im Kontrast dazu am Beispiel der Jahreszeiten hier die Sphäre des rhythmisch organisierten Lebens der Natur als weitere Aufgabe dichterischer Gestaltung angesprochen. In der ersten Fassung formulierte Hölderlin dies noch genereller. Dort lautet der Vers: »Des Lebens großgeordneter Wohllaut tönt«.

32 *Muthig:* Diese Formulierung ist sarkastisch; gemeint ist ›mutwillig‹. Vgl. zum Kontext (V. 29–33) den wohl im Sommer 1800 entstandenen Prosa-Entwurf zu *Wie wenn am Feiertage ...* (H 6; *Stuttgarter Foliobuch*, S. 28–30): »und wann der Wohllaut einer Welt in uns / wiedertönte, so sollt es klingen, als hätte der / Finger eines Kindes, muthwillig spielend, / das Saitenspiel des Meisters berührt?«

des Meisters: synonym zu dem »Gott« (V. 26).

34–36 *darum hast du ... die Donner gehört:* Mit »des Orients Propheten« sind die Propheten des Alten Testaments gemeint. Der »Griechengesang« bezieht sich auf das kulturelle Schaffen der Griechen, mit dem diese den göttlichen Inspirationen geantwortet haben. »Neulich die Donner« stellt eine deutlich auf die jüngere Geschichte anspielende Metapher für die Französische Revolution und die sich ihr anschließenden Kriege dar. Ebenfalls ›neulich‹, am 6. August 1796, hatte Hölderlin das Bild des Donners mit entsprechendem Bezug in einem Brief an seinen Halbbruder Karl Gok verwendet: »Es ist doch was ganz leichters, von den griechischen Donnerkeulen zu hören, ... als so ein unerbittlich Donnerwetter über das eigne Haus hinziehen zu sehen.« Und in einer überschriftslosen, in der Forschung oft *An eine Fürstin von Dessau* betitelten unvollendeten Ode aus dem Jahr 1800 heißt es, dass »längst ein göttlich Ungewitter / über dem Haupt uns wandelt« (V. 11 f.). Vgl. auch *Friedensfeier*, V. 31–33, 120 f., 138.

38 *Albernen:* Zu Hölderlins Zeit hatte *albern* zusätzlich noch die Bedeutung ›aufrichtig‹, ›einfältig‹, ›arglos‹. Vgl. die Ode *An die Deutschen* V. 1 f.: »Spottet nimmer des Kinds, wenn noch das alberne / auf dem Rosse von Holz herrlich und groß sich dünkt«, und den Nachtgesang *Thränen*, V. 15 f.: »So muß übervortheilt, / Albern doch überall seyn die Liebe«.

41–44 *Bis aufgereizt ... entseelet dich lässet:* In einem mythischen Bild mit dialektischer Bedeutung stellt diese Strophe die konsequente Reaktion des Geistes auf den unwahrhaftigen, den spielerisch-verspottenden wie den pathetisch-hohlen Umgang der Dichter mit ihm dar. Die Verleugnung seines Wesens (vgl. V. 39) treibt ihn dazu, mit elementarer Wucht aus sich heraus zu wirken (vgl. V. 42) und so an diesen Dichtern die Negation ihrer Negation zu vollziehen. Dazu lässt er den »Meister« Apoll, den Gott der Dichtkunst und des Bogenschießens, die unernsten Poeten mit »heißen / Todesgeschossen« (V. 43 f.) treffen, d. h., er nimmt ihnen die inspirierende Kraft und schickt sie in den Wahnsinn. Vgl. *Brod und Wein*, V. 61, wo die »fernhintreffenden Sprüche« Apolls in ihrer gegenteiligen, Kultur stiftenden Bedeutung elegisch erinnert werden. Doch der griechische Mythos kennt auch den Aspekt der tötenden Wirkung der Pfeile dieses Gottes; vgl.

Homer, *Ilias* 24,602–606 und Ovid, *Metamorphosen* 6,146–266.

49 *Wenn ihnen der Erhabne den Aker baut:* Eine Variante dieses Bildes begegnet unter positiven Vorzeichen in *Wie wenn am Feiertage ...*, V. 34–36: »Und die uns lächelnd den Aker gebauet, / In Knechtsgestalt, sie sind erkannt, / Die Allebendigen, die Kräfte der Götter«. In der Hymne *Der Rhein* preist Hölderlin den dort als Halbgott gefeierten Strom im Hinblick auf denselben Aspekt: »wenn er das Land baut / Der Vater Rhein und liebe Kinder nährt / In Städten, die er gegründet« (V. 87–89).

50–52 *es späht / Das Sehrohr ... und zählt und / Nennet ... des Himmels Sterne:* Die Verben »späht« und »zählt« signalisieren, dass Hölderlin hier das aus seiner Sicht entfremdete Verhältnis der Menschen zur Natur darstellt. Die Natur wird im Blickfeld der empirischen Wissenschaften nur noch als Objekt des Forschens und der Verfügbarkeit erfasst. Das Sarkastische der Bildlichkeit wird durch das dritte Verb besonders betont. ›Nennen‹ meint hier das analytische Bezeichnen und Beziffern, es steht für die wissenschaftlich-technische Leistung des Menschen, die Weiten des Weltraums kartographieren zu können. Eigentlich meint ›Nennen‹ bei Hölderlin aber das scheue, ehrende und dankende Aussprechen oder auch nur Andeuten der Namen jener als göttlich erfahrenen Kräfte der Allnatur. Vgl. z. B. *Brod und Wein*, V. 75 f., 84, 89 f.; *Heimkunft*, V. 97–102. – Das Motiv »zählt und / Nennet mit Nahmen des Himmels Sterne« hat sein Vorbild im Psalm 147. Dort heißt es allerdings nicht von den Menschen, sondern von Gott und zur Verherrlichung seiner Schöpfung: »Er zählt die Sterne und nennt sie alle mit Namen« (V. 4). Indem Hölderlin hier den Subjektbezug verändert, charakterisiert er ein weiteres Mal das Ethos des von sich selbst her denkenden und handelnden Menschen als grundlos. – Auch der Nachtgesang *Chiron* (1803) greift das Bild auf: »Und bei der Sterne Kühle lernt' ich / Aber das Nennbare nur« (V. 15 f.). Hier meint das »Nennbare« wiederum nur das wissenschaftlich zu Klassifizierende. Chiron galt schon im griechischen Mythos als bedeutender Astronom.

53 f. *Der Vater ... deket mit ... Nacht / ... die Augen zu:* Diese Wendung geht auf Horaz zurück; vgl. *Oden* 3,29,29 f.: »Weise hat zukünftiger Zeit Ausgang / in dunkler Nacht verborgen die Gottheit« (übers. von Bernhard Kytzler, Stuttgart: Reclam, 1978, S. 181).

53 *heilger Nacht:* Dieses Motiv hat hier wie in *Brod und Wein* (vgl. dort V. 48 und V. 124), aber auch in anderen Gedichten (z. B. in der Elegie *Stutgard* V. 87), geschichtsphilosophische Bedeutung. Es signalisiert, dass sich die zuvor dargestellte subjektive Verkehrung des Verhältnisses von Gott und Mensch, die Entfremdung des Menschen von der ihn umgebenden Natur, nicht wirklich außerhalb der göttlichen Weltordnung ereignet.

55 *doch:* Die restriktive, einschränkende Konjunktion verstärkt die Aussage der Verse 53 f. Zwar ist es so, dass der »Vater« das zudringliche Erforschen der Naturphänomene »nicht liebt«; doch auch, wenn es anders wäre, d. h. in jedem Fall, würde »die weite Gewalt«, würden alle hochfliegenden Pläne der Menschen nicht hinreichen, »den Himmel« zu objektivieren – die eigentlich namenlose, numinose Wirklichkeit zu ermessen.

57 f. *Ihn kennt / Der Dank:* Mit »Ihn« ist der Himmel gemeint. Der Dank ist die angemessene Form der Einsicht. Anders als das forcierte Forschen und als das spekulative Denken der Philosophen, die »zu weise zu seyn« begehren, setzt der Dank ein Signal des Himmels voraus: die beglückende Offenbarung der

›Himmlischen‹, wie sie in *Brod und Wein* beschrieben wird (vgl. V. 65 ff.).

58–60 *Doch nicht ... ein Dichter:* Der Dank ist die unmittelbare Reaktion auf die Erfahrung (der Zuwendung) des Himmels. Dann jedoch geht es darum, diese Erfahrung zu bewahren. Dazu braucht es den preisenden Künder und Deuter dieses Ereignisses, der schließlich auch die Erinnerung daran wachhält. Zu diesen Aufgaben ist der Dichter berufen. Vgl. *Brod und Wein*, V. 88–90, 137–142; *Wie wenn am Feiertage* ..., V. 43–49, 56–60.

61–64 *Furchtlos bleibt ... Gottes Fehl hilft:* Die Schlussstrophe lautete in der Ersten Fassung: »Wohin sie gehn, die goldne Wolke folgt, / Erheiternd, und befruchtend, beschirmend auch / Und keiner Würden brauchts, und keiner / Waffen, so lange der Gott uns nah bleibt.« Deutlich ist – besonders an den Attributen – zwischen den beiden Fassungen ein Wechsel der Stimmung vom Harmonischen ins Heroische zu erkennen. Der Umschwung steigert sich und gipfelt im letzten Vers. Spricht die Erste Fassung von der Vertrauen stiftenden, Gewissheit gebenden Nähe Gottes, sagt die Zweite Fassung das Gegenteil aus: Gott ist der Gegenwart fern. Sein »Fehl« ist ein Fehlen: ein Mangel. Aus der Perspektive der sterblichen Menschen besteht dieser Mangel in seiner Abwesenheit. Doch es gibt auch ein Defizit auf Seiten Gottes: Seine Unendlichkeit lässt ihn auf endliche Wesen angewiesen sein, um sich in ihnen in der Vielfalt seiner Aspekte manifestieren zu können (vgl. *Der Rhein*, V. 105–114). So steht zur Zeit nicht nur »der Mann / Einsam vor Gott«. Es ist auch dem Gott gegenwärtig nicht möglich, sich zu offenbaren. Diese Konstellation kann nur ein Interregnum, ein Zwischenstadium, sein. Wie es endet und wie damit die Zwischenzeit aufgehoben werden wird, sagt der letzte Vers in verdichteter Dialektik.

64 *bis Gottes Fehl hilft:* Gerade in seiner Abkehr wird
Gott gefühlt, wenn auch im Modus des Verlusts, also
des Schmerzes und der Trauer. Und wie notwendig aus
der Nacht der neue Tag hervorgeht, ist es die korrespondierende Not der Menschen und des Gottes – die
zur Offenbarung drängende Fülle hier, die stärkende
Sehnsucht nach erfüllter Zeit dort –, die beide Sphären
sich wieder annähern und schließlich vereinigen (nicht
vereinheitlichen) lässt. Die eine Perspektive führt Hölderlin insbesondere in der Hymne *Der Rhein* näher
aus (vgl. den Hinweis S. 130): »Denn weil / Die Seeligsten nichts fühlen von selbst, / Muss wohl, wenn
solches zu sagen / Erlaubt ist, in der Götter Nahmen /
Teilnehmend fühlen ein Andrer, / Den brauchen sie«
(V. 109–114). Den anderen Aspekt hebt er in *Brod und
Wein* hervor: »Aber das Irrsaal / Hilft, wie Schlummer
und stark machet die Noth und die Nacht, / Biß daß
Helden genug in der ehernen Wiege gewachsen, /
Herzen an Kraft, wie sonst, ähnlich den Himmlischen
sind« (V. 115–118). – Die Ode *Dichterberuf* in ihrer
zweiten Fassung schließt zwar in heroischem Ton. Jedoch müssen in dieser Stimmung sowohl die Demut
(V. 62: »es schüzet die Einfalt ihn«, d. h. sein Vertrauen, die gläubige Gewissheit) als auch die aus dieser erwachsende Zuversicht mitgehört werden, dass bei aller
zum Zerreißen angespannter weltgeschichtlicher Dramatik letzten Endes »Gottes Fehl hilft«.

Metrische Besonderheiten

Der Ode *Dichterberuf* liegt das Schema der alkäischen
Strophe zugrunde. Hölderlin hat sie innerhalb seiner
Odendichtung bevorzugt verwendet. In seinem lyrischen
Werk lassen sich 23 asklepiadeische Oden zählen (darunter zum Beispiel *Heidelberg*, s. S. 59 ff.) und 58 alkäische.

Das Schema der alkäischen Strophe besteht aus zwei Elfsilblern mit Zäsur nach der fünften Silbe, einem Neunsilbler und einem Zehnsilbler. Es lässt sich wie folgt wiedergeben:

```
∪−∪−∪|−∪∪−∪−
∪−∪−∪|−∪∪−∪−
∪−∪−∪−∪−∪
−∪∪−∪∪−∪−∪
```

Durch die Zäsur in den beiden Elfsilblern gliedern sich diese noch einmal in je zwei rhythmische Einheiten. Da der jeweils erste Versteil mit einer unbetonten Silbe beginnt und zu einer betonten hinführt, entsteht sprachmelodisch gesehen zur Mitte hin eine Steigerung. Eine fallende Bewegung ergibt sich hingegen bei den zweiten Versteilen der Elfsilbler, da jeweils betonten Silben unbetonte folgen. Der Neunsilbler hat rein steigenden Charakter, weil auch er mit einer unbetonten Silbe beginnt. Ihm als fallend entgegengesetzt ist der mit einer betonten Silbe anfangende Zehnsilbler. Die steigenden und fallenden Bewegungen aller vier Verse zusammen genommen erzeugen den Eindruck einer Welle, deren erster und zweiter Kamm sich auf Höhe der Diärese – des rhythmischen Einschnitts – der Elfsilbler bilden, während der dritte Kamm im Übergang vom Neunsilbler zum Zehnsilbler entsteht. Die alkäische Strophe eignet sich aufgrund dieser Wellenbewegung besonders zur metrischen Umsetzung innerer Prozesse und äußerer Vorgänge.

Die 16 Strophen von *Dichterberuf* entsprechen dem metrischen Schema im Allgemeinen. Jedoch fallen immer wieder signifikante Abweichungen auf. So beginnt der erste Elfsilbler der dritten Strophe mit einer betonten Silbe, der zwei unbetonte Silben folgen (»Nicht, was wohl«). Durch die Emphase (Betonung) des Worts »Nicht« hebt Hölderlin die Gegensätzlichkeit zwischen den Alltagssorgen der Menschen und der dichterischen Sorge um das Göttliche stärker hervor. Der dritte Vers der sechsten Strophe weist nur sieben statt neun Silben auf (»Der Sinn uns ward und, wie vom«). Es lässt sich begründet vermuten, dass Hölderlin durch die Verkürzung des Verses dreierlei zum Ausdruck bringen will: zum einen das überraschende Ergriffenwerden vom »Genius« (V. 21); zum zweiten die dichterische Sprachlosigkeit als Reaktion auf den Offenbarungsakt (vgl. »stumm«, V. 22); und drittens die Anspielung auf den Mythos vom Schicksal der durch den göttlichen Strahl (»Strale«, V. 24) des Zeus tödlich getroffenen Semele. Der zweite Vers der zehnten Strophe hingegen zählt vierzehn statt elf Silben (»Des Guten übereilest, in Spott, und den Albernen«). Das hinzugesetzte Wort »Albernen« (V. 38), das die metrisch eigentlich vorgegebene Versgrenze sprengt, verstärkt den Gedanken des Missbrauchs, der Verhöhnung und Verspottung des göttlichen »Geistes« (V. 37).

Der erste Vers der achten Strophe ist zwar korrekt als Elfsilbler gebildet (»Euch sollten wir verschweigen, und wenn in uns«). Er zeigt aber eine metrische Abweichung. Sie entsteht dadurch, dass das erste Wort »Euch« (V. 29) eine betonte Silbe darstellt. Durch diese Emphase wird der Gegensatz zwischen dem Personalpronomen in der Objektform und dem Personalpronomen in der Subjektform (»wir«) schärfer profiliert (»Euch« und »uns« rahmen den Vers ein).

In der zwölften Strophe prallen im Neunsilbler zwei Hebungen aufeinander (»Die Gütigen, zur Lust, danklos, ein«), und zwar an der Stelle »Lust, danklos« (V. 47). Dadurch wird das metrische Schema gegen Versende verändert. Die durch die beiden Hebungen erzeugte Spannung ist Ausdruck starker Bewegungen des Gemüts, hier des dichterischen Zorns.

Der Neunsilbler der vierzehnten Strophe (»Nicht liebt er Wildes! doch es zwinget«) beginnt mit einer betonten Sil-

be, der sich zwei unbetonte Silben anschließen. Die Emphase des Wortes »Nicht« (V. 55) bekräftigt den verkündenden, apodiktischen Ton, der in dem Ausruf des lyrischen Ichs hörbar wird.
Die größten metrischen Unregelmäßigkeiten zeigen sich in der Schlussstrophe. Sie lassen sich als Spiegel der inneren Aufgewühltheit und Zerrissenheit des lyrischen Ichs deuten. Die beiden Anfangswörter der Elfsilbler (»Furchtlos«, V. 61; »Einsam«, V. 62) beginnen mit einer betonten Silbe anstelle einer unbetonten. Bei den beiden Schlusswörtern der Ode (»Fehl hilft«, V. 64) treffen hingegen zwei betonte Silben aufeinander; dadurch wird eine große Spannung erzeugt. Durch diese Emphasen werden die jeweiligen Kernwörter mehr sinnentsprechend betont. Zudem verstärkt Hölderlin auf diese Weise den heroisch anmutenden Ton der Strophe.

Forschungsstimmen

Sein Verständnis des ›Dichterberufs‹ entfaltet Hölderlin sowohl in Abgrenzung zu den Auffassungen anderer, zeitgenössischer Autoren als auch in der Revision eigener früherer Positionsbestimmungen. ROLF SELBMANN (*1951) skizziert diese Profilbildung:

»Hölderlins Selbstverständnis des Dichterberufs wird noch deutlicher, wenn man sich die Entstehungsgeschichte der Ode vergegenwärtigt. Dann zeigt sich, daß Hölderlin seine ursprünglichen Vorstellungen im Prozeß der Textgenese nicht etwa ausdifferenziert, sondern geradezu auf den Kopf gestellt hat. [...]
Schiller druckte in seinem ›Musenalmanach‹ von 1799 unter dem Titel ›An unsre großen Dichter‹ ein zweistrophiges Gedicht ab, dessen zweite Strophe lautete:

> O wekt, ihr Dichter! wekt sie vom Schlummer auch,
>   Die jezt noch schlafen, gebt die Geseze, gebt,
>   Uns Leben, siegt, Heroen! ihr nur
>   Habt der Eroberung Recht, wie Bacchus.

Der Unterschied zur zweiten Strophe der 1802 veröffentlichten endgültigen Fassung ist eklatant. Ursprünglich gehen Dichter und Heroen gemeinsam aus dem Erscheinen des Bacchus hervor und treten gleichrangig auf: die Dichter sind für das Wecken der Schlafenden, die Heroen für Gesetzgebung und Eroberung zuständig. Dagegen verändert die Endfassung diese ideale Aufgabenteilung grundlegend [...].
Die Helden sind getilgt, dem ›Meister‹ und ›des Tages Engel‹ werden nun ehemals heroische Fähigkeiten zugeschrieben. [...]
Dem Dichter bieten sich veränderte Identifikationsbilder an. Aus dem Dichter, der sich am Ende der 1. Fassung in der Nähe der antiken Götter zwischen goldenen Wolken, in klassischer Heiterkeit und Würde zu Hause sah, ist in der 2. Fassung eine offenkundige Analogie zur Passion Christi geworden: einsam und wehrlos, einfältig und gottfern. Mit dieser Selbsteinschätzung steht der Dichter an der Schwelle zu einer neuen Zeit und am Ende einer Entwicklungslinie, deren Ausfaltung gerade begonnen hatte. Auch Goethe hatte die Selbstwerdung des Schöpferischen in seinem ›Prometheus‹ an der Negation des Bestehenden festgemacht. Doch Prometheus konnte an diesem Widerstand seine Ichstärke ausleben und sein Eigenrecht gegen die Ansprüche der Götter sichern. Hölderlins Negation ist radikaler. Seine Ode benennt fast nur noch Abwesendes, verweigert sich Vorhandenem oder verzeichnet Verluste, selbst dort, wo sie (grammatikalisch) positiv formuliert. Die eine Generation zuvor errungene Autonomie des Dichters ist längst problematisch geworden. Tasso [Torquato Tasso (1555–1595), italienischer Dichter] war es gelungen, die Autonomie seines Dichtertums um den Preis

seines menschlichen Scheiterns zu bewahren, ja sich durch dieses Scheitern erst dieser Autonomie bewußt und sicher zu werden. Hölderlins ›Dichterberuf‹ sucht, in Abgrenzung gegen die Extreme von Zeitverdrängung und falscher Zeitgeist-Anpassung, die Rückbindung an die traditionelle Quelle der poetischen Inspiration, die Rettung aus bedrohlicher Indienstnahme der dichterischen Ideale verspricht.«

> Rolf Selbmann: Dichterberuf. Zum Selbstverständnis des Schriftstellers von der Aufklärung bis zur Gegenwart. Darmstadt: Wissenschaftliche Buchgesellschaft, 1994. S. 68; 70. – © 1994 Wissenschaftliche Buchgesellschaft, Darmstadt.

GERHARD KAISER (*1927) sieht zwischen der Ersten und der Zweiten Fassung von *Dichterberuf* einerseits eine Kontinuität, die politische Aussage betreffend, andererseits im Zeichen des Dionysos eine Intensivierung der religiösen Deutung der Geschichte und damit eine fortschreitende Absetzung Hölderlins von den Klassikern Goethe und Schiller:

»Die Einweisung der Dichter in den Umriß des Dionysos, die sie zu Postfigurationen des Heilsbringers macht, [...] verdeutlicht sowohl Hölderlins Auffassung des Dichters wie die des Dionysos: Als Sohn des Zeus mit der Menschenfrau Semele ist der Freudengott für Hölderlin auch Heros, Halbgott – gleich Christus. Soll der Dichter den Völkern auf dem Weg geistiger Eroberung (= Erweckung) Gesetz und Leben geben, zeigt sich darin eine Hölderlin eigentümliche Akzentuierung des Dionysos-Mythos. Dionysos ist nicht nur der Gott der Auflösung und des Rauschs – von ›frohlokkendem Wahnsinn‹ spricht die Elegie ›Brod und Wein‹ –; er ist mindestens so sehr Kultstifter, Kulturbringer, Normengeber. Das Begriffspaar Gesetz und Leben faltet die Vorstellung vom erweckenden Wein aus. [...]
Gleichgültig, ob bei ›des Tages Engel‹ an Jean-Jacques Rousseau [1712–1778, französisch-schweizerischer Philo-

soph] zu denken ist oder an eine Selbstapostrophe [eigene Bezeichnung, Selbstansprache] Hölderlins – jedenfalls hält sich noch im Abstand von der Erstfassung des Gedichts eine Gemeinsamkeit durch. Dort ist – wie in der frühen ›Hymne an die Freiheit‹ – die politische Wende als geistiger Umbruch in heilsgeschichtlich-religiöser Perspektive gesehen; in der Zweitfassung hat der Ruf nach einer Wende seine politischen Implikationen nicht eingebüßt. Allerdings ist – in der Lösung von Napoleon – etwas Grundsätzliches geschehen. Mit dem Zurücktreten der dionysischen Täter ist die Geschichte zum Ort der dionysischen Zeichen geworden, die dem Dichter zu lesen aufgegeben sind. [...]
Mit dieser Wahrnehmung des Dionysischen hat sich, wie schon der Anruf an ›des Tages Engel‹ zeigt, die geistig-religiöse Komponente des geschichtsphilosophischen Entwurfs noch verstärkt. Des ›Tages Engel‹ ist nicht einfach eine Umschreibung für das Wort Dichter, das in der Erstfassung an der gleichen Stelle steht; die Formulierung bestimmt vielmehr den Dichter prototypisch als ›Angelos‹, als Boten Gottes im Sinne der Bibel. [...]
Im prononciert religiösen Anspruch liegt eine Fremdheit Hölderlins zur Klassik. Schiller, der wichtigste Dichter appellativer Lyrik neben Hölderlin, ist dadurch gegen ihn abgegrenzt, daß seine Götter Idealentwürfe des Menschen in seiner Vollkommenheit sind und daß sein geschichtsphilosophisches Bild Griechenlands als Orientierungsmarke eines Handlungsentwurfs für den modernen Menschen zu verstehen ist. Beide sind nicht, wie bei Hölderlin, gründende Wirklichkeiten. Der bedeutendste und mit dem Paradigma ›Erlebnislyrik‹ folgenreichste Lyriker der Zeit, Goethe, ist für Hölderlin eine Gegengestalt, mit der er sich auseinandersetzt, keine Leitfigur.«

> Gerhard Kaiser: Geschichte der deutschen Lyrik von Goethe bis Heine. Ein Grundriß in Interpretationen. Zweiter Teil. Frankfurt a. M.: Suhrkamp, 1988. S. 476 f., 478, 479, 485. – © 1988 Suhrkamp Verlag, Frankfurt am Main.

Die Betonung des Religiösen – der existentiellen Verbundenheit des Menschen mit der Allnatur – begegnet in dieser Ode noch in einem anderen Aspekt: in Hölderlins scharfer Zurechtweisung der Geltungsansprüche der Naturwissenschaften. JOCHEN SCHMIDT (*1938) ordnet diese Kritik in ihren historischen Zusammenhang ein:

»Systematische Namengebung ist ein wesentlicher Aspekt aller Naturwissenschaft. Man hat sich hier an die Naturwissenschaft des 18. Jahrhunderts zu erinnern, die als revolutionäre Neuerung für Hölderlin unmittelbare Gegenwart war: an das System des Botanikers Linné [Carl von Linné (1707–1778), schwedischer Naturforscher] mit seiner umfassenden neuen Nomenklatur, besonders an die 1753 erschienene grundlegende Schrift über die ›Species plantarum‹ oder an Buffons [Georges-Louis Leclerc de Buffon (1707–1788), französischer Naturforscher] ›Histoire naturelle‹. [...] Newtons [Isaac Newton (1643–1727), englischer Naturforscher] bereits im 18. Jahrhundert legendärer und von den Aufklärern in prometheische Dimensionen gerückter Ruhm zeigt beispielhaft, wie stark diese Schritte moderner Naturerkenntnis und -Systematisierung ins allgemeine Bewußtsein drangen.
[...] Aber als erhabenster Bereich der Natur bot die Gestirnsphäre die stärkste Paradigma. Deshalb lernt der Astronom Chiron [eine Gestalt aus der griechischen Mythologie] gerade von den Sternen ›das Nennbare nur‹ [Hölderlins Ode *Chiron*, V. 16] und in der Ode ›Dichterberuf‹ ›wähnen‹ die Menschen die höheren Kräfte zu kennen. Die Ode ›Dichterberuf‹ enthält noch das viel weitergehende augustinische [Aurelius Augustinus (354–430), Kirchenlehrer] Verdikt über die unfromme *curiositas* [Neugier] des auf menschliche Autonomie ausgerichteten wissenschaftlichen Bemühens: das Verdikt über die *impia superbia* [frevelhaften Stolz], die zwar nicht schon im wissenschaftlichen Bemühen an sich liegt, aber sich nur allzu-

leicht einstellt, wenn der Stolz auf die Erkenntnisleistung des Verstandes das Bewußtsein der Kreatürlichkeit – bei Hölderlin: der Naturbedingtheit – verdrängt. Augustinus verurteilt deshalb ein wissenschaftliches Forschen, das nicht vom Bewußtsein einer höheren Bestimmung und zugleich Abhängigkeit des Menschen getragen ist. Diesem Bewußtsein entspricht der in Hölderlins Dichtung wichtige Begriff des ›Danks‹. Die Verurteilung des *non religiose quaerere* [›nicht fromm suchen‹] ist genau der Kern von Hölderlins Versen in der Ode ›Dichterberuf‹, die hier allerdings auf dem Hintergrund der heraufkommenden modernen Wissenschaft einen anderen historischen Stellenwert gewinnt.«

> Jochen Schmidt: Hölderlins später Widerruf in den Oden *Chiron*, *Blödigkeit* und *Ganymed*. Tübingen: Niemeyer, 1978. S. 48 f. – © 1978 Max Niemeyer Verlag, Tübingen.

FRIEDRICH BEISSNER (1905–1977) widmet sich besonders der odischen Form des Gedichts. Ihr komme eine Spannung, eine Dramatik zu, die dem Gehalt der Verse erst angemessenen Ausdruck verleihe, die es beim rhythmischen Vortrag des Gedichts aber auch entsprechend zu betonen gelte:

»»Nur dem Aufsingenden säglich‹ ist das, was in der Ode zum Ausdruck drängt, und so bedarf das dichterische Gefühl einer Schnellkraft, die ihm die Erhebung, den Aufschwung erst möglich macht. Das wesentliche Merkmal des dramatischen Stils bestimmt darum auch die Ode, nämlich die Spannung.
[...] Ihre Teile sind aufeinander bezogen, straff aufeinander bezogen, sie sind funktional zueinander gespannt. Sie fragen und antworten, drängen und ziehen. Und darin bekundet sich ein ganz andrer Baugedanke als in der schlichten Reihung des einfachen Liedes.

[...] Der hohe Ausdruckswert des Zeilensprungs wird gleich zu Beginn der Ode *Dichterberuf* offenbar. Von der prosaischen Intonation ›Des Ganges Ufer hörten des Freudengotts Triumph‹ ist die odische grundverschieden. [...] Spüren Sie, meine Damen und Herren, wie das Wort ›Triumph‹ nun am Anfang des zweiten Verses erst recht strahlt, wie es leuchtet, ja, wie es – triumphiert? [...]
Solche Wirkungen sind freilich nur dann möglich, wenn das gebildete Ohr des Hörers die Stelle des Zeilenendes fühlt, und die Voraussetzung dafür ist, daß der Vers in seiner ganzen Erstreckung einer strengeren Regel gehorcht. Jede Silbe eines Odenverses ist also ›gespannt‹. Sie steht an ihrer Stelle und steht in Beziehung zu den andern Silben. Das bedeutet: die Willkür des altdeutschen Sprechverses in der Verteilung der (vielfach nicht einmal gezählten) unbetonten Silben über den Vers hin hat hier keine Geltung mehr. Die Silben, auch die unbetonten, werden gezählt, und charakteristische Doppelsenkungen haben ihren festen Platz. Der Reim wird dadurch überflüssig. [...]
[...] Auch als Ganzes ist die Odenstrophe ›gespannt‹. Das gibt die ›nach oben gewölbte‹ alkäische Strophe dem hinhörenden Ohr leicht zu erkennen: sieghaft anhebend, anspringend in den beiden steigenden Elfsilblern des Anfangs, mit der beschleunigenden Doppelsenkung an vierter Stelle:

> Des Ganges Ufer hörten des Freudengotts
>   Triumph, als alleroberd vom Indus her –

auf der so erklommenen Höhe dann schreitend in den Jamben der dritten Zeile:

>   Der junge Bacchus kam, mit heilgem –

und in der vierten wieder, der einzigen fallenden Zeile, die, zehnsilbig, aus zwei Daktylen und einem trochäischen

Metrum besteht – in dieser vierten Zeile wieder hinabstürzend wie über Treppen zu der Ebene des nächsten Strophenbeginns:

> Weine vom Schlafe die Völker wekend.«

> Friedrich Beißner: Dichterberuf. In: Hölderlin. Reden und Aufsätze. Weimar: Böhlau, 1961. S. 111–113, 115f. – © 1961 Böhlau Verlag, Köln und Weimar.

Patmos
Widmungshandschrift Hölderlins für den Landgrafen von Homburg
(1802/03), erste Seite

Patmos

Dem Landgrafen von Homburg

    Nah ist
Und schwer zu fassen der Gott.
Wo aber Gefahr ist, wächst
Das Rettende auch.
Im Finstern wohnen
Die Adler und furchtlos gehn
Die Söhne der Alpen über den Abgrund weg
Auf leichtgebaueten Brüken
Drum, da gehäuft sind rings
Die Gipfel der Zeit, und die Liebsten
Nah wohnen, ermattend auf
Getrenntesten Bergen,
So gieb unschuldig Wasser,
O Fittige gieb uns, treuesten Sinns
Hinüberzugehn und wiederzukehren.

    So sprach ich, da entführte
Mich schneller, denn ich vermuthet
Und weit, wohin ich nimmer
Zu kommen gedacht, ein Genius mich
Vom eigenen Hauß'. Es dämmerten
Im Zwielicht, da ich gieng
Der schattige Wald
Und die sehnsüchtigen Bäche
Der Heimath; nimmer kannt' ich die Länder;
Doch bald, in frischem Glanze,

Geheimnißvoll
Im goldenen Rauche, blühte
Schnellaufgewachsen,
Mit Schritten der Sonne,
Mit tausend Gipfeln duftend, 30

Mir Asia auf, und geblendet sucht'
Ich eines, das ich kennete, denn ungewohnt
War ich der breiten Gassen, wo herab
Vom Tmolus fährt
Der goldgeschmükte Pactol 35
Und Taurus stehet und Messogis,
Und voll von Blumen der Garten,
Ein stilles Feuer; aber im Lichte
Blüht hoch der silberne Schnee;
Und Zeug unsterblichen Lebens 40
An unzugangbaren Wänden
Uralt der Epheu wächst und getragen sind
Von lebenden Säulen, Cedern und Lorbeern
Die feierlichen,
Die göttlichgebauten Palläste. 45

Es rauschen aber um Asias Thore
Hinziehend da und dort
In ungewisser Meeresebene
Der schattenlosen Straßen genug,
Doch kennt die Inseln der Schiffer. 50
Und da ich hörte
Der nahegelegenen eine
Sei Patmos,

Verlangte mich sehr,
Dort einzukehren und dort
Der dunkeln Grotte zu nahn.
Denn nicht, wie Cypros,
Die quellenreiche, oder
Der anderen eine
Wohnt herrlich Patmos,

Gastfreundlich aber ist
Im ärmeren Hauße
Sie dennoch
Und wenn vom Schiffbruch oder klagend
Um die Heimath oder
Den abgeschiedenen Freund
Ihr nahet einer
Der Fremden, hört sie es gern, und ihre Kinder
Die Stimmen des heißen Hains,
Und wo der Sand fällt, und sich spaltet
Des Feldes Fläche, die Laute
Sie hören ihn und liebend tönt
Es wieder von den Klagen des Manns. So pflegte
Sie einst des gottgeliebten,
Des Sehers, der in seeliger Jugend war

Gegangen mit
Dem Sohne des Höchsten, unzertrennlich, denn
Es liebte der Gewittertragende die Einfalt
Des Jüngers und es sahe der achtsame Mann
Das Angesicht des Gottes genau,
Da, beim Geheimnisse des Weinstoks, sie

Zusammensaßen, zu der Stunde des Gastmals,
Und in der großen Seele, ruhigahnend den Tod
Aussprach der Herr und die lezte Liebe, denn nie genug
Hatt' er von Güte zu sagen
Der Worte, damals, und zu erheitern, da
Ers sahe, das Zürnen der Welt.
Denn alles ist gut. Drauf starb er. Vieles wäre
Zu sagen davon. Und es sahn ihn, wie er siegend blikte
Den Freudigsten die Freunde noch zulezt,

Doch trauerten sie, da nun
Es Abend worden, erstaunt,
Denn Großentschiedenes hatten in der Seele
Die Männer, aber sie liebten unter der Sonne
Das Leben und lassen wollten sie nicht
Vom Angesichte des Herrn
Und der Heimath. Eingetrieben war,
Wie Feuer im Eisen, das, und ihnen gieng
Zur Seite der Schatte des Lieben.
Drum sandt' er ihnen
Den Geist, und freilich bebte
Das Haus und die Wetter Gottes rollten
Ferndonnernd über
Die ahnenden Häupter, da, schwersinnend
Versammelt waren die Todeshelden,

Izt, da er scheidend
Noch einmal ihnen erschien.
Denn izt erlosch der Sonne Tag
Der Königliche und zerbrach

Patmos

110 Den geradestralenden,
Den Zepter, göttlichleidend, von selbst,
Denn wiederkommen sollt es
Zu rechter Zeit. Nicht wär es gut
Gewesen, später, und schroffabbrechend, untreu,
115 Der Menschen Werk, und Freude war es
Von nun an,
Zu wohnen in liebender Nacht, und bewahren
In einfältigen Augen, unverwandt
Abgründe der Weisheit. Und es grünen
120 Tief an den Bergen auch lebendige Bilder,

Doch furchtbar ist, wie da und dort
Unendlich hin zerstreut das Lebende Gott.
Denn schon das Angesicht
Der theuern Freunde zu lassen
125 Und fernhin über die Berge zu gehn
Allein, wo zweifach
Erkannt, einstimmig
War himmlischer Geist; und nicht geweissagt war es,
                                           sondern
Die Loken ergriff es, gegenwärtig,
130 Wenn ihnen plözlich
Ferneilend zurük blikte
Der Gott und schwörend,
Damit er halte, wie an Seilen golden
Gebunden hinfort
135 Das Böse nennend, sie die Hände sich reichten –

Wenn aber stirbt alsdenn
An dem am meisten
Die Schönheit hieng, daß an der Gestalt
Ein Wunder war und die Himmlischen gedeutet
Auf ihn, und wenn, ein Räthsel ewig füreinander   140
Sie sich nicht fassen können
Einander, die zusammenlebten
Im Gedächtniß, und nicht den Sand nur oder
Die Weiden es hinwegnimmt und die Tempel
Ergreifft, wenn die Ehre   145
Des Halbgotts und der Seinen
Verweht und selber sein Angesicht
Der Höchste wendet
Darob, daß nirgend ein
Unsterbliches mehr am Himmel zu sehn ist oder   150
Auf grüner Erde, was ist diß?

Es ist der Wurf des Säemanns, wenn er faßt
Mit der Schaufel den Waizen,
Und wirft, dem Klaren zu, ihn schwingend über die
                                          Tenne.
Ihm fällt die Schaale vor den Füßen, aber   155
Ans Ende kommet das Korn,
Und nicht ein Übel ists, wenn einiges
Verloren gehet und von der Rede
Verhallet der lebendige Laut,
Denn göttliches Werk auch gleichet dem unsern.   160
Nicht alles will der Höchste zumal.
Zwar Eisen träget der Schacht,

Und glühende Harze der Ätna,
So hätt' ich Reichtum,
Ein Bild zu bilden, und ähnlich
Zu schaun, wie er gewesen, den Christ,

Wenn aber einer spornte sich selbst,
und traurig redend, unterwegs, da ich wehrlos wäre
Mich überfiele, daß ich staunt' und von dem Gotte
Das Bild nachahmen möcht' ein Knecht –
Im Zorne sichtbar sah' ich einmal
Des Himmels Herrn, nicht, daß ich seyn sollt etwas, sondern
Zu lernen. Gütig sind sie, ihr Verhaßtestes aber ist,
So lange sie herrschen, das Falsche, und es gilt
Dann Menschliches unter Menschen nicht mehr.
Denn sie nicht walten, es waltet aber
Unsterblicher Schiksaal und es wandelt ihr Werk
Von selbst, und eilend geht es zu Ende.
Wenn nemlich höher gehet himmlischer
Triumphgang, wird genennet, der Sonne gleich
Von Starken der frohlokende Sohn des Höchsten,

Ein Loosungszeichen, und hier ist der Stab
Des Gesanges, niederwinkend,
Denn nichts ist gemein. Die Todten weket
Er auf, die noch gefangen nicht
Vom Rohen sind. Es warten aber
Der scheuen Augen viele
Zu schauen das Licht. Nicht wollen
Am scharfen Strale sie blühn,

Wiewohl den Muth der goldene Zaum hält.
Wenn aber, als
Von schwellenden Augenbrauen
Der Welt vergessen
Stillleuchtende Kraft aus heiliger Schrift fällt, mögen
Der Gnade sich freuend, sie
Am stillen Blike sich üben.

Und wenn die Himmlischen jezt
So, wie ich glaube, mich lieben
Wie viel mehr Dich,
Denn Eines weiß ich,
Daß nemlich der Wille
Des ewigen Vaters viel
Dir gilt. Still ist sein Zeichen
Am donnernden Himmel. Und Einer stehet darunter
Sein Leben lang. Denn noch lebt Christus.
Es sind aber die Helden, seine Söhne
Gekommen all und heilige Schriften
Von ihm und den Bliz erklären
Die Thaten der Erde bis izt,
Ein Wettlauf, unaufhaltsam. Er ist aber dabei. Denn seine
                                           Werke sind
Ihm alle bewußt von jeher.

Zu lang, zu lang schon ist
Die Ehre der Himmlischen unsichtbar.
Denn fast die Finger müssen sie
Uns führen und schmählich

Entreißt das Herz uns eine Gewalt.
Denn Opfer will der Himmlischen jedes,
Wenn aber eines versäumt ward,
Nie hat es Gutes gebracht.
220 Wir haben gedienet der Mutter Erd'
Und haben jüngst dem Sonnenlichte gedient,
Unwissend, der Vater aber liebt,
Der über allen waltet,
Am meisten, daß gepfleget werde
225 Der veste Buchstab, und bestehendes gut
Gedeutet. Dem folgt deutscher Gesang.

Nach Handschrift H 415 – drei ineinandergelegte Doppelblätter im Folioformat, die Widmungsreinschrift für den Landgrafen von Homburg.

Entstehung und Erstdruck

Auf Einladung seines Freundes, des Homburger Regierungsrats Isaac von Sinclair (1775–1815), reiste Hölderlin am 29. September 1802 von Nürtingen nach Regensburg, wo der Reichstag stattfindet. Dort traf er auch Friedrich V., den Landgrafen von Hessen-Homburg. Diese Begegnung dürfte der Anlass für die Patmos-Dichtung gewesen sein.
Friedrich V. war bibelfest und von pietistischer Frömmigkeit. Das Aufkommen der aufklärerischen Bibelkritik im 18. Jahrhundert mit ihrer den Glauben zersetzenden Wirkung traf ihn tief. Es ließ in ihm den Wunsch nach einem neuen, starken, bildmächtigen Glaubenszeugnis wachsen. Als Bewunderer und Freund Friedrich Gottlieb Klopstocks (1724–1803) wandte sich der Landgraf 1802 zu-

nächst an ihn, den berühmten Dichter des *Messias*. Klopstock, zu dieser Zeit bereits 78 Jahre alt, antwortete dem Landgrafen am 2. April 1802. Er schickte ihm ein früheres Gedicht und schrieb dazu: »Ich habe von der Religion so laut und soviel gesagt, daß es mir schwer fallen würde, noch etwas hinzu zu setzen« (zit. nach: Friedrich Hölderlin, *Sämtliche Werke und Briefe*, hrsg. von Michael Knaupp, Bd. 3, München/Wien: Hanser, 1993, S. 277).

Es ist sehr wahrscheinlich, dass der Landgraf sein Anliegen in Regensburg dann Hölderlin vortrug und nun ihn bat, diese »neuen Ausleger« der Heiligen Schrift »zu beschämen und ihre exegetischen [auslegenden] Träume zu Boden zu werfen« (wie Friedrich V. es in seinem Brief an Klopstock formuliert hatte). Hölderlin dürfte das Angebot als Ehre empfunden haben; dafür sprechen zahlreiche Bezüge auf Klopstocks *Messias* im Hymnentext und die Konzentration, mit der er sich an die Arbeit machte.

Wohl noch in Regensburg begann er mit Entwürfen. Am 20. Dezember 1802 berichtete Hölderlins Mutter in einem Brief an Sinclair vom Fortgang der Arbeit. Ihre Beschreibungen werden von der berechtigten Sorge um die psychische Verfassung des Sohnes geprägt – davon, »daß seine Gemüths Stimmung eben laider noch nicht gut [ist] [...] Auf die Reise nach Regenspurg welche er der gnade des H. Landgrafen, u. Euer Hochwohlgeboren zu verdanken hatte, befand er sich einige Zeit in einer ruhigen Fassung, u. ich hatte die beste Hoffnung, daß Sie das Edle Werkzeug zu seiner Genesung seyen. aber laider scheint sich eben diese Beserung zu verzögern. Da er sich durch Arbeiten öfters sehr anstrengt, u. wenig sich Bewegung macht, auch auf das dringende Freundschaft einladen seiner Freunde mit niemand keinen Umgang hat, so ist laider wenig hoffnung.« (Zit. nach: StA 7,2, S. 242).

Um den 13. Januar 1803 schickt Hölderlin die Widmungs-Reinschrift der Hymne an Sinclair nach Homburg. Wohl am 30. Januar wird sie durch Sinclair dem Landgrafen zu

dessen 55. Geburtstag überbracht. Wie Friedrich V. das Gedicht aufgenommen hat, ist nicht genau bekannt. Dank und Freude sei dessen Reaktion gewesen, referiert Sinclair recht allgemein in seinem Brief an Hölderlin vom 6. Februar 1803. Und: der Landgraf freue sich darauf, Hölderlin in Homburg zu sehen.
Mit *Patmos* nimmt sich Hölderlin eines Themas an, das es ihm sowohl gestattet, adressatenbezogen zu schreiben als auch seine ganz ihm eigenen geschichtsphilosophischen Vorstellungen vom Übergang von der Antike zum Abendland zu vermitteln. Patmos ist eine griechische Insel von hoher Symbolkraft. Sie liegt Kleinasien vorgelagert, bildet also eine Brücke zwischen orientalischer und okzidentaler Sphäre. Auf ihr soll der christlichen Legende nach der Apostel Johannes die Eingebung zum Buch der Offenbarung empfangen und seine apokalyptischen Visionen niedergeschrieben haben. Als Text, dessen Glaubwürdigkeit in besonderer Weise an die Behauptung einer göttlichen Offenbarung gebunden ist, wurde die Apokalypse des Johannes ein bevorzugtes Angriffsziel der Vertreter historisch-kritischer Bibelforschung. Indem Hölderlin sich Patmos in dessen kulturgeschichtlicher Dichte zum Thema einer großen Hymne nimmt, kommt er dem Wunsch des Landgrafen sehr entgegen. Und *Patmos* ist durchaus ein Text, aus dem der Glaube an göttliche Offenbarung spricht. Nur legt die Hymne kein Zeugnis von christlicher Frömmigkeit ab, erst recht nicht in ihrer dem Landgrafen eigenen und Hölderlin durch seine Herkunft vertrauten pietistischen Prägung. Hölderlin verwirft in ihr auch nicht einfach die Position der aufklärerischen Bibelkritik. Er integriert sie in seine Vision von *Patmos*, indem er sie geschichtsphilosophisch als Teil eines Prozesses der vergeistigten Wahrnehmung des Göttlichen deutet.
Auch nach Fertigstellung der Widmungs-Handschrift hat sich Hölderlin mit *Patmos* befasst. Es existieren Teile einer weiteren Reinschrift (H 309), die ihrerseits wieder

Überarbeitungen erfuhr. Eine Neufassung in vollendeter Textgestalt ist nicht überliefert.

Der Erstdruck (D 28) von *Patmos* erfolgte im *Musenalmanach für das Jahr 1808* (hrsg. von Leo Freiherrn von Seckendorf, Regensburg: Montag und Weiß, S. 79–87). Der Druck basiert auf einer Abschrift der Widmungsreinschrift durch Sinclair. Er weicht in zahlreichen Details von Hölderlins Original ab. Dabei lassen sich die Differenzen sowohl auf Eingriffe Sinclairs als auch auf jene des Herausgebers Seckendorf und schließlich auch auf Fehler des Setzers zurückführen. Die mangelnde Texttreue dieses Erstdrucks (schon dessen Titel lautet durch einen Schreibfehler entstellend »Pathmos«, die Widmung für den Landgrafen wird durch den Zusatz »Hessen« vor »Homburg« politisiert) ist repräsentativ für die Problematik auch anderer Erstdrucke.[1]

An einer Stelle weicht jedoch auch der gegebene Text von der H 415 ab. In V. 72/73 heißt es in dem hier vorliegenden Abdruck: »Sie hören ihn und liebend tönt / Es wider von den Klagen des Manns.« – In der Handschrift H 415 steht aber »wieder« statt »wider« (vgl. das Faksimile in FHA 7: *gesänge I*, S. 433). So setzt Sattler das Wort auch in seiner typographischen Umschrift (FHA 7, S. 434) und im editorischen Teil (FHA 8, S. 683). Schon in den ersten Entwürfen zu *Patmos* hatte Hölderlin »wieder« geschrieben (vgl. H 307 – *Homburger Folioheft* –, S. 22: »Und liebend tönt es wieder«, mit wohl später daruntergesetzter und nach links gerückter Wiederholung »Es wieder« als Zeichen eines neuen Versanfangs; bei Sattler als Faksimile und in der typographischen Umschrift: FHA 7, S. 244/245). In der überarbeiteten Reinschrift zur ersten Fassung steht zunächst »und liebend tönt / Es wieder«, dann,

---

1 Vgl. dazu und zur Auflistung der Abweichungen zwischen H 415 und D 28 die Darstellung in der Frankfurter Hölderlin-Ausgabe, Bd. 8: *gesänge II*, hrsg. von D. E. Sattler. Frankfurt a. M. / Basel: Stroemfeld / Roter Stern, 2000, S. 686–691 (diese Ausgabe wird im Folgenden zitiert als: FHA).

später darübergesetzt, »lieblich widertönt« (H 309, S. 4; vgl. FHA 7, S. 408 f.). Auch Friedrich Beißner (*Sämtliche Werke. Stuttgarter Ausgabe*, Bd. 2,1, Stuttgart: Kohlhammer, 1951, S. 167) und Michael Knaupp (*Sämtliche Werke und Briefe in drei Bänden*, München: Hanser, 1992 f., Bd. 1, S. 449) lesen in ihren konstituierten Texten »wieder«. Beißner druckt in dem Textband 2,1 der StA jedoch auch eine – wie er es nennt – »Vorstufe einer späteren Fassung« mit der Variante »und lieblich widertönt / Es von den Klagen des Manns« (S. 175; V. 72 f.). In seinen Lesartenapparat nimmt er die handschriftlichen Varianten auf, die in Bezug auf die erste Fassung »wieder« lauten (vgl. StA 2,2, S. 770 f.).

Jochen Schmidt favorisiert in seiner 1969 zusammen mit Friedrich Beißner veranstalteten Werkausgabe die Variante »Sie hören ihn und liebend tönt / Es wider von den Klagen des Manns« durch Abdruck in der Haupttextfassung (*Werke und Briefe*, hrsg. von Friedrich Beißner und Jochen Schmidt, Frankfurt a. M.: Insel Verlag, 1969, Bd. 1, S. 178; ebenso in: *Gedichte*, hrsg. und mit Erl. vers. von Jochen Schmidt, Frankfurt a. M.: Insel Verlag, 1984, S. 178). Ihm schließt sich Gerhard Kurz in seiner hier zugrunde gelegten Ausgabe der Gedichte Hölderlins aus dem Jahr 2000 an. Festzuhalten ist damit aber, dass sich die erst von Schmidt, dann auch von Kurz gewählte Lesart buchstäblich in keiner der zu *Patmos* überlieferten Handschriften findet. Es handelt sich um eine stillschweigend vorgenommene Emendation, einen Eingriff der Herausgeber. Sie hier zu übernehmen braucht eine ausdrückliche Begründung.

Zwei Argumente sollen angeführt werden. Zum einen gibt es die handschriftlich gesicherte Variante »widertönt«. Zum anderen wird der Kontext der V. 72 f. durch die Verbform »tönt ... wider« sinnreicher. Liest man »wieder«, bekommt das Verb die Bedeutung von ›wiederholt tönen‹, ›erneut tönen‹ – als ob die Inselnatur ein bloßes

Echo gäbe, das in seiner Art nur geeignet wäre, die Klagen zu bestätigen und zu verstärken. Liest man »wider«, signalisiert das Verb eine Korrelation: eine veränderte (und das Bewusstsein verändernde) Wiedergabe der Klage des ›Fremden‹. Durch die auf ihn im tröstlichen Sinne ansprechend wirkende Kargheit der Inselnatur ist seine Klage nicht mehr eine einsame, nur auf den Verlust bezogene Klage, sondern sie ist anders geworden: »liebend«. Zu dieser Deutung des Sinns der ›Wiedergabe‹ passt der unmittelbare Textanschluss. In ihm legt Hölderlin den Akzent auf die hegenden, ja heilenden Kräfte der Inselnatur: »So pflegte / Sie einst des gottgeliebten, / Des Sehers« (V. 73–75).

Zeilenkommentar

1–4 *Nah ist ... Rettende auch:* Die beiden Gnomen (Sinnsprüche in Versform), mit denen die Hymne gedankenschwer beginnt, sind in ihrem Sinn offensichtlich aufeinander bezogen. Der Gott ist »schwer zu fassen« nicht trotz, sondern wegen seiner Nähe, also deshalb, weil er kein Objekt, kein Teil der Welt und damit gegenständlicher Erfahrung nicht zugänglich ist. Er, das Ganze der gestalteten Wirklichkeit, lässt sich nur in Sinnzusammenhängen wahrnehmen: in Ordnungsmustern, wie Hölderlin sie in der geschichtlichen Entwicklung – besonders im Gefüge von Antike und Abendland – sich manifestieren sieht. Die »Gefahr« besteht in der problematischen Nähe Gottes und ist zumindest eine zweifache: Zum einen ist die Anwesenheit Gottes für die an Subjekt-Objekt-Relationen gewohnte Orientierung der Menschen nicht von seiner Abwesenheit zu unterscheiden. Daraus ergibt sich die Gefahr, das Welterleben zu profanisieren, herunterzuziehen: die Achtsamkeit auf den umfassenden Sinnzusammenhang zu verlieren und diesen Verlust womöglich nicht einmal als solchen zu bemerken. Es setzt sich dann eine nach rein menschlichen Maßstäben organisierte Daseinsweise durch, wie Hölderlin sie z. B. in den ersten sechs Versen von *Brod und Wein* beschreibt. Zum anderen ist die Nähe Gottes für diejenigen Menschen, die offenen Sinnes für sein Wirken sind, von gefährlicher Intensität. Diese Nähe könnte durch eine ihrerseits falsche Annäherung, durch ein Erfassenwollen seiner Wirkmacht, verloren werden. Dieser Gefahr sieht Hölderlin die Dichter ausgesetzt: »uns gebührt es, unter Gottes Gewittern, / Ihr Dichter! mit entblößtem Haupte zu stehen, / Des Vaters Stral, ihn selbst, mit eigner Hand / Zu fassen und dem Volk ins Lied / Gehüllt die himmlische Gaabe zu reichen« (*Wie wenn am Feiertage ...*, V. 56–60). Dass aus der Gefahr »das Rettende wächst«, ist ein dialektischer Gedanke, den Hölderlin in dem gewaltigen Landschaftsbild der folgenden Verse verdeutlicht (vgl. die Kommentierung dort). Aber auch in anderen seiner Gedichte findet sich diese Sinnfigur variiert – so in *Brod und Wein*, wo es heißt: »Aber das Irrsaal / Hilft, wie Schlummer und stark machet die Noth und die Nacht« (V. 115 f.) oder in *Dichterberuf*, der Ode, die mit einer als Bedingung formulierten Aussicht endet: »so lange, bis Gottes Fehl hilft« (V. 64).

6–8 *Die Adler ... Brüken:* Diese Verse bieten zwei Beispiele für die unmittelbar zuvor formulierte dialektische Figur. »Im Finstern«, an unwirtlichen Felsstürzen, also in elementarer Gefahr, können die Adler leben, weil ihnen als das »Rettende« gewaltige Flügel gewachsen sind. Die »Söhne der Alpen« – ihre menschlichen Bewohner – haben auf ihre Weise, als kulturelle Errungenschaft, ein Rettendes gegen die Gefahren des Getrenntseins und der Abstürze entwickelt: mit »leichtgebaueten Brüken«.

9–15 *Drum ... wiederzukehren:* Die zuvor genannten

räumlichen Bilder werden jetzt in Beziehung zu einer zeitlichen Konfiguration gesetzt. Die »Gipfel der Zeit« meinen die großen Gestalten der verschiedenen geschichtlichen Epochen, die Helden und ihre Sänger, in denen jeweils eine Zeit ihren eigenen Höhepunkt erreicht. Dass diese Gipfel »gehäuft« sind, deutet auf eine retrospektive Sicht hin; dass »die Liebsten / Nah wohnen«, weist auf einen die Größen vor dem geistigen Auge versammelnden Blick. An sich existieren sie nämlich »ermattend auf / Getrenntesten Bergen«, sind also der Gefahr ausgesetzt, nur vereinzelt, nicht in ihrem kulturellen Zusammenhang wahrgenommen zu werden. Aus dieser Gefahr heraus bittet das (hier noch implizite, noch nicht selbst in Erscheinung getretene) lyrische Ich um Rettendes, d. h. um Mittel, eine vereinigende Gesamtschau zu stiften. Sowohl »unschuldig Wasser« (reines, kristallklares Wasser im Raum zwischen den Bergen) als auch »Fittige«, Vogelschwingen, sind geeignet, das Trennende zu überwinden. So gelangt man auch nur über das Wasser oder durch die Luft nach Patmos. Das Ethos, aus dem allein die Zusammenschau gelingen kann, ist das des »treuesten Sinns«: eingedenk der inspirierenden Kraft, durch die allein diese Gestalten zu hervorragenden wurden, zu den Gipfeln zu wandern »und wiederzukehren« – d. h. nicht aus rückwärtsgewandter Faszination irgendwo zu verweilen, sondern heimzukommen an den eigenen Ort. Dieser Ort ist jener, der allein den geschichtlichen Überblick bietet – und es damit ermöglicht, Gott angemessen »zu fassen«.

27 *Im goldenen Rauche:* Die gleiche Bildlichkeit begegnet in anderem Kontext in der Hymne *Germanien* (1801/03), V. 25: »Ein goldner Rauch«.

31 *Asia:* Gemeint ist mit diesem lateinischen Namen das griechisch-römische Kleinasien.

34–36 *Tmolus ... Pactol ... Taurus ... Messogis:* Der Tmo-

lus ist ein Gebirge in der kleinasiatischen Gegend Lydien. Dort entspringt der tatsächlich goldhaltige Fluss Paktol, den Hölderlin bereits in der Ode *Der Neckar* (V. 15) nennt. Taurus und Messogis sind ebenfalls kleinasiatische Gebirgszüge. – Die in dieser Strophe visionär dargestellte Gegend hat Hölderlin bereits im ersten Band seines *Hyperion* beschrieben. Dort durchwandert sie der Held tatsächlich. Zuvor jedoch hat er sich, ähnlich wie das lyrische Ich in *Patmos*, nach dieser Landschaft gesehnt: »Auch denk' ich gerne meiner Wanderung durch die Gegenden von Smyrna. Es ist ein herrlich Land, und ich habe tausendmal mir Flügel gewünscht, um des Jahres Einmal nach Kleinasien zu fliegen« (*Hyperion*, Erster Band, Tübingen 1797, S. 32). Es ist charakteristisch für Hölderlins Werk, dass in ihm eine überschaubare Anzahl von Bildmotiven und Gedankenfiguren eine immer wieder variierte Ausgestaltung findet.
39 *Blüht hoch der silberne Schnee:* vgl. *Heimkunft*, V. 19 f.: »Ruhig glänzen indeß die silbernen Höhen darüber, / Voll mit Rosen ist schon droben der leuchtende Schnee«.
40 *Zeug unsterblichen Lebens:* Gemeint ist der immergrüne Efeu (vgl. V. 42).
49 *schattenlosen Straßen:* ein Bild für die Schifffahrtswege.
57–60 *nicht, wie Cypros ... Wohnt herrlich Patmos:* Während Zypern schon in der Antike als fruchtbare und reiche Insel angesehen wurde, galt Patmos als karg und arm. Vgl. Klopstock, *Der Messias*, 20. Gesang: »Unbemerkter, nicht eine der Königinnen des Weltmeers, / Ruhete zwischen Wogengebirgen die einsame Patmos«.
61 f. *Gastfreundlich ... Im ärmeren Hauße:* »Gastfreundlich« nahm die Insel entsprechend den Apostel Johannes auf (vgl. V. 73 ff.). Als Verkünder einer nicht mehr

sinnlich-weltfrommen, sondern spirituell-weltabgewandten Religiosität ist er »Im ärmeren Hauße« existentiell gesehen sogar kein Fremder.

64f. *klagend / Um die Heimath:* Anspielung auf Patmos als Insel, auf die die Römer ihre Verbannten schickten.

68–73 *hört sie es gern ... Klagen des Manns:* Diese Verse illustrieren den unwirtlichen Charakter der Insel. Sie wirkt aber nicht in jeder Hinsicht abweisend, in besonderen Fällen sogar emphatisch (vgl. »liebend«). Die Geräusche der Insel erscheinen als natürliche Entsprechungen zu den »Klagen des Manns«. Die »Stimmen des heißen Hains« – das Knacken beim Aufbrechen des ausgetrockneten Holzes – wie die Laute, die entstehen, wenn die Hitze die Erde des Feldes aufreißt, verleihen der Grundstimmung eines solchen Mannes passenden Ausdruck. Mit diesen Lauten assoziiert Hölderlin das Ächzen. Vgl. sein *Fragment von Hyperion*: »Ein leises Ächzen der Erde, wenn der brennende Strahl den Boden spaltet, hör' ich zuweilen« (Erstdruck in der von Schiller herausgegebenen Zeitschrift *Thalia*, Vierter Teil, Fünftes Stück des Jahrgangs 1793, S. 197).

75–77 *Sehers, der ... war / Gegangen mit / Dem Sohne des Höchsten:* Mit dem »Seher« ist Johannes der Apokalyptiker gemeint (vgl. die Offenbarung des Johannes 1,9: »Ich, Johannes, ... war auf der Insel, die da heißt Patmos, um des Wortes Gottes willen und des Zeugnisses von Jesus«). Er wurde in der Tradition mit dem Evangelisten Johannes identifiziert, jenem Jünger, den Jesus besonders gern hatte und deren Verhältnis zueinander Hölderlin deshalb als »unzertrennlich« charakterisiert (vgl. Johannes 13,23; 19,26; 20,2; 21,7; 21,20).

78 *der Gewittertragende:* Wie bei der vorherigen Prädikatisierung (»Sohne des Höchsten«, V. 77) vermeidet Hölderlin auch durch diese Umschreibung eine Nennung, die den Gott eindeutig und einzig als den des

biblischen Bekenntnisses erscheinen lässt. Im griechischen Mythos gilt das Gewitter mit Bezug auf Zeus als ein Medium der Offenbarung.

78 *die Einfalt:* Im hier maßgeblichen biblischen Kontext ist der Begriff positiv besetzt. Er meint das Lautere, Redliche als das Gottgefällige. Vgl. Matthäus 6,22; Brief an die Epheser 6,5; Zweiten Brief an die Korinther 11,2.

81 *beim Geheimnisse des Weinstoks:* vgl. das neutestamentliche Gleichnis in Johannes 15,1–17. Dort stellt sich Jesus als Weinstock, seine Jünger als Reben dar, um seine innige Verbundenheit mit ihnen auszudrücken. Doch auch der dionysische Aspekt des freudigen ›Gemeingeists‹ dürfte hier zum »Geheimnisse« gehören.

82 *zu der Stunde des Gastmals:* Auch mit dieser Wendung verbindet Hölderlin griechisch-dionysische und christliche Sphäre. Zum einen bezieht sie sich auf Platons Schrift *Symposion*, deren Titel traditionell als ›Das Gastmahl‹ übersetzt wird; zum anderen verweist sie auf das letzte Abendmahl Jesu mit seinen Jüngern (vgl. Johannes 13,2ff.).

84 *die lezte Liebe:* vgl. Johannes 13,1; 14,21; 15,9ff.: »Gleichwie mich mein Vater liebt, so liebe ich euch auch. Bleibet in meiner Liebe!«

86 *zu erheitern:* Damit dürfte die Verheißung der Sendung des Heiligen Geistes gemeint sein: vgl. Johannes 15,15ff.

87 *das Zürnen der Welt:* vgl. Johannes 15,18ff.: »Wenn euch die Welt hasset, so wisset, dass sie mich vor euch gehasst hat. Wäret ihr von der Welt, so hätte die Welt das Ihre lieb. Weil ihr aber nicht von der Welt seid, sondern ich euch aus der Welt erwählt habe, darum hasset euch die Welt.

88 *Denn alles ist gut:* Mit dieser Gnome formuliert Hölderlin einen seiner geschichtsphilosophischen Grund-

sätze: dass selbst die katastrophal und sinnwidrig anmutenden Ereignisse im Ganzen der Weltgeschichte ihre konstruktive Bedeutung haben und zur Erfüllung der Zeit beitragen. Schon im *Fragment von Hyperion* (s. Anm. zu 68–73) heißt es (S. 196): »Alles muß kommen, wie es kömmt. Alles ist gut.« In einem Brief an seine Schwester vom 19. März 1800 bekennt Hölderlin: »Und so ists mein gewisser Glaube, daß am Ende alles gut ist, und alle Trauer nur der Weg zu wahrer heiliger Freude ist.« Vgl. auch den Brief an seinen Halbbruder Karl Gok vom 4. Juni 1799. Die Formel geht zurück auf 1. Mose 1,31: »Und Gott sah an alles, was er gemacht hatte, und siehe da, es war sehr gut.« Sie wird unter dem Aspekt der Theodizee-Frage – also der Frage, warum es überhaupt Leid auf der Welt gibt – vor allem durch Augustinus und Leibniz in die abendländische Ideengeschichte vermittelt.

89 *wie er siegend blikte:* Jesus sagt im Johannes-Evangelium von sich: »Ich habe die Welt überwunden« (Johannes 16,33).

90 *Den Freudigsten:* vgl. Johannes 15,11 und 14f. Die Theologie zur Zeit Hölderlins hebt dagegen die Erniedrigung und das Leiden Jesu hervor. Anders – und insofern vorbildlich für Hölderlin – geschieht es bei Klopstock. Der spricht in seinem *Messias* von »des Vollenders Freuden« und von »des Siegers Triumph« (11. Gesang, V. 15 und 17).

92 *Es Abend worden:* Mit dem gewaltsamen Tod Jesu beginnt ein neues geschichtliches Zeitalter, das Abendland. Im unmittelbaren Kontext weist diese Wendung auf die Erzählung von den Jüngern, die auf dem Weg nach Emmaus dem Auferstandenen begegnen, ohne ihn zunächst zu erkennen. Sie bitten ihn: »Bleibe bei uns; denn es will Abend werden, und der Tag hat sich geneigt« (Lukas 23,29).

93 *Großentschiedenes:* Gemeint ist wohl die zur Tatsache

gewordene Trennung zwischen antiker und abendländischer Sphäre und – korrespondierend damit – der Entschluss der Jünger, die Botschaft ihrer Herrn weiterzutragen.

95 f. *lassen wollten sie nicht / Vom Angesichte des Herrn:* vgl. Apostelgeschichte 20,38.

98 *Wie Feuer im Eisen:* Das in der christlichen Mystik und im Pietismus häufig verwendete Bild symbolisiert das Anwesen Gottes im Menschen; vgl. auch Lukas 24,32: »Und sie sprachen untereinander: Brannte nicht unser Herz in uns, da er mit uns redete auf dem Wege, als er uns die Schrift öffnete?«

99 *der Schatte des Lieben:* Jesus ist nach seinem Tod den Jüngern nicht mehr physisch präsent. Er existiert als Person nur noch in der Erinnerung, die ihrerseits immer dunkler wird. Zugleich ruft das Bild des Schattens die griechische Vorstellung von der Unterwelt herauf, in der sich alle Toten eben als Schatten befinden.

100 f. *Drum sandt' er ihnen / Den Geist:* Die Ausschüttung des Geistes erfolgt, damit die Jünger »Vom Angesichte des Herrn« (V. 96) lassen können. Erst dadurch vermögen sie »Großentschiedenes« überzeugend zu verkünden: den Anbruch einer neuen, Gott spirituell und nicht mehr sinnlich-gestalthaft auffassenden Zeit.

101 f. *bebte / Das Haus:* vgl. Apostelgeschichte 2,1 f.: »Und es geschah plötzlich ein Brausen vom Himmel wie von einem gewaltigen Wind und erfüllte das ganze Haus, in dem sie saßen.«

105 *Todeshelden:* So können die Jünger Jesu zum einen genannt werden, weil sie als Zurückgelassene in der Gefahr stehen, ihrem Meister auf falsche Weise nachzufolgen, indem sie willkürlich den Tod suchen; und zum anderen, in angemessener Weise, weil Jesus selbst ihnen das Martyrium vorausgesagt hat: »Dann

werden sie euch der Bedrängnis preisgeben und euch töten« (Matthäus 24,9; vgl. Johannes 16,2).

106 f. *da er scheidend / Noch einmal ihnen erschien:* vgl. Apostelgeschichte 1,8–10.

108 *izt erlosch der Sonne Tag:* Gemeint ist das Ende der gotterfüllten Zeit der griechischen Antike; vgl. *Brod und Wein*, V. 125–130.

109–111 *zerbrach / Den geradestralenden, / Den Zepter, göttlichleidend, von selbst:* Indem Jesus als Christus »göttlichleidend« seinen Opfertod bewusst auf sich nimmt, signalisiert er seine Einsicht in die Notwendigkeit des Geschehens, das sich insofern »von selbst« vollzieht. Den Zepter kann Hölderlin einen »geradestralenden« nennen, weil sich das Göttliche in der antiken Sphäre direkt den Sinnen der Menschen mitgeteilt hat, während es nun, in der folgenden nächtlichen Zeit, nur mittelbar wirken wird. Vgl. zum Bild des Zepters als Zeichen göttlicher (Voll-)Macht: Hesiod, *Theogonie* 29–32: »So sprachen die beredten Töchter des großen Zeus, brachen den herrlichen Zweig eines üppig grünenden Lorbeers, schenkten ihn mir als Stab und hauchten mir göttlichen Sang ein, damit ich Künftiges und Vergangenes rühme« (übers. von Otto Schönberger, Stuttgart: Reclam, 1999, S. 7).

112 *es:* Das Pronomen bleibt eigentümlich unbestimmt, dürfte aber das Göttliche meinen. Von ihm spricht Hölderlin in diesen Versen – wie meist – bei allen herstellbaren konkreten Bezügen nur in Andeutungen: Es geht darum, das an sich numinose, ungegenständliche Geschehen nicht auf unangemessene Weise im Wort zu fixieren.

113 *Zu rechter Zeit:* Wie in *Brod und Wein* (vgl. dort V. 128–132) verleiht Hölderlin hier seiner Vorstellung von einer Ökonomie der Geschichte Ausdruck: dass alles – die Abkehr der Götter, die Sendung himmli-

schen Trostes, ihre eigene Wiederkunft – einen objektiven Sinn habe, dass es notwendig und im richtigen Augenblick der geschichtlichen Bewegung geschehe.

113–115 *Nicht wär es gut / Gewesen, später, und schroffabbrechend, untreu, / Der Menschen Werk:* Wie zur Verstärkung der vorherigen positiv formulierten Aussage erfolgt nun die Vorstellung desselben Geschehens zur Unzeit: später. In diesem Fall wäre es ein Verhalten der Götter gewesen, das die Menschen wirklich orientierungslos allein lässt: »schroffabbrechend, untreu«. Die Wendung »Der Menschen Werk« ist nicht als Akkusativobjekt zu »schroffabbrechend«, sondern als Nominativapposition zu »nicht wär es gut gewesen« zu verstehen. Sie meint: Hätte das Christusgeschehen – das Verweilen des Göttlichen in Menschengestalt – länger angedauert, hätten die Menschen es nicht mehr als göttliche Offenbarung aufgefasst; sie hätten sich an das Offensichtliche gehalten und das Wirken Jesu als »Der Menschen Werk« angenommen.

117 *in liebender Nacht:* Auch in geschichtlich dunkler Zeit sorgen die Götter für die Menschen. Sie sind anwesend, freilich nur mittelbar, wie in der Heiligen Schrift, die es inspiriert zu lesen gilt. Vgl. *Brod und Wein,* V. 27 ff., 124.

118 *einfältigen:* Die Einfalt meint im biblischen Verständnis eine gottgefällige Lauterkeit (vgl. Matthäus 6,22; Zweiter Brief an die Korinther 1,12). In Hölderlins Verwendung des Begriffs schwingt hier zusätzlich wohl die wörtliche Bedeutung mit: ›ein-gefaltet‹, ›nach innen gerichtet‹.

119 *Abgründe der Weisheit:* Im Unterschied zur Weisheit der Philosophen, die auf Beweisgängen und Argumenten und damit auf der Urteilskraft der Vernunft gründet, ist die religiöse Weisheit eine abgründige insofern, als sie allein aus Gewissheiten des Glaubens

besteht. Vgl. Erster Brief an die Korinther 1,18-2,16; Brief an die Römer 11,33: »O welch eine Tiefe des Reichtums, beides, der Weisheit und der Erkenntnis Gottes! Wie gar unbegreiflich sind seine Gerichte und unerforschlich seine Wege!«

119 f. *es grünen / Tief an den Bergen ... lebendige Bilder:* Hölderlin denkt wohl an Anblicke, wie sie ihm das Heidelberger Schloss gewährt hat (vgl. die Ode *Heidelberg*, V. 21-28, und die Kommentierung dort) oder wie er sie am Beginn der Hymne *Patmos* selbst imaginiert (vgl. V. 5-8). Dies sind »lebendige Bilder«, die beispielhaft das Überdauern in zeitlichen oder räumlichen Extremen zeigen. Als Sinnbilder haben sie – wie die in den Schriften gegebenen Gewissheiten des Glaubens – im Hinblick auf das in ihnen erscheinende Göttliche eine vermittelnde, repräsentierende Funktion. Sie wirken tröstlich und stimmen zuversichtlich.

121 f. *furchtbar ist, wie ... / Unendlich hin zerstreut das Lebende Gott:* Der Kontext zeigt zwar, dass hier speziell die Aussendung der Jünger Jesu gemeint ist (vgl. Markus 16,15). Diese Verse sprechen jedoch in generalisierender Form davon, wie furchtbar die Trennung auf solche wirkt, die sich zusammengehörig fühlen. Dazu zählen für Hölderlin insbesondere die Dichter, deren gegenwärtige schicksalhafte Einsamkeit als ›Sänger Gottes‹ er beklagt (vgl. *Brod und Wein*, V. 119-124; hier S. 87).

123 f. *das Angesicht / Der theuern Freunde zu lassen:* Am Ende dieses Verses wäre syntaktisch vollständig noch einmal aufzunehmen: ›ist furchtbar‹.

126-128 *wo zweifach / Erkannt, einstimmig / War himmlischer Geist:* Es kennzeichnet die Zusammengehörigen, dass jeder auf seine Weise den Geist erkennt, dass diese Einsichten aber »einstimmig« sind, also zueinander passen. Vgl. Matthäus 18,20: »Denn wo zwei oder drei versammelt sind in meinem Namen, da bin ich mitten unter ihnen.« Und bei Hölderlin: »immer bestehet ein Maas, / Allen gemein, doch jeglichem auch ist eignes beschieden, / Dahin gehet und kommt jeder, wohin er es kann« (*Brod und Wein*, V. 44–46).

128 f. *nicht geweissagt war es, sondern / Die Loken ergriff es:* Nicht vorhersehbar, sondern unerwartet kam für die Jünger, was die folgenden Verse 130 ff. nennen: dass der eigentlich schon hinwegstrebende Gott sich ihnen in Christo auch nach der Sendung des Geistes noch einige Male zeigte (vgl. Johannes 20 und 21). Das Bild der Locken, die ergriffen werden, ist biblisch (vgl. Hesekiel 8,1–3). Hölderlin hat es schon in der Ode *Dichterberuf* verwendet (vgl. dort V. 19 f. und die Kommentierung, hier S. 125).

132 *schwörend:* Die Jünger beschwören zum einen den Gott, dass er anhalten und sich ihnen wieder nähern möge; zum anderen beschwören sie – mit demselben Ziel – ihre Gemeinschaft, für die sie zum Zeichen zudem »die Hände sich reichten« (V. 135).

133 *wie an Seilen golden:* Das Bild symbolisiert traditionell die Führung der Menschen durch Gott (vgl. z. B. Hosea 11,4: »Ich ließ sie ein menschliches Joch ziehen und in Seilen der Liebe gehen und half ihnen das Joch auf ihrem Nacken tragen und gab ihnen Nahrung.«). Hölderlin kehrt die Vorstellung hier aber um – ein rhetorisches Mittel, um dem innigen Wunsch der Jünger verstärkten Ausdruck zu verleihen, dass durch ihre Liebe zueinander auch der liebende Gott ihnen wieder zugewandt und nah sei.

135 *Das Böse nennend:* Die Parenthese (Einschub) meint, dass das Trennende und Isolierende sowohl zwischen Gott und den Menschen als auch bei den Menschen untereinander sich dadurch bannen lässt, dass es bewusst als »das Böse« angesprochen wird.

136–151 *Wenn aber ... was ist diß?:* Diese Strophe ist als ein dreifach gegliedertes Konditionalsatzgefüge (»wenn« in den Versen 136, 140, 145) aufgebaut. Sie endet mit einer summierenden (zusammenfassenden), nach Folgerung verlangenden Frage, die zur antwortenden nächsten Strophe überleitet.

136 *alsdenn:* alsdann.

138 *Die Schönheit hieng:* vgl. Psalm 45,3: »Du bist der Schönste unter den Menschenkindern«. Der Vers wird als Vorausverweis auf Christus verstanden. In Klopstocks *Messias* wird Jesus durch Adam »der Schönste« genannt (2. Gesang, V. 15).

141–143 *Sie sich nicht fassen können / Einander, die zusammenlebten / Im Gedächtniß:* Jene, die »die Hände sich reichten«, die Jünger Jesu, zerfallen in den folgenden Generationen in verschiedene, einander bekämpfende Kirchen und Sekten, obwohl sie »zusammenlebten / Im Gedächtniß« des Christusgeschehens als des Ursprungs ihres Glaubens (vgl. Lukas 22,19; Apostelgeschichte 2,42 und 46 f.).

143–147 *nicht den Sand nur ... Verweht:* Das in diesen Versen entworfene Bild stellt einen durch die Zeit bewirkten Prozess der Zerstörung dar. Er löst natürliche Formen auf wie »den Sand ... oder / Die Weiden«, die eine Flut dem Ufer eines Flusses entreißen kann (vgl. die Anfang 1801 entstandene Ode *Unter den Alpen gesungen*, V. 21 f.: »so lange / Nicht auch mich, wie die Weide, fort die Fluth nimmt«). Ebenso gilt, dass er »die Tempel / Ergreifft« – dass er also jegliche geschichtliche Religionsform zersetzt (gemeint ist nicht nur ein einzelnes, bestimmtes historisches Ereignis wie die Zerstörung des Tempels in Jerusalem im Jahr 70 nach Christus).

146 *Des Halbgotts:* Damit wird hier Jesus Christus bezeichnet, und zwar in dem doppelt genauen Sinn, dass er Sohn eines Unsterblichen und einer Sterbli-

chen ist und dass er als Mittler zwischen Gott und den Menschen wirkt. Vgl. die Hymne *Der Einzige*, V. 50 ff., wo Christus aus diesen Perspektiven als Bruder des Herakles und des Dionysos angesprochen wird.

151 *was ist diß?:* Diese Wendung begegnet formelhaft wiederkehrend in Luthers Katechismus. Hölderlin greift sie auch in der Hymne *Mnemosyne*, V. 34 auf.

152–154 *der Wurf des Säemanns ... über die Tenne:* Das Bild vom Worfler ist biblisch. Es begegnet sowohl im Alten als auch im Neuen Testament (vgl. z. B. Jesaja 30,24; Jeremia 4,11; 15,7; 51,2; Matthäus 3,12). Doch Hölderlin ändert die Bedeutung des Bildes im Sinne seiner Geschichtsphilosophie. Biblisch steht das Motiv der Trennung der Spreu vom Weizen (beides wird vom Worfler in die Luft geworfen und vom Wind getrennt, der die leichtere Spreu davonweht, während die Weizenkörner zu Boden fallen) im Zeichen des Weltgerichts. Es beschreibt eine Selektion. Hölderlin ist es darum zu tun, den Prozess einer Enthüllung darzustellen: den der zunehmenden Klarheit über den Sinn des Verlaufs der Weltgeschichte. Darum geht der Wurf »dem Klaren zu«: Er wird real vorgestellt auf offener Tenne gen Himmel und wird symbolisch aufgefasst zum göttlichen Licht, in dem die Dinge auf zuvor nicht einsehbare Weise (v)erklärt erscheinen. In der Bibel stellt ›Klarheit‹ (Luthers Übersetzung für griech. *doxa*) eine Auszeichnung Gottes dar und ist ein Zeichen seiner Offenbarung der Wahrheit; vgl. den Zweiten Brief an die Korinther 3,18. – Vgl. *Friedensfeier*, V. 22–24: »Ein Weiser mag mir manches erhellen; wo aber / Ein Gott noch auch erscheint, / Da ist doch andere Klarheit.« In seiner Überarbeitung der Reinschrift H 309 von *Patmos* präzisiert Hölderlin seine Umdeutung des Bildes, indem er für V. 152 formuliert: »Es ist der Wurf das eines Sinns, der mit«.

Doch schon die Bezeichnung des Worflers als »Säemann« signalisiert, dass für Hölderlin dieses Bild mehr das Bild eines Wachstums hin zu guter Ernte als das einer Aussonderung ist.

161 *der Höchste:* Die Wirklichkeit des Höchsten manifestiert sich nicht als einmal getanes Werk (etwa der biblischen Genesis), sondern als geschichtliches Wirken, also sukzessive, nacheinander, durch die Zeit.

162–170 *Zwar Eisen ... ein Knecht:* Diese Verse gehen noch einen Schritt weiter. Sie sprechen angesichts der nahenden Gegenwart Gottes im Geiste ein Bilderverbot aus (vgl. im biblischen Kontext: 2. Mose 20,4; Jesaja 40,18f.; Apostelgeschichte 17,22f.). Zwar hätte der Dichter die schöpferische Kraft dazu und das geschichtliche Material in Fülle, »den Christ« in wirkmächtigen Worten darzustellen; die Vergleiche mit den gewaltigen irdisch-stofflichen Vorgängen im Schacht und im Ätna unterstreichen dies. Doch buchstäblich bereits die ungewöhnliche Formulierung »den Christ« betont, dass sich mit solcher poetischen Einbildungskraft nur das zurückliegende Wirken Christi, sein Erscheinen in der späten Antike, vergegenwärtigen ließe, niemals aber das Ereignis, auf das es jetzt eigentlich ankommt: seine Zukunft, die geistigere Wiederkehr Gottes in Christo. Der Dichter, der dem unangemessenen Bilderdienst nicht widerstehen könnte, wäre »ein Knecht«; er würde sich selber zu einem solchen machen. – Die ersten Verse der zwölften Strophe reflektieren auch kritisch das Verhältnis, in das sich Hölderlin zum Landgrafen von Homburg durch dessen spezifische Sehnsucht nach einem in dessen Sinne religiös überzeugenden Gedicht gesetzt sieht. Der Landgraf erscheint in Hölderlins Augen gerade als einer, der von ihm fordert: »Ein Bild zu bilden«. Hölderlin nimmt dieses Anliegen geradezu dekonstruktivistisch auf: Er stellt es in dem Widmungsgedicht durchaus dar – doch aus seiner eigenen, geistigeren Sicht Christi, in der es zu einem gefährlich rückschrittlichen Ansinnen wird.

172f. *nicht, daß ich seyn sollt etwas, sondern / Zu lernen:* Diese Aussage gibt Hölderlins Auffassung des Dichterberufs im Hinblick auf die Gottesgestalt genau wieder. Der Dichter soll nicht der ›Herr des Herrn‹ sein, soll nicht wie ein Prophet die Zukunft ausschmücken oder wie Klopstock gegenständlich vom Messias sprechen. Denn das hieße, in Bezug auf Gott sich zum Subjekt zu machen und Gott zum Geschöpf des eigenen Wortes. »Zu lernen« bedeutet dagegen: auf die je und je unterschiedlichen Manifestationen von »Des Himmels Herrn« zu achten und ihnen dichterisch zu entsprechen.

176 *sie:* Gemeint sind die Menschen.

177 *Unsterblicher Schiksaal:* »Unsterblicher« ist Genitiv Plural. Die Rede ist also vom Schicksal der Unsterblichen.

178 *und eilend geht es zu Ende:* Das Werk (V. 177) der Geschichte sieht Hölderlin in seiner zeitgeschichtlichen Reflexion nahe der Vollendung. Hier weist seine Geschichtsphilosophie deutlich biblisch-eschatologische Züge auf. Vgl. Zephanja 1,14 (»Des Herrn großer Tag ist nahe, er ist nahe und eilt sehr. Horch, der bittere Tag des Herrn! Da werden die Starken schreien«) und Jesaja 5,19.

179f. *himmlischer / Triumphgang:* Das Bild bezieht sich auf die prozessuale Vollendung der Geschichte durch die Wiederkehr Christi.

180f. *der Sonne gleich / Von Starken:* Christus wird hier, wie oft in der Tradition der Darstellungen, mit der Sonne verglichen; aber – das ist hier entscheidend – nur verglichen, nicht identifiziert. Hölderlin vermeidet die vergegenständlichende Festlegung. Damit kann er sich – im Unterschied zum Landgrafen und zu dessen bevorzugtem Dichter, Klopstock – zu den Starken zählen. Vgl. auch Brief an die Römer 15,1.

182 *Ein Loosungszeichen:* Gemeint ist hier im Unterschied zum plastischen, äußerlich wirkenden Bild das Symbol. Ein Symbol ist ein Zeichen, dessen Gehalt sich gerade nicht in der sinnlichen Gestalt zeigt, sondern sich in einer anderen, über diese hinausgehenden, nur geistig aufzufassenden Weise erschließt. So gilt in vielen mythischen Kulturen die Frau als das Symbol für die Erde. Der »Sohn des Höchsten« wird für die »Starken« zum »Loosungszeichen«: Es wird von ihnen nicht, wie in der Tradition, seine gestalthaft-konkrete Wiederkehr erwartet, sondern mit seiner Ankunft wird die Erwartung einer geistigen Erfüllung der Zeit verbunden.

182 f. *der Stab / Des Gesanges, niederwinkend:* Nahe liegt die Assoziation mit einem Taktstock, der dem Chor der Himmlischen (vgl. *Brod und Wein*, V. 132, und *Friedensfeier*, V. 1 f., 105 ff.) das Signal zum Einsatz (zur Offenbarung) gibt. Das Verb betont das Magische der vermittelnden Kraft, die einem solchen Stab (bzw. dem, der ihn führt, hier also dem Dichter) zu eigen ist. Hölderlins Vorbild für diesen Topos könnte Klopstocks Ode *Die Maßbestimmung* von 1781 gewesen sein, in der es heißt: »Vermiss' im Lied' ich dich [die Maßbestimmung] oft; so entschlüpf' ich, / Frey nun, dem Kreis, den sein Zauber um mich herzog: / Und der winkt mir vielleicht vergebens / Dann mit dem mächtigen Stab« (V. 29–32).

184 *Denn nichts ist gemein:* Nichts ist ausgeschlossen, alle werden von dem Geschehen ergriffen sein. Vgl. Brief an die Römer 14,14.

184 f. *Die Todten weket / Er auf:* Gemeint sind die »Schatten« (*Brod und Wein*, V. 153), d. h. die unter der Erfahrung des Sinnentzugs leidenden Menschen, die aber zuinnerst und zutiefst empfänglich für das

Erlebnis göttlicher Zuwendung sind. Vgl. Johannes 5, 21–25.
186 *Vom Rohen:* vom Unempfindlichen, Harten.
189 *Am scharfen Strale:* Die Unmittelbarkeit der Offenbarung erscheint Hölderlin als für die meisten Menschen eine Erfahrung, die zu gefährlich ist und sie blendet, statt sie sehend zu machen; vgl. *Brod und Wein,* V. 73–81. Es ist die Aufgabe der Dichter, dieses gewaltige Erlebnis auszuhalten und es vermittelnd in eine allen annehmbare Form zu bringen; vgl. *Wie wenn am Feiertage ...,* V. 37–66.
190 *den Muth der goldene Zaum hält:* Der »Muth« ist der Wille, das Verlangen; der »goldene Zaum« ist eine Metapher für die in letzter Instanz wirkende Lenkung der Menschen durch Gott; vgl. V. 133 und die Erläuterung dort.
194 *Stillleuchtende Kraft:* Die Betonung der Weltvergessenheit (vgl. V. 193) und der Stille erinnert vor allem an die Atmosphäre unter den Pietisten bei deren Bibellektüre. Die Pietisten galten in Anlehnung an Psalm 35,20 als die ›Stillen im Lande‹. Dass es bei der Lektüre der Schrift nicht darum geht, auf Äußerliches wie eine bestimmte Wortwahl oder historische Szenerie zu achten, sondern um die Wirkung des Worts, also die Inspiration, die Gott-Begeisterung, die es hervorruft, unterstreicht der Begriff der Kraft in Anlehnung an den Ersten Brief an die Thessalonicher 1,15 und den Brief an die Römer 1,16.
196 *Am stillen Blike:* Gemeint ist nicht der menschliche, sondern der (An-)Blick Gottes. Er begegnet den in die Lektüre Vertieften als »stillleuchtende Kraft« der Heiligen Schrift.
199 *Dich:* Angesprochen ist der Landgraf von Homburg. Es charakterisiert Hölderlins Widmungsgedichte, dass die Anrede meist gegen Ende des Textes erfolgt – dann, wenn der Gehalt schon weitgehend entfaltet ist.

Vgl. z. B. *Brod und Wein*, V. 123; *Stutgard*, V. 100; *Der Rhein*, V. 212.

203 f. *Still ist sein Zeichen / Am donnernden Himmel:* Das stille Zeichen ist der Regenbogen. Er signalisiert vor dem Hintergrund der geschichtlichen Unwetter den für Hölderlin sich abzeichnenden großen, göttlich gistifteten Frieden unter den Menschen. Vgl. 1. Mose 9,13 f. und *Heimkunft*, V. 79 f.

204 *Einer:* Das ist Christus, der durch diese Nennung ausgezeichnet wird: als die personifizierte Kraft der Versöhnung.

205 *Denn noch lebt Christus:* Das, was die Gestalt Jesu Christi verkörpert hat, also der Geist der Liebe und der Versöhnung, lebt nach christlicher Auffassung in der Gemeinde der Gläubigen weiter.

207–209 *heilige Schriften / ... den Bliz erklären / Die Thaten der Erde:* Hölderlin betont zwar oft das Besondere und Hervorgehobene der Christus-Gestalt. Doch ebenso wichtig ist es ihm, die Vielfalt und die gemeinschaftliche Anwesenheit der göttlichen Kräfte zu bekunden; vgl. z. B. *Friedensfeier*, V. 103–121. Zu diesen Kräften gehören mittelbar auch »heilige Schriften«. Der Plural verdeutlicht, dass Hölderlin zu diesen Texten nicht nur die Bibel zählt, sondern auch Gesänge wie die Pindars und aus neuerer Zeit Dichtungen wie jene Klopstocks und seine eigenen. Die »Thaten der Erde« stellen sich ihm als ein weiteres göttliches Kräftefeld dar. Es sind die mythisch aufgefassten epochalen Ereignisse der Geschichte. So wahrgenommen, können sie »den Bliz erklären«; sie zeigen die welthistorischen Initiativen, die von Menschen ergriffen wurden, als göttliche Inspirationen.

210 *Er:* Gemeint ist der »Vater«, der in Vers 202 als ›ewig‹ bezeichnet wird und von dem es in Vers 223 heißt, dass er »über allen waltet«. Nach Hölderlins geschichtsphilosophischer Auffassung ist dies zwar der

Gott, den Jesus »Vater« nennt. Es ist jedoch nicht im strengen Sinne der von den Christen als ›Vater‹ bekannte Gott. Denn zu diesem Konfessions-Gott gehört das Zeugnis der singulären, einzigartigen Sohnschaft, während Hölderlin von »Helden«, von »Söhnen« spricht (V. 206).

210 f. *Denn seine Werke ... / ... von jeher:* Die Sentenz ist eine wörtliche Übersetzung von Kapitel 15, Vers 18 der Apostelgeschichte.

213 *Die Ehre:* Gemeint ist sowohl das glanzvolle Erscheinen der Himmlischen als auch der korrespondierende Akt auf menschlicher Seite, die Verehrung.

214 *fast:* bedeutet hier nicht nur ›beinahe‹, sondern auch ›fest‹.

215 f. *schmählich / Entreißt das Herz uns eine Gewalt:* Subjekt dieser Aussage ist »eine Gewalt«. Das »Herz« fungiert als Akkusativobjekt; als Bildwort meint es die Lebensmitte der Menschen.

217–219 *Denn Opfer ... Gutes gebracht:* Deutlich bekundet Hölderlin hier, dass er dort, wo er von der umfassenden Wirklichkeit nicht in philosophischer Diktion spricht (und Begriffe wie ›Sein‹ oder ›Natur‹ verwendet), sondern sich der anschaulicheren religiösen Sprachmittel bedient, die umfassende Wirklichkeit nicht monotheistisch – in Bezug auf nur einen einzigen Gott –, sondern polytheistisch – in Bezug auf mehrere Gottheiten – auffasst. Alle »Himmlischen« wollen für die Gaben, die sie den Menschen bringen, geehrt werden: jedes auf seine Weise, entsprechend seinem Wirken.

220–222 *Wir haben gedienet ... Unwissend:* Diese Verse lassen sich nicht eindeutig bestimmten historischen Kultformen zuordnen. Wahrscheinlich ist, dass Hölderlin zum einen auf den durch Rousseau inspirierten Naturkult des 18. Jahrhunderts anspielt, an dem er auf seine Weise auch selbst teilnahm (vgl. die Hymne

Der Mutter Erde), und dass er zum anderen auf die Lichtmetaphorik der Aufklärung und ihrer großen politischen Erscheinung in Gestalt der Französischen Revolution Bezug nimmt. Doch auch an Hyperion und seine Verehrung von Erde und Sonne als Götter (und an Hölderlins ideelle Nähe zu seiner Romanfigur während der Entstehungszeit des Buches) ist zu denken. Noch *Patmos* gewinnt seinen hymnischen Klang zumindest in den ersten drei Strophen aus bildmächtiger Sinnlichkeit, vor allem aus dem Bild von der Kraft der Sonne, die Kleinasien in ein verklärendes Licht taucht (vgl. bes. V. 25–60). Erst die Wahrnehmung der kargen Insel Patmos öffnet dem lyrischen Ich den Sinn für den geistigeren Dienst an Gott und hebt damit ein Unwissen auf, das die sinnlichen Kulte bisher noch rechtfertigen konnte. Diese Kulte erscheinen aber nun, angesichts der spirituellen Offenbarung Gottes in Christo, für die Zukunft als unangemessen. Hölderlin folgt in diesem Gedankengang ganz offensichtlich der Argumentation des Paulus gegenüber den Athenern auf dem Areopag (vgl. Apostelgeschichte 17,16–34).

224 *Am meisten:* Es würde Hölderlins Geschichtsphilosophie nicht entsprechen, wollte er ein Medium der Offenbarung absolut setzen, statt es – wie in *Patmos* ausführlich geschehen – begründet im Lauf der Zeit herauszustellen. Auch in den »Thaten der Erde« (V. 209) zum Beispiel wird sich das Göttliche aus seiner Sicht gewiss weiterhin manifestieren.

225 *Der veste Buchstab:* Gemeint sind jene Zeichen göttlicher Sinnstiftung im menschlichen Leben, die nicht eigens der Erscheinung im Medium des Wortes bedürfen, um als göttlichen Ursprungs wahrgenommen werden zu können, sondern die dazu aus sich selbst heraus die Form der Schriftlichkeit besitzen. Zu erstgenannten Zeichen gehören z. B. geschichtliche Er-

eignisse wie das Phänomen Buonaparte. Erst durch die Textur der gleichnamigen Ode erhält dieses Phänomen von Hölderlin die Bedeutung einer göttlichen Sendung zuerkannt. Letztgenannte Zeichen sind »heilige Schriften« (V. 207). Es liegt nahe, hier vor allem an die Bücher der Bibel zu denken. Aber es wäre falsch, nur allein diese Bezugsmöglichkeit zu sehen; vgl. die Erläuterung zu V. 207–209.

225 f. *und bestehendes gut / Gedeutet:* Zum »Bestehenden« gehören »heilige Schriften«, aber wohl auch andere feststehende Phänomene wie die Fakten der Geschichte (die Konjunktion »und« hat also eine ordnende, koordinierende Funktion). Sie »gut« zu deuten heißt für Hölderlin, sich der Gefahr bewusst zu sein (und ihr zu entgehen), subjektiv und damit selbstherrlich, einem eigenen persönlichen Interesse folgend, dem Bestehenden einen Sinn verleihen zu wollen. Das wahrhaft Tragische eines solchen Ansinnens hat Hölderlin zwischen 1797 und 1800 in mehreren Entwürfen zu einem Drama *Der Tod des Empedokles* dargestellt. Die ›gute‹ Deutung ergibt sich aus dem Offensein für die Inspiration sowie aus der Gabe, den Offenbarungen den der Zeit entsprechenden Ausdruck zu verleihen.

226 *Dem folgt deutscher Gesang:* Das ›Folgen‹ ist als eine Erklärung des poetischen Gehorsams, als ein Bekenntnis zum Ethos des ›Dichterberufs‹ zu verstehen: als Bereitschaft zum Einlösen der Forderungen, die die Aussagen der beiden vorangegangenen Verse an den »Gesang« (die Dichtung) stellen. Dass Hölderlin das Deutsche dieses Gesangs betont, stellt in seiner Buchstäblichkeit ein Zugeständnis an den Adressaten dar. Nicht zuletzt angesichts der geopolitischen Aggressionen Frankreichs, durch die 1806 die Souveränität Hessen-Homburgs verloren gehen wird, ist der Landgraf eine Persönlichkeit, die besonders die deut-

sche Kultur retten und fördern will. Anderenfalls hätte Hölderlin die so vorweggenommene, antizipierte Dichtung ›vaterländischen Gesang‹ nennen können. Am 8. Dezember 1803 schreibt er an den Verleger Wilmans: »Einzelne lyrische Gedichte 3 oder 4 Bogen, so daß jedes besonders gedrukt wird weil der Inhalt unmittelbar das Vaterland angehen soll oder die Zeit, will ich Ihnen auch noch diesen Winter zuschiken.« Und in einem weiteren Brief an Wilmans aus diesem Dezember spricht er »das hohe und reine Frohloken vaterländischer Gesänge« an. *Patmos* gibt die Vorstellung von einem solchen Gesang.

Metrische Besonderheiten

Die Hymne *Patmos* ist in insgesamt fünfzehn Strophen zu jeweils fünfzehn Versen gegliedert – mit Ausnahme der zehnten Strophe, die einen sechzehnten Vers aufweist. Die Verslänge ist sehr unterschiedlich. Die extreme Spannweite der Varianten reicht von einem Vers, der nur aus einem Wort besteht (vgl. V. 26) bis hin zu einem Vers, der aus elf Wörtern gebildet wird (vgl. V. 210). Trotz der erkennbar klaren strophischen Gliederung des Gesangs lässt Hölderlin nur in sechs Fällen durch die Setzung eines Punktes bzw. eines Fragezeichens am Schluss der Strophe deren Ende eindeutig mit dem Ende einer Sinneinheit zusammenfallen. Das Sprengen der Strophengrenzen gegen die Syntax hat verschiedene Funktionen. Wenigstens drei lassen sich bestimmen: Im Übergang von Strophe 2 zu Strophe 3 trägt der hymnische Aufschwung den Bau des Satzes über die Strophengrenze hinweg. Im Übergang von Strophe 5 zu Strophe 6 lässt sich der erzählende Duktus nicht mit einer zäsurartigen Strophenfuge vereinbaren. In anderen Fällen entwickelt Hölderlin über die Strophengrenze hinweg antithetische, insofern aber auch zusam-

mengehörige Gehalte (vgl. die Übergänge zwischen den Strophen 4 und 5, 6 und 7, 8 und 9, 9 und 10, 11 und 12).
Das Gedicht ist in freien Rhythmen gehalten. Die meisten Verse bestehen aus einer Kombination von Jamben (∪ –) und Anapästen (∪ ∪ –); aber auch Verse aus Daktylen (– ∪ ∪) und Trochäen (– ∪) gebildet kommen vor.
Beide Verbindungen sorgen für einen bewegten, lebendigen, schnellen Rhythmus dort, wo sie den hymnischen Aufschwung unterstützen (vgl. z. B. in Gänze die Strophen 2 und 3). Feierlich-pathetisch wirken sie dagegen in Kontexten, in denen das lyrische Ich einen prophetisch verkündenden Duktus wählt (vgl. z. B. in den Strophen 11 und 13). In reflexiven Passagen wirken diese Versmaße ruhig, getragen, retardierend (vgl. dazu besonders die Strophen 14 und 15).
Von allen Strophen ist die erste metrisch am auffälligsten gestaltet. Der erste Vers beginnt trochäisch (wenn man, wie es einzig sinnvoll zu sein scheint, nicht das Hilfsverb »ist«, sondern das Kernwort »Nah« betont). Ihm folgen im zweiten Vers zwei Jamben und ein Anapäst (»Und schwer zu fassen der Gott«). Der betonten Silbe am Ende des zweiten Verses schließen sich im dritten Vers zwei betonte Silben zu Versanfang an (»Wo aber Gefahr ist, wächst«). Dadurch entsteht ein dreifacher Hebungsprall im Übergang vom zweiten zum dritten Vers. Auf diese Weise wird die existentielle Dramatik der dargestellten Situation hervorgehoben. Erst nach dieser Stauchung des Rhythmus entwickelt sich durch den Jambus und durch den Anapäst im dritten Vers und durch die umgekehrte Bewegung im vierten Vers (»das Rettende auch«) wieder ein rhythmischer Fluss. Ihm entspricht inhaltlich gesehen die Imagination des »Rettenden«, die befreienden, gleichsam erlösenden Charakter hat. Der rhythmische Fluss setzt sich bis zu Vers 10 kontinuierlich fort. Vers 9 weicht dabei von dem Schema der Alteration von Jamben und Anapästen ab. Er beginnt mit einem Daktylus, gefolgt von

Trochäen (»Drum, da gehäuft sind rings«). Im elften Vers (»Nah wohnen, ermattend auf«) stoßen wiederum zu Anfang zwei Hebungen aufeinander. Erneut wird dabei das wie im ersten Vers pointiert an den Anfang platzierte Signalwort »Nah« betont. Die nachfolgenden Anapäste und Jamben bringen wieder Bewegung in den Rhythmus. Im dreizehnten Vers dagegen (»So gieb unschuldig Wasser«) wird nach anfangs unbetonter Silbe durch einen weiteren Hebungsprall der Rhythmus abermals gestaucht. Hier verstärkt er den beschwörenden Charakter der Bitte des lyrischen Ichs um gelingende Vermittlung von göttlicher und menschlicher Sphäre. Danach beschleunigt sich der Rhythmus bis zum Schluss der Strophe wieder im fließenden Wechsel von Anapästen und Jamben ähnlich wie in der Strophenmitte. Diese Beschleunigung lässt sich als ein Zeichen für die Erhörung der dichterischen Bitte und als Vorbereitung des hymnischen Aufschwungs in den beiden folgenden Strophen verstehen.

Weitere metrische Besonderheiten begegnen nur vereinzelt. Markante Beispiele finden sich in den Versen 118f. (»In einfältigen Augen, unverwandt / Abgründe der Weisheit«) und 127 (»Erkannt, einstimmig«). Die drei im Übergang von Vers 118 zu Vers 119 aufeinanderstoßenden betonten Silben in den Wörtern »unverwandt« und »Abgründe« hemmen den zuvor und nachfolgend fließenden Sprachrhythmus und setzen durch die Irritation das existentiell Bedeutsame, das Außerordentliche dieser »Weisheit« (V. 119) um. Zugleich wird in diesen beiden Versen an die metrischen Besonderheiten gerade zu Beginn der Eingangsstrophe angeknüpft (vgl. vor allem V. 2 f.). Auch die Wiederaufnahme des Substantivs »Abgrund« (V. 7), verstärkt noch durch die Pluralbildung hier, gemahnt an die Dramatik der Eingangsszene des Gedichts. In Vers 127 lässt sich ebenfalls ein dreifacher Hebungsprall vermuten, dort mit der Funktion, eine besondere Emphase auf die Kernwörter »erkannt« und »einstimmig« zu legen, wodurch das Harmonierende, das Gleichsinnige dessen betont wird, was »zweifach« (V. 126), also durch verschiedene und unterschiedliche Subjekte, »erkannt« wird.

Forschungsstimmen

Es liegt auf der Hand, dass ein Gesang wie *Patmos* allein schon durch seinen Umfang und durch die Vielschichtigkeit seiner biblischen, mythologischen und intertextuellen Bezüge kein einfach zu erschließender Text ist. Doch worin bestehen die eigentlichen Schwierigkeiten auf dem Weg zu seinem Verständnis? Dieser naheliegenden, durch die genannten vordergründigen Schwierigkeiten aber in der Regel übersehenen Frage geht WOLFGANG BINDER (1916–1986) nach:

»Die Schwierigkeiten des Patmos-Gedichts liegen also weder in der Esoterik weltanschaulicher Aussagen noch in einer verschlüsselten Bildlichkeit noch in der Autonomie der Sprache. Trotzdem liegen sie in Aussage, Bild und Sprache. Denn die Aussage beruht auf einem uns fremd gewordenen heilsgeschichtlichen Denken, das jedes historische Faktum aus der Stelle versteht, die es im Ablauf der großen Heilsordnung innehat. Das Bild ist in einer kaum nachzuvollziehenden Weise mit Bedeutung gefüllt, jede Erklärung steht vor der Frage, ob sie genüge, ob man nicht noch eine Schicht tiefer zu gehen habe. Und die Sprache ist oft von lakonischer Kürze, so daß man die Sätze mit Partikeln und Beiwörtern auffüllen muß, ehe sie ein uns geläufiges Aussehen annehmen. Nicht immer gelingt dies; mehrmals mußten wir kapitulieren. Ich darf einige Fälle ins Gedächtnis rufen.
Wir haben dem Eingangswort: ›Nah ist und schwer zu fassen der Gott‹ einen Sinn gegeben, auf den der unvoreingenommene Leser vielleicht nicht verfiele. Er vermute-

te wahrscheinlich den biblischen Gedanken: Gott ist immer nah und immer schwer zu fassen. Oder er dächte an den in der ›Hyperion‹-Zeit oft genannten ›Gott in uns‹, der, wie es in einer Vorstufe des Romans heißt, ›uns nah ist, wie wir uns selbst sind‹, und dennoch nicht gefaßt, nicht einmal benannt werden kann, weil er das unendliche Andere des endlichen Selbst ist, der ›Grund‹, aus dem es existiert, oder die ›Sphäre‹, in der es mit andern lebt, um Begriffe der Hölderlinischen Philosophie zu verwenden. Beide Erklärungen lägen nahe. Dennoch kann nur die endzeitliche, also heilsgeschichtliche Erklärung die richtige sein, und zwar die Hölderlinische, nicht die theologische. Denn nicht stehen wir schon immer in der Endzeit und in der Zukunft des Herrn, sondern jetzt, im Jahre 1802, glaubt Hölderlin an den Zeichen der Zeit zu erkennen, daß die Endzeit im Kommen ist. [...]

Ein Beispiel der Bildinterpretation, die ›Gipfel der Zeit‹. Reines Bild ist der Ausdruck nicht; denn er verbindet ein Konkretum mit einem Abstraktum, ein Verfahren, das in der expressionistischen Lyrik häufiger begegnet. Ein reiner Bilddichter wie Trakl spräche vielleicht von ›Gipfeln des Stroms‹. Nun könnte wiederum ein unvoreingenommener Leser sagen: die ›Zeit‹ ist Hölderlins Gegenwart, seine Zeit; denn wie sollten sonst ihre Gipfel ›gehäuft‹ sein? Nur Gleichzeitiges ist gehäuft. Auch diese Deutung wäre unrichtig, weil sie den eben geschilderten Kreis der Zeit im ganzen, ihren Raumcharakter also, nicht in Rechnung stellte. Ist nämlich die Zeit ein Raum, so schließen sich Sukzession und Simultaneität nicht aus, sondern ein. Auch würde das Bild der ›getrenntesten Berge‹ nahezu unverständlich, wenn Hölderlin von Gipfeln der Gegenwart spräche. [...]

Wo immer wir ansetzen, bei der reflektierenden Aussage, beim symbolischen Bild oder bei den Verkürzungen der Sprache, zuletzt stoßen wir auf Horizonte, die Aussage, Bild und Sprache prägen. Diese Horizonte sind wir genötigt, mit Kategorien der Zeit zu beschreiben. Hölderlins

Anschauungs- und Gestaltungsformen sind durch und durch temporal bestimmt. Nur darum kann die Zeit auch das zentrale Thema des Gedichts werden.«

Wolfgang Binder: Hölderlins Patmos-Hymne. In: W. B.: Hölderlin-Aufsätze. Frankfurt a. M.: Insel Verlag, 1970. S. 362–402, hier S. 398–401. – © 1970 Insel Verlag, Frankfurt am Main.

JOCHEN SCHMIDT (*1938) widmet sich der besonderen Funktion, die Intertextualität für das Verständnis dieser Hymne besitzt, und bezieht sich dabei ausführlich auf den geschichtsphilosophischen Status, den Hölderlin in diesem Zusammenhang der ›Schrift‹ zuerkennt:

»Die Patmos-Hymne hat eine in der Geschichte der Lyrik singuläre Qualität: Sie ist hermeneutische Dichtung. Als Dichtung ist sie selbst schon Deutung eines Textes – des biblischen Textes. Nur also, wenn die durch die Patmos-Hymne selbst vollzogene Deutung ihrerseits ›gut‹ gedeutet wird, läßt sich das Gedicht verstehen – verstehen auch, in welchem Sinn es die ›gute Deutung des Bestehenden‹ am Ende fordert.
[...] Die bis zur vollkommenen Identität von poetischem Wort und Zitat reichende Durchdringung des Textes mit Biblischem hat zunächst die Funktion einer *Aneignung*, die das Andere nicht mehr als das Fremde in den eigenen Text bloß aufnimmt, sondern seine Fremdheit aufhebt und es zum Eigenen macht. Damit spiegelt das dichterische Verfahren das ideelle Ziel der Hymne: die Vermittlung des einst Gewesenen mit der Gegenwart. Poetische Struktur und geschichtsphilosophische Absicht stehen im gleichen hermeneutischen Horizont. Zweitens aber erfüllt die Synthese von biblischem und poetischem Sprechen die Funktion einer *Zueignung*: Gerade bei dem Leser, dem Hölderlin die Hymne widmete, konnte er eine besondere Vertrautheit mit der Bibel voraussetzen [...].

In seiner dem pietistischen Landgrafen gewidmeten Hymne trifft Hölderlin damit zugleich eine Problematik, die für den Pietismus in seinem Verhältnis zur Orthodoxie und zur kirchlichen Institution wesentlich war. Denn die Kirche repräsentiert den Bereich des Fixierten, des Dogmas, des Ritus, des Bildes, des Sakraments und der festgelegten Gebetsformen; der Pietismus dagegen tendiert zur Loslösung von all dem und zum ›Geistigen‹. Mit einer Ausnahme: er hält die Bibel hoch – aber durchaus in einem ›geistig‹ freieren Sinn. Aus dieser Problem-Konstellation ergibt sich die besondere Bedeutung der ›Schrift‹ in der Patmos-Hymne. Die Schrift ist fixiert, als ›vester Buchstab‹, aber doch vom ›Geist‹ inspiriert, der dadurch, daß das schriftlich Fixierte ›gut‹, nämlich im Sinne des Geistes ›gedeutet‹ wird, wieder zum Vorschein kommt; allerdings in notwendig anderer, geschichtlich vermittelter Weise. So hebt sich am Ende der scheinbar aporetische Gegensatz auf, und der Dichter selbst sieht es als Aufgabe der Dichtung an, dazu beizutragen.

[...] Da die in der Anfangspartie der Patmos-Hymne dominierende Metaphorik des lichten, ja blendenden Glanzes ebenfalls der antiken Welt gilt, der die zum ersten Mal mit der ›dunklen‹ Grotte des Sehers von Patmos beschworenen Sphäre pneumatischer [vom Geist Gottes erfüllter] Innerlichkeit entgegengesetzt wird, gibt der Dichter am Ende zu erkennen, daß der Gegensatz von antik-plastischer und christlich-pneumatischer Ära bis in die Gegenwart hinein ausgetragen werden muß und daß er ihm selbst zum Problem geworden ist. Weil aber die geschichtsphilosophische Reflexion der Hymne die Einsicht zeitigt, daß sich die Geschichte als Vergeistigungsprozeß von der Welt des Glanzvoll-Sichtbaren zur Innerlichkeit des Pneumatischen hinbewegt und nur so zur endzeitlichen Vollendung führt, folgert er nun, daß die im Gang der Geschichte erreichte pneumatische Epoche den Vorrang des Pneumatischen fordert. Und dieses wird durch die ›Schrift‹ repräsentiert. Denn die Schrift ist vom Geist inspiriert und wieder nur vom Geist zu deuten. Es handelt sich zugleich um den Vorrang des Mittelbaren vor der erfahrungs- und erscheinungshaften Unmittelbarkeit eines Dienstes an der ›Mutter Erde‹ und dem ›Sonnenlicht‹.«

> Jochen Schmidt: Hölderlins Patmos-Hymne, Hegels Frühschriften und das Johannesevangelium. Zur Entstehungsgeschichte der idealistischen Geschichtsphilosophie und Hermeneutik. In: J. Sch.: Hölderlins geschichtsphilosophische Hymnen *Friedensfeier – Der Einzige – Patmos*. Darmstadt: Wissenschaftliche Buchgesellschaft, 1990. S. 185–288; hier S. 193, 238, 279f. – © 1990 Wissenschaftliche Buchgesellschaft, Darmstadt.

GERHARD KAISER (*1927) versteht Hölderlin als einen Autor, dessen Auffassung vom Status der Schrift den modernen (und postmodernen) Theorien der Schrift entgegengesetzt ist:

»Der Dichter des Buchstabengesanges ist – in der Berufung auf Johannes – *inspirierter* Schreiber; aber er ist auch inspirierter *Schreiber*: Die Hymne ist Schrift über Schrift. Mit dieser vom Goethe-Umkreis abweichenden Sprach- und Dichtungsauffassung scheint der späte Hölderlin vorzuweisen auf moderne poetologische und sprachphilosophische Positionen, nach denen dem Menschen die Welt und er selbst nur durch den Raster der Sprache überhaupt zukommen. Die Wirklichkeit ist sprachlich – ein Konzept, das Sprache ebenso mächtig wie prekär macht. Sprachbesitz ist Weltbesitz. Sprachkrise ist Weltkrise. [...]
Die Konzeption einer geschlossenen Struktur der Sprache überantwortet in letzter Konsequenz den Menschen einem unhintergehbaren System, die Vorstellung einer offenen Struktur einer unhintergehbaren Dynamik, die beide einer spezifischen Ohnmachterfahrung des Menschen unserer Zeit entsprechen. [...]

Hölderlins Festhalten am ›vesten Buchstab‹ ist hingegen eine religiös begründete Haltung des Maßes und Verzichts unter den Bedingungen einer heilsgeschichtlichen Phase der Verborgenheit des Göttlichen. Der Mensch ist nicht Zeichen und Zeichenleser einer autonomen Schrift, sondern im Buch dessen, bei dem Sprache und Schrift, Schöpfungswort und Buch des Lebens zusammenfallen: Gottes. Grundsätzlich geht auch Hölderlins Sprachauffassung von der erklingenden Sprache, dem ›lebendigen Laut‹ aus, als dessen Spur mit dem Weggang des Göttlichen die Schrift bleibt. Darin liegt – bei viel größerer Zurückhaltung – eher eine gewisse Nähe zum Sprachverständnis des Novalis [...]

Hier liegt schließlich auch die eigentümliche Verbindung von Hölderlins Sprach- und Dichtungsauffassung mit einer weit zurückgehenden Tradition. Es ist die Vorstellung vom Buch der Schöpfung, die sich bis in die Apologetik des frühen Christentums, zu Augustinus, verfolgen läßt – und die von Derrida gerade als metaphorisch und metaphysisch abgelehnt wird [...].«

> Gerhard Kaiser: Geschichte der deutschen Lyrik von Goethe bis Heine. Zweiter Teil. Frankfurt a. M.: Suhrkamp, 1988. S. 531–533. – © 1988 Suhrkamp Verlag, Frankfurt am Main.

KARLHEINZ STIERLE (*1936) macht auf die Spannung zwischen traditioneller, überkommener Auftragsdichtung und dem dichterischen Selbstauftrag, dem Sendungsbewusstsein Hölderlins aufmerksam:

»Beauftragt zu sein, mußte diesen Dichter ohne Auftrag auf das tiefste verlocken. Hölderlin versteht, anders als die Gestalt des Lyrikers, die in der Dichtung des 19. Jahrhunderts sich herausformt, sein Dichten noch als Erfüllung eines idealen Auftrags durch die Gesellschaft selbst, der er zugehört. In ›Patmos‹ ist Hölderlin bereit, diesen Auftrag

bis zur dichterischen Selbstaufgabe zu erfüllen, aber nur, indem er dichterisch sich bis an diese Grenze begibt, ohne sie doch zu überschreiten. [...]
Hölderlin muß sich in den Monaten nach der Regensburger Begegnung mit überschwenglicher Hoffnung an die Ausarbeitung der Patmos-Hymne begeben haben. Vielleicht schien es ihm, daß er nun seinem Ziel, ›vaterländischer‹ Dichter zu sein, endlich nahegekommen wäre. Frucht dieser Hoffnung ist die Hymne, wie sie uns in der vollendeten Handschrift des dem Landgrafen gewidmeten Manuskripts entgegentritt. Doch konnte die Hoffnung selbst sich nicht erfüllen. Hölderlin steht an der Schwelle, wo die Dichtung sich ihres eigenen, unveräußerbaren Auftrags bewußt wird. Lange Zeit freilich wird dieses Bewußtsein einhergehen mit dem sentimentalischen [Anspielung auf Friedrich Schillers Begriff des Sentimentalischen: Er meint die ästhetische Wahrnehmung der modernen Welt in ihrer Diskrepanz zwischen Natur und Mensch, Sinnlichkeit und Vernunft mit dem Ideal der poetischen und lebenspraktischen Überwindung dieser Differenzen] Verlangen nach einer Dichterrolle, die einem ursprünglichen Auftrag der Gemeinschaft selbst entspringt. Der Dichter als Sänger, die Dichtung als Gesang ist ein sentimentalisches Wunschbild, von dem erst die Dichtung der Spätromantik ganz Abschied nimmt. Zugleich ist Hölderlins ›Patmos‹ in der Geschichte des Niedergangs höfischer Auftragsdichtung ein gerade in seiner Widersprüchlichkeit großes und eindrucksvolles Zeugnis. Es gab für Hölderlin keinen Fürsten mehr, der ihm wirklich einen Auftrag hätte geben können.«

Karlheinz Stierle: Dichtung und Auftrag. Hölderlins Patmos-Hymne. In: Hölderlin-Jahrbuch. Hrsg. von Bernhard Böschenstein und Gerhard Kurz. Bd. 22. Tübingen: Mohr, 1981. S. 64 f. © 1981 Mohr Siebeck GmbH & Co. KG, Tübingen.

Sodann bezeichnet Stierle den Kontrast von Nähe und Ferne als poetisches Strukturprinzip von *Patmos*:

»Das Gedicht ist in einem allgemeinsten Sinne bestimmt durch die Entgegensetzung von Nähe und Ferne und ihren semantischen Äquivalenten. Es hat dichterische Verhältnisse von Nähe und Ferne zum Gegenstand. ›Nah‹ ist das Eröffnungswort der ersten Strophe. Dem steht indes zunächst noch nicht ›fern‹ entgegen, sondern ›schwer zu fassen‹, gleichsam als die Bestimmung der Ferne in der Nähe selbst. Diese doppelte Bestimmung, die zugleich Inbegriff dessen ist, was Hölderlin als das ›Lebendige‹ bezeichnet, ist die Erfahrung des Göttlichen, und zwar unter den Bedingungen der Jetztzeit. In weiten, gewaltigen Bildern wird in der ersten Strophe die Jetztzeit gleichsam als Landschaft dichterisch ausgelegt. Die Jetztzeit ist eine Zeit der Gefährdung und der Rettung, der Trennung des Nächsten, aber auch der furchtlosen Überwindung solcher Trennung. [...]
Waren in der ersten Strophe Nähe und Ferne unaufhebbar ineinander verschlungen, so vollzieht die narrative Bewegung von der zweiten zur fünften Strophe sich als eine Bewegung von der Ferne zur Nähe. Nähe wird das ferne Asien in Bildern von reicher Schönheit des Details. Dann aber findet die Bewegung des poetischen, vom Genius geleiteten ›Hinübergehens‹ ihren Zielpunkt mit dem ›nahegelegenen‹ Patmos, wo es den Dichter verlangt, ›einzukehren und dort / Der dunkeln Grotte zu nahn‹ (v. 55–56). So erscheint Patmos als Gegenbild der Heimat, als gastfreundliche Nähe für den, dessen Heimat fern ist [...].
Die Strophen sechs bis neun sind die Erinnerung an den Augenblick des Abschieds von Christus, des letzten Halbgotts in Hölderlins griechisch-christlicher Götterwelt. War die erste Bewegung des Hinübergehens eine Bewegung von der Ferne zur Nähe, so steht diese neue Bewegung im Zeichen des Übergangs von der Nähe zur Ferne,

und zwar von einer Nähe, die zugleich ›Unzertrennlichkeit‹ (›Gegangen mit / Dem Sohne des Höchsten, unzertrennlich‹; v. 76–77) bedeutet, zu einer Ferne, die zugleich im Zeichen der ›Zerstreuung des Lebendigen‹ (›Doch furchtbar ist, wie da und dort / Unendlich hin zerstreut das Lebende Gott.‹ v. 121–122) steht. Der Dichter, der kraft seiner Imagination sich aus der ›Zerstreuung des Lebendigen‹ seiner Gegenwart retten will, wird von seinem Ingenium zum Ursprung dieser Zerstreuung hingeführt. [...]
Mit der zehnten Strophe beginnt eine neue lyrische Sequenz, die, nach der Unmittelbarkeit der dichterischen Imagination und der vergegenwärtigten Unmittelbarkeit einer vergangenen Epoche, nun im Zeichen einer Gegenwart steht, die bestimmt ist durch die Vermitteltheit aller Lebensverhältnisse. Von nun an steht das Gedicht im Präsens. Damit aber ist die Opposition von Nähe und Ferne selbst aufgehoben. Die Leitkonzepte nah und fern erscheinen fortan nicht mehr.«

Ebd. S. 49f., 52, 53, 55.

Hälfte des Lebens

Mit gelben Birnen hänget
Und voll mit wilden Rosen
Das Land in den See,
Ihr holden Schwäne,
Und trunken von Küssen 5
Tunkt ihr das Haupt
Ins heilignüchterne Wasser.

Weh mir, wo nehm' ich, wenn
Es Winter ist, die Blumen, und wo
Den Sonnenschein, 10
Und Schatten der Erde?
Die Mauern stehn
Sprachlos und kalt, im Winde
Klirren die Fahnen.

Nach dem Erstdruck (D 25) in: *Taschenbuch für das Jahr 1805. Der Liebe und Freundschaft gewidmet*, Frankfurt a. M.: F. Wilmans, S. 85. Eine dem Druck zugrunde liegende Handschrift ist nicht überliefert.

Hölderlin 1823
Bleistiftzeichnung von Johann Georg Schreiner und Rudolf Lohbauer
(»Von Schreiner und Rudolph in Eile gezeichnet am 27sten Jul. 23«)

Entstehung und Erstdruck

Hälfte des Lebens gehört zu einem Zyklus von neun Gedichten, die Hölderlin selbst *Nachtgesänge* genannt hat. Diese Wendung ist symbolträchtig. Literaturgeschichtlich steht sie in einer Reihe mit Titeln anderer der Sphäre der Nacht gewidmeten Dichtungen, z. B. den – ganz anders anmutenden – *Hymnen an die Nacht* des Novalis. Vor allem aber ist an die Hölderlin bekannten *Night Thoughts on Life, Death and Immortality* des englischen Dichters Edward Young (1683–1765) zu denken. 1803, als Hölderlin seinen Zyklus zusammenstellte, erschien unter dem Titel *Nachtgesang* auch ein Gedicht Goethes. Es ist jedoch mehr als unwahrscheinlich, dass Hölderlin von dessen Formulierung angeregt worden sein sollte. Seine Wortwahl versteht sich programmatisch aus der Bedeutung, welche die Nacht in seiner eigenen reifen Lyrik entfaltet: Für ihn ist sie geschichtlicher Zeitraum der Entfremdung zwischen Menschen und Göttern und des Harrens auf die erwartete neue, lichtvolle Zeit. Die *Nachtgesänge* enthalten in sich diese Spannung: vom Dunkeln und zugleich von dessen Gegensatz zu künden. *Hälfte des Lebens* lässt diese Spannung schon im Titel anklingen; zwischen den beiden (auf den ersten Blick) antithetisch zueinander stehenden Strophen baut sie sich dann beziehungsreich auf.

Die Genese des Textes beginnt bereits 1799/1800. Aus dieser Zeit stammen mehrere Einträge Hölderlins in das sogenannte *Stuttgarter Foliobuch* (H 6, S. 34), die jedoch erst jetzt, 1803, zu Vorstufen des neuen Gedichts werden. Es handelt sich dabei um einige dem hymnischen Fragment *Wie wenn am Feiertage …* zugehörige Stichworte und um Entwürfe zu zwei nicht eigens ausgeführten Gedichten: *Die Rose* und *Die lezte Stunde* (bzw. nach dem späteren Entwurf einer Überschrift: *Die Schwäne*). Im Zeichen seiner konzeptionellen Arbeit an den *Nachtgesängen* fügen sich Hölderlin diese verschiedenartigen

Textbausteine zu einem Korpus zusammen. Damit ist die Dynamik dieser Textur aber noch nicht erschöpfend beschrieben: Das in den Schlussversen von *Hälfte des Lebens* entwickelte Bild findet seinerseits Wiederaufnahme am Beginn des Gedichts *In lieblicher Bläue*. Dieser Text ist wohl 1807/08 und damit unter biographischen wie unter existentiellen Aspekten für Hölderlin in der zweiten Hälfte seines Lebens entstanden: während der Zeit, als er entmündigt im Tübinger Stadtturm wohnte.

Wohl Ende Dezember 1803 signalisierte Hölderlin seinem Verleger Friedrich Wilmans, dass dieser den Zyklus der Gedichte bald werde erhalten können: »Ich bin eben an der Durchsicht einiger Nachtgesänge für Ihren Allmanach.« Wilmans bestätigte am 28. Januar 1804 dankend den Erhalt der Texte und gab sie in den Druck. Die öffentliche Resonanz auf die *Nachtgesänge* fiel verheerend aus. Sie dokumentiert ein weiteres Mal die brückenlos bleibende Kluft zwischen Hölderlins Anspruch, in seiner Lyrik den Geist der Zeit zu kristallisieren, und der Urteilskraft seiner Zeitgenossen. So schreibt Garlieb Merkel am 7. September 1804 in *Der Freimüthige und Ernst und Scherz*, Nr. 179: »Unter den Gedichten sind [...] neun versificierte Radottagen [Faseleien] von Hölderlin höchst lächerlich.« Und am 3. Januar 1805 heißt es in den *Tübingischen Gelehrten Anzeigen* (1. Stück, S. 6f.), diese Gedichte seien »Wesen eigener Art und erwecken ganz vermischte Gefühle. Es scheinen abgerissene Laute eines gestörten einst schönen Bundes zwischen Geist und Herz. Daher auch die Sprache schwerfällig, dunkel, oft ganz unverständlich und der Rhythmus eben so rauh.« Autor dieser Rezension ist vermutlich Karl Philipp Conz, ein Jugendfreund Schillers und ein Hölderlin bis weit in die Turmzeit hinein eigentlich wohlgesinnter Mensch.

Zeilenkommentar

[Titel] Das Motiv der *Hälfte des Lebens* hat Hölderlin schon Jahre, bevor er es dichterisch aufnahm, in persönlichen Zusammenhängen verwendet. Er nennt es mehrfach in seinen Briefen an den Halbbruder Karl Gok. Am 11. Februar 1796 etwa schreibt er ihm: »Es war auch Zeit, daß ich mich wieder etwas verjüngte, ich wäre in der Hälfte meiner Tage zum alten Manne geworden.« Gut vier Jahre später, im Dezember 1800, formuliert er unter dem Eindruck seiner Naherwartung eines andauernden Friedens: »diß ists, was vorzüglich mit Heiterkeit mich in die zweite Hälfte meines Lebens hinaussehen läßt.« Diesen Ausblick verwehrt das Gedicht nicht nur; der Nachtgesang verkehrt ihn sogar in eine negative Vision.

1 f. *gelben Birnen ... wilden Rosen:* Die Gleichzeitigkeit von Früchten und Blüten symbolisiert die Verbundenheit des Verschiedenen. Sie demonstriert auch das Vermögen des Dichters: im Sprachbild das real Getrennte zu vereinen.

3 *Das Land in den See:* Mit diesem Vers vervollständigt sich das erste Bild, und zwar dahingehend, dass zum zeitlichen Aspekt der Vereinigung des Getrennten der räumliche Aspekt hinzutritt.

4 *Ihr:* Die Anrede erfolgt genau in der Strophenmitte. Sie kann sowohl auf das in den ersten drei Versen entfaltete Bild zurückbezogen als auch als eine den folgenden drei Versen vorangestellte Anrede aufgefasst werden. Auch diese syntaktische Doppelfunktion signalisiert den inneren Zusammenhang des Unterschiedenen. Darüber hinaus bezeugt die Anrede, dass es dem (hier noch nicht direkt in Erscheinung getretenen, erst impliziten) lyrischen Ich ohne Weiteres möglich ist, sich mit der es umgebenden Natur verbunden zu fühlen.

Schwäne: Der Schwan – insbesondere der Singschwan – gilt seit der Antike als ein Symbol für den Dichter. So wird Pindar von Horaz als »Dircaeus cycnus« (›dirkäischer Schwan‹) tituliert (*Oden* 4,2,25).

5 *Küssen:* In diesem Liebes-Motiv finden die in der Strophe allgegenwärtigen Aspekte der Zuneigung, der Zugehörigkeit des Verschiedenen ihren Höhepunkt.

6 *Tunkt:* selten gebrauchte, jedoch nicht spezifisch schwäbische Form für ›taucht‹. Vielleicht wählt Hölderlin sie hier wegen der sich ergebenden Assonanz zu »trunken« (V. 5).

7 *heilignüchterne:* Das Oxymoron (Begriff, der zwei einander widersprechende Momente zusammenzwingt) fasst zwei Zustände – Begeisterung und Klarheit des Bewusstseins –, deren gleichzeitige Gegebenheit seit der Antike als Bedingung und Auszeichnung der Dichtkunst gilt; vgl. die Hölderlin vertraute Quelle: Pseudo-Longinus, *Vom Erhabenen,* Kap. 16. In einem Brief Schillers vom 24. November 1796 wird Hölderlin selbst an dieses Ideal durch den Rat gemahnt: »bleiben Sie der Sinnenwelt näher, so werden Sie weniger in Gefahr seyn, die Nüchternheit in der Begeisterung zu verlieren.« In dem hymnischen Fragment *Deutscher Gesang* von 1801/02 bezieht Hölderlin die (dort noch nicht zum Neologismus verdichtete) Wendung seinerseits ausdrücklich auf den Dichter, der »singt, wenn er des heiligen nüchternen Wassers / Genug getrunken« (V. 18 f.) hat.

8 *wenn:* Die Konjunktion hat hier temporale Funktion. Sie zeigt Vorzeitigkeit an (im Sinne von ›sobald‹). Die erlebte Gegenwart des lyrischen Ichs ist nach wie vor die in der ersten Strophe dargestellte harmonische Verbindung des Unterschiedenen. Die in der zweiten Strophe aufgebaute gegenteilige Sphäre der Disharmonie wird nur vorweggenommen. Dies geschieht allerdings mit solcher Einbildungskraft, dass sie in den letzten drei Versen als gegenwärtige erscheint.

9 *die Blumen:* Gemeint ist auch die dichterische Rede, für die die Blumen seit der antiken Rhetorik eine Metapher darstellen; vgl. Cicero, *De oratore* 3,96. Hölderlin selbst nimmt diese Tradition in seinen Dichtungen auf; vgl. *Brod und Wein*, V. 90, und *Germanien*, V. 72.
11 *Schatten der Erde:* In der dunklen (Jahres-)Zeit fehlen mit der Sonne des Himmels (vgl. V. 10) auch die Schatten der Erde; das harmonische Gefüge von Himmel und Erde ist gestört. ›Schatten‹ wird als Komplement des Lichts hier also positiv bestimmt. Im dritten Entwurf zu der Fragment gebliebenen Hymne *Griechenland*, vermutlich 1804/05 entstanden, verwendet Hölderlin ein Bild, in dem die positive, spendende Kraft des Schattens und seine ergänzende Zugehörigkeit zur Sonne deutlich wird: »Süß ists, dann unter hohen Schatten von Bäumen / Und Hügeln zu wohnen, sonnig« (V. 46f.).
13 *Sprachlos und kalt:* Diese beiden Attribute (und das zu ihnen gehörige Substantiv: »Mauern«, V. 12) charakterisieren eindringlich die sich für das lyrische Ich mit dem Winter verbindende Erfahrung von Isolation.
14 *Klirren die Fahnen:* Hölderlin denkt wohl weniger an Fahnentücher, auch wenn diese in Eisesstarre klirren können, sondern eher an eiserne Wetterfahnen. Vgl. das Turm-Gedicht *In lieblicher Bläue* ..., wohl 1807/08 entstanden: »im Winde aber oben stille krähet die Fahne« (V. 5).

Metrische Besonderheiten

Die beiden Strophen dieses Gedichts sind in freien Rhythmen gestaltet. Allenfalls in den ersten beiden Versen und im vierten lassen sich durch den regelmäßigen Wechsel von unbetonten und betonten Silben rhythmische Regelmäßigkeiten erkennen. Der vierte Vers bildet formal und gehaltlich durch die Anrufung der Schwäne innerhalb der ersten

Strophe eine Mitte, von der her eine vorausgehende und eine folgende Vers-Triade jeweils als Sinneinheit erkennbar werden. In der ersten Vers-Triade treten im Übergang vom ersten zum zweiten und vom zweiten zum dritten Vers Doppelsenkungen auf (»R*o*sen / Das L*a*nd«; »h*ä*nget / Und v*o*ll«), während sich in der zweiten Vers-Triade die Doppelsenkungen jeweils in der Versmitte ergeben (»tr*u*nken v*o*n«; »*i*hr d*a*s«). Dadurch erhält die gesamte erste Strophe einen schwungvoll-bewegten Charakter, der die harmonisch-idyllische Wirkung des dargestellten sommerlichen Bildes unterstützt.

Während die erste Strophe syntaktisch durch nur einen Satz gebildet wird, in dem die einzelnen Satzteile harmonisch aufeinander bezogen sind, gliedert sich die zweite Strophe in zwei Sätze. Schon dadurch wird der disharmonischere Charakter dieser Strophe deutlich. Stärker noch kommt dieser Charakter dadurch zum Vorschein, dass in den ersten vier Versen der zweiten Strophe eine verzweifelte Frage formuliert wird, der in den folgenden letzten drei Versen aber keine wirkliche Antwort entspricht. Anders als in der ersten Strophe wird hier zudem die Entsprechung von Vers- und Sinneinheit mehrere Male aufgelöst. Besonders harte Übergänge ergeben sich zwischen den Versen 8, 9 und 10 sowie zwischen den Versen 12, 13 und 14, sodass insgesamt ein Spiegelbild unter negativen Vorzeichen zu den beiden Vers-Triaden der ersten Strophe entsteht.

Rhythmisch ergibt sich die Antithetik schon durch die betonte Silbe »Weh« des Klagerufs des lyrischen Ichs in Vers 8, die bereits den Grundton der folgenden Strophe anschlägt. Viermal enden die Verse in der zweiten Strophe auf einer betonten Silbe: in den Versen 8, 9, 10 und 12; anders als in der ersten Strophe, wo dies nur einmal (in Vers 3) der Fall ist. Im Übergang von Vers 12 zu Vers 13 stoßen außerdem zwei betonte Silben aufeinander (»st*e*hn / Spr*a*chlos«). Dadurch wird eine ungewöhnliche sprachmelodische Härte und Spannung erzeugt. Die rhythmische Gebrochenheit entspricht damit dem eher negativen Gehalt der zweiten Strophe.

Forschungsstimmen

WOLFGANG BINDER (1916–1986) arbeitet sowohl den existentiellen als auch den bewusstseinsphilosophischen Aspekt der Spannung heraus, in der die beiden Strophen des Gedichts zueinander stehen:

»Indessen erschöpft sich der Sinn der Bilder nicht in Begriffen wie Gemeinschaft und Innigkeit, Zerfall und Erstarrung. Hölderlin deutet auf Extreme der menschlichen Existenz, die er sonst Ewigkeit und Tod oder gar Sein und Nichts zu nennen pflegt. [...]
Im ewigen Zustand kommt die Zeit zur Ruhe. Das Jetzt, sonst flüchtiger Umschlag des Noch-Nicht ins Nicht-Mehr, scheint zu verweilen, jegliches Nicht-Sein verschwindet in einem alles erfüllenden Sein, das sich dem Menschen durch reine Gegenwärtigkeit der Dinge und volle Präsenz seines Wesens zu erkennen gibt. Diese Erfahrung drückt das innige Zueinander alles Seienden im ewigen Augenblick des Sommers aus. Im Zustand des Todes hingegen hört die Zeit auf, das Jetzt scheint ausgelöscht, der Mensch fühlt sich dem ›faden Nichts‹ preisgegeben, Kommendes und Vergehendes ziehn ferne an ihm vorüber und berühren ihn, den gegenwartslos gewordenen, nicht mehr. Das ist der Sinn der winterlichen Erstarrung. Zwischen den Extremen läge die Zeit, das verfließende Nacheinander [...]. Davon ist im Gedicht nicht die Rede. Die Grenzen der Zeit rücken so eng zusammen, daß diese zwischen ihnen getilgt scheint. Dennoch ist sie vorhanden. In der Peripetie [Umschwung] vom ewigen Sein zum toten Nichts, versinnbildlicht durch die Fuge der Strophen, erscheint für einen Augenblick die Mitte des Lebens und da-

her Leben als Mitte, die, selbst auf die Kürze eines Augenblicks reduziert, noch das volle Wesen der Zeit enthält. Aber Zeit sein und die Zeit denken sind nicht dasselbe, und dieses schließt jenes sogar aus; denn die Reflexion wird des Vollzugs nur gewahr, wenn sie nicht in ihn verschlungen ist. Diesem oft bezeugten Gedanken Hölderlins trägt das Gedicht dadurch Rechnung, daß es nicht aus der Peripetie selbst, sondern aus ihrer Vorwegnahme spricht. Noch umfangen von der Innigkeit des Sommers blickt der Dichter in die Starre des Winters hinaus [...]. Vorausblickend schaut er jedoch zugleich rückwärts – ›wo nehm' ich, wenn es Winter ist, die Blumen ...‹ –, im Kommenden erwartet er die Erinnerung des Gegenwärtigen, welches dann ein Gewesenes sein wird. Dieses Hinaus und Zurück ist aber die Figur der Reflexion, die von sich weggehen muß, um zu sich zu kommen. Das kürzeste Zeichen dieses Zusichkommens ist das Wort ›ich‹; darum taucht es im Augenblick der Reflexion auf, während das hinausführende ›du‹ zuvor die Stufe der Unmittelbarkeit anzeigt. Auch dieser Augenblick ist also eine Peripetie, aber nicht aus einem Extrem des Daseins ins andere, sondern, gleichsam senkrecht hierzu, aus dem Vollzug des Daseins in sein Gewahrwerden. Jene Peripetie betraf den Menschen, das Objekt des Gedichts, diese betrifft den Dichter, das lyrische Subjekt. Aussage und Sprachform stehn in einem genauen Verhältnis.
Und zwar vermöge der doppelten Funktion des Du und des Ich, die als Sinnbilder der Kommunikation und der Isolierung die Thematik und als Formen der Anrede und des Selbstbezugs die Struktur des Gedichts bestimmen. Dort erhellen sie Grundformen der Wirklichkeit, hier verwirklichen sie, im Schritt von der Unmittelbarkeit zur Reflexion, das Wesen des Gedenkens, beide aber im Aspekt der Zeit.«

> Wolfgang Binder: Hölderlin: *Der Winkel von Hardt,
> Lebensalter, Hälfte des Lebens.* In: W. B.: Hölderlin-
> Aufsätze. Frankfurt a. M.: Insel Verlag, 1970.
> S. 350–361, hier S. 358–360. – © 1970 Insel Verlag,
> Frankfurt am Main.

Auch Ute Guzzoni (*1936) deutet das Gedicht als einen streng zweigeteilten Text; die Strophenfuge symbolisiere eigens die ›Hälfte des Lebens‹:

»Die Konstellation dieses Gedichtes, dessen Sprechen in seltener Weise den Charakter eines Hervor- und Herbeirufens durch Worte hat, ist, dem Titel entsprechend, der Riß, der die Hälfte des Lebens anzeigt und zeichnet und der zugleich als Riß durch das Gedicht selbst hindurchgeht.
Vor und nach der Zwiespaltung der beiden Strophen stehen präsentische Sätze, die gleichwohl die äußerste Zeitdifferenz zwischen sich zum Ausdruck bringen und austragen. In beiden Teilen findet sich ein Ausruf, und auch zwischen diesen beiden besteht eine äußerste Differenz. Ihr holden Schwäne! Weh mir! Zwischen beiden Ausrufen liegt alles angedeutet, was das Gedicht sagen will. [...]
Die kalten Mauern und die klirrenden Fahnen lassen frösteln und erschauern, wie die Stimmung der blühenden Seelandschaft in sich hineinzieht und beglückt. Die gedoppelte Erfahrung umfaßt eine gemeinsame, durch die Einheit des Gedichts zusammengehaltene und doch durch die Zweiheit der Strophen zugleich auseinandergerissene gegenwendige Realität. Die Hälfte des Lebens ist durch die sie malenden Worte als eine eigene Sache da und als eine solche erfahrbar.«

> Ute Guzzoni: Wege im Denken. Versuche mit und ohne Heidegger. Freiburg i. Br. / München: Alber, 1990. S. 298 f. – © 1990 Verlag Karl Alber, Freiburg i. Br.

Für Karl Eibl (*1940) besteht zwischen den beiden Strophen ein Verweisungszusammenhang: in der zweiten Strophe wird, so Eibl, nach einem Augenblick des entsetzten Innehaltens das reflektiert, was sich aus dem Bild der ersten als Botschaft ergibt:

»Aufschluß darüber erhalten wir, wenn wir der Blickführung des Gedichtes folgen. Die ersten drei Zeilen beschreiben eine Landschaft als für sich bestehend, objektiv. [...] Der Blick folgt nun der Bewegung der Schwanen-Häupter, und als er mit ihnen die Wasserfläche trifft und den Häuptern ins Wasser hinein folgen müßte, endet die Strophe. ›Wasser‹ ist das letzte Wort, Strophengrenze und Landschaftsgrenze, Grenze des Sichtbaren, fallen zusammen.

›Wasser‹ ist zugleich die Anfangsposition einer Reihe von w-Alliterationen, die die ersten beiden Zeilen der zweiten Strophe beherrschen, also die beiden Strophen verbinden. Das ist ein Indiz dafür, daß die Strophengrenze – wie auch sonst oft bei Hölderlin – nicht eine einfache Zäsur ist, hinter der ein neues Thema beginnt. Vielmehr drängt sich die Vermutung auf, daß die Pause zwischen den beiden Strophen semantische Funktion hat und auf etwas verweist, was nicht ausgesprochen wird, vielleicht gar nicht ausgesprochen werden kann.

Im ›Weh‹-Ruf äußert sich erstmals das lyrische Ich in einer Ausdrucksgebärde; ihr folgt eine Frage. Der ›Weh‹-Ruf ist die unmittelbare Reaktion auf ›Wasser‹ und leitet eine Reflexion ein. Keine Antithese also: Das Verhältnis der beiden Strophen ist, so dürfen wir schon jetzt vermuten, das von Bild und Reflexion, das Bild schließt sich, als der Blick die Wasserfläche trifft, zum Sinnbild zusammen und löst, nach einem Augenblick äußerster Betroffenheit, die Reflexion aus. [...]

Es ist nun notwendig, das Zentrum des Gedichtes, die ›Pause‹, zu erhellen, und dazu wiederum bedarf es einer Klärung des Vorgangs, der auf dieses Zentrum zuläuft. [...] Das Ich, am See sitzend und zum gegenüberliegenden Ufer blickend, nimmt zunächst den Totaleindruck der bewachsenen Uferhänge wahr, die im See sich spiegeln, dann konzentriert sich der Blick auf die Schwäne und wird schließlich auf die Wasserfläche selbst geführt.

[...] Bedenkt man dies, wird Maloneys[1] Vermutung, daß auch die Schwäne in Verbindung mit dem Wasserspiegel zu deuten seien, bekräftigt. Sie küssen nicht etwa einander, sondern sie küssen ihr eigenes Spiegelbild im Wasser. Das wird bestätigt durch die Narcissus-Komponente [Narziß: Jüngling der antiken Mythologie, der sich in sein eigenes Spiegelbild verliebte] der traditionellen Schwanen-Bildlichkeit. Und es wird bestätigt durch die Bezeichnung ›hold‹. Rolf Zuberbühler hat dargelegt, daß für Hölderlins Wortgebrauch in ›hold‹ noch das mundartliche Verbum ›helden‹ = ›neigen‹ mitwirkt.[2] ›Holde Ufer‹ etwa sind Ufer, die sich zum Fluß hin neigen. ›Holde Schwäne‹ wären demnach Schwäne, die sich ›neigen‹, zum Wasser hin neigen.

Die Schwäne sind also nicht deshalb trunken, weil sie einander küssen, und sie tunken das Haupt nicht deshalb ins Wasser, weil sie sich von ihrer Trunkenheit abkühlen wollen. Das ›Und‹ ist kein reihendes Und, das ein weiteres Bild von Fülle und Harmonie ankündigt. Ohnedies ist es in ›harter Fügung‹ an die Apostrophe [Anrede] angeschlossen. Es bringt Bewegung in das statische Bild, leitet einen plötzlichen, der Katastrophe zusteuernden Vorgang ein. Die Schwäne sind ›trunken‹ vom Küssen ihres eigenen Spiegelbildes, so sehr trunken, daß sie, um sich dem Geliebten ganz zu verbinden, den Kopf ins Wasser tauchen.

Dem Ich, das diesen Vorgang beobachtet, wird er zur Botschaft, zu einer ›pictura‹ [Bildteil eines Emblems; ein Emblem besteht meist aus Inscriptio (Überschrift), Pictura (Bildteil) und Subscriptio (auslegender Teil)], einem Sinnbild, dessen Pointe etwa lauten könnte: Wenn man, trunken vom Spiegelbild, die Spiegelfläche des Wassers durchdringt, gerät man unvermittelt in eine völlig andere

---

1 Paul Maloney, »Bild und Sinnbild in Hölderlins *Hälfte des Lebens*«, in: *Germanisch-Romanische Monatsschrift* 61 (1980) S. 41–48. [*Anm. im Orig.*]
2 Rolf Zuberbühler, *Hölderlins Erneuerung der Sprache aus ihren etymologischen Ursprüngen*, Berlin 1969, S. 94. [*Anm. im Orig.*]

Welt, – in die Welt hinter dem Spiegel. Das ›Weh mir‹ ist ein Angstschrei angesichts dieses vom Sinnbild provozierten Gedankens.«

> Karl Eibl: Der Blick hinter den Spiegel. Sinnbild und gedankliche Bewegung in Hölderlins Hälfte des Lebens. In: Jahrbuch der deutschen Schillergesellschaft. Hrsg. von Fritz Martini [u. a.]. 27. Jg. Stuttgart: Kröner, 1983. S. 224, 226–228. – © Deutsche Schillergesellschaft, Marbach am Neckar.

JOCHEN SCHMIDT (*1938) zeigt, dass *Hälfte des Lebens* (wenigstens) doppelt kodiert ist: Offenkundig selbstverständlich in ihrer Aussagekraft, transportierten die Bilder zugleich einen Topos klassischer Dichtungstheorie:

»So vollkommen wie nur in ganz wenigen lyrischen Gebilden hat sich hier ein Daseins-Gefühl, die Erfahrung einer Lebenskrise, in die Symbolik von Natur-Erscheinungen übertragen. Ohne Aufwand und Pathos, ohne erkennbare formale Virtuosität scheint hier eine Vision des Innen im Außen einfach geglückt zu sein – ein großer lyrischer Moment. [...]
Wider den Anschein jedoch erfordern diese beiden Strophen mehr als eine paraphrasierende Verdeutlichung des auch ohne genauere Analyse in seinen Grundzügen Erkennbaren. Denn die Bildwelt des Gedichts birgt noch eine esoterische Schicht, dis bislang unerkannt blieb. Zugleich mit der allgemein nachvollziehbaren menschlichen Erfahrung findet eine spezifisch dichterische Tragik Ausdruck in diesen Versen, die alte, längst topologisch [in genau umrissenen Bildern] fixierte Vorstellungen über Dichter und Dichtertum aufbewahren. [...]
Die auffälligste und zugleich aufschlußreichste Prägung des ganzen Gedichts ist das Wort ›heilignüchtern‹. Dessen harmonische Entgegensetzung zum ›Trunkenen‹ deutet auf ein Stück klassischer Dichtungstheorie: auf den Topos der ›nüchternen Trunkenheit‹, der *sobria ebrietas*. Der

Dichter, so besagt die in diesem Oxymoron [Begriff, der zwei einander widersprechende Momente zusammenzwingt] enthaltene Anweisung, dürfe nicht allein aus dem Gefühl der Begeisterung heraus schaffen, obwohl die Inspiration unerläßlich ist für sein Beginnen; vielmehr entstehe wahres Dichtertum erst aus der Verbindung von Begeisterung und Besonnenheit: von Trunkenheit und Nüchternheit. Es handelt sich um eine Analogie des alten Junktims [Verbindung] von *physis* und *techne*, von *ingenium* und *ars* [griech. und lat., ›Naturanlage‹ und ›Kunst‹]. Auch Hölderlins Verse lassen erkennen, daß die trunkene Begeisterung am Anfang steht und dann der Ausgleich in der Sphäre des Heilignüchternen folgt – ein Ausgleich, der erst vollkommene Poesie ermöglicht. Aus diesem ideellen Zusammenhang ergeben sich mehrere Folgerungen. Erstens: Die Sommerstrophe deutet nicht nur auf ein harmonisches, positiv empfundenes Weltverhältnis, sondern sehr genau auch auf den eigentlich ›poetischen‹ Zustand. Denn ihre durchgehenden harmonischen Entgegensetzungen sind die universale Repräsentanz der spezifisch poetischen Idealverfassung, die sich am Ende im Ausgleich von Trunkenheit und Heilignüchternem zeigt. Zweitens: Das Bild der Schwäne, dem sich dieses Ausgleichsgeschehen assoziiert, ist Metapher der dichterischen Existenz. [...]

Nach Hölderlins Grundanschauung sind Leben und Dichtertum eins, weil er den Dichterberuf vollkommen ernst nimmt. Indem er hier durch die ambivalente, Exoterisches und Esoterisches [für Außenstehende bzw. nur für Eingeweihte bestimmtes] umgreifende Symbolik des Gedichts Leben und Dichtertum kunstreich ineins setzt, verwandelt er diese Anschauung in poetische Struktur.«

> Jochen Schmidt: Sobria ebrietas. Hölderlins *Hälfte des Lebens*. In: Hölderlin-Jahrbuch: Hrsg. von Bernhard Böschenstein und Gerhard Kurz. Bd. 23. Tübingen: Mohr, 1983. S. 182, 184f., 189f. – © 1983 Mohr Siebeck GmbH & Co. KG, Tübingen.

Mnemosyne

Reif sind, in Feuer getaucht, gekochet
Die Frücht und auf der Erde geprüfet und ein Gesez ist
Daß alles hineingeht, Schlangen gleich,
Prophetisch, träumend auf
Den Hügeln des Himmels. Und vieles
Wie auf den Schultern eine
Last von Scheitern ist
Zu behalten. Aber bös sind
Die Pfade. Nemlich unrecht,
Wie Rosse, gehn die gefangenen
Element' und alten
Geseze der Erd. Und immer
Ins Ungebundene gehet eine Sehnsucht. Vieles aber ist
Zu behalten. Und Noth die Treue.
Vorwärts aber und rükwärts wollen wir
Nicht sehn. Uns wiegen lassen, wie
Auf schwankem Kahne der See.

Wie aber liebes? Sonnenschein
Am Boden sehen wir und trokenen Staub
Und heimatlich die Schatten der Wälder und es blühet
An Dächern der Rauch, bei alter Krone
Der Thürme, friedsam; gut sind nemlich
Hat gegenredend die Seele
Ein Himmlisches verwundet, die Tageszeichen.
Denn Schnee, wie Majenblumen
Das Edelmüthige, wo

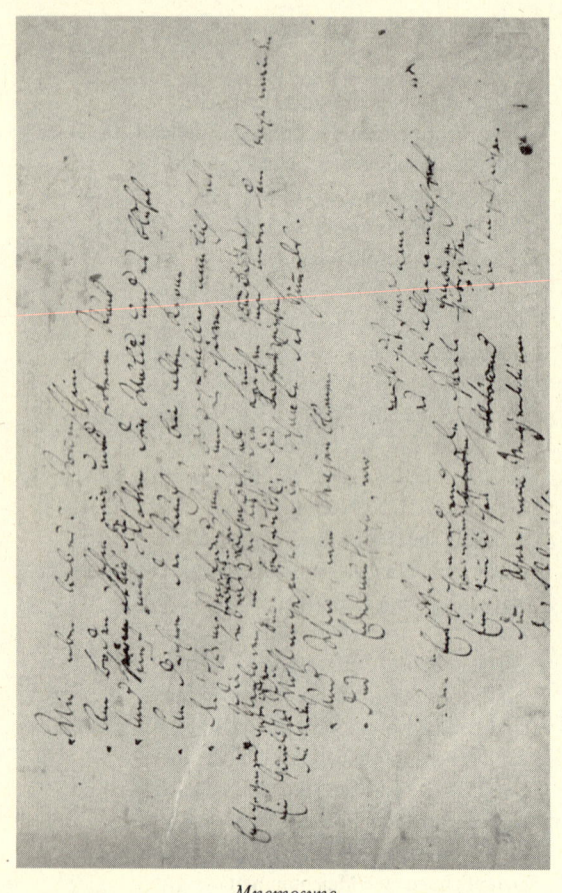

Mnemosyne
Aus der Handschrift im »Homburger Folioheft«, wohl 1803/04

Wie aber liebes? Sonenschein
      Am Boden sehen wir und trokenen Staub
            heimatlich die
      Und tief mit Schatten der Wälder und es blühet

        An Dächern der Rauch, bei alter Krone
              Der Thürme friedsam; und es girren
                   Jahres   es gefallen nemlich hat
                    Tageszeichen
                 Die Lebenszeichen, hat ein Himlisches

            Verloren in der Luft die Lerchen und unter dem Tage waiden
Entgegnend getroffen
        Ein Himlisches die Sine betäubt; die Lebenszeichen
                                           Tages
            Wohlangeführt die Schaafe des Himels.
        Die Seele,
             Und Schnee, wie Majenblumen
          Das Edelmüthige, wo
                                   wohl gut sind nemlich
                                            es gefallen nemlich, hat
                                                 genomen
        Fern her Ghat Entgegenredend die Seele getroffen
                                verwundet betroffen
                             Ein Himlisches, helltönend die Tageszeichen.

                        Den Schnee, wie Majenblumen

Es seie bedeutend, glänzet auf
Der grünen Wiese
Der Alpen, hälftig, da, vom Kreuze redend, das
Gesezt ist unterwegs einmal
Gestorbenen, auf hoher Straß
Ein Wandersmann geht zornig,
Fern ahnend mit
Dem andern, aber was ist diß?

Am Feigenbaum ist mein
Achilles mir gestorben,
Und Ajax liegt
An den Grotten des See,
An Bächen, benachbart dem Skamandros.
An Schläfen Sausen einst, nach
Der unbewegten Salamis steter
Gewohnheit, in der Fremd', ist groß
Ajax gestorben.
Patroklos aber in des Königes Harnisch. Und es starben
Noch andere viel. Am Kithäron aber lag
Elevtherä, der Mnemosyne Stadt. Der auch als
Ablegte den Mantel Gott, das abendliche nachher löste
Die Loken. Himmlische nemlich sind
Unwillig, wenn einer nicht die Seele schonend sich
Zusammengenommen, aber er muß doch; dem
Gleich fehlet die Trauer.

Nach: *Friedrich Hölderlin. Gedichte.* Hrsg. von Gerhard Kurz in
Zsarb. mit Wolfgang Braungart, Stuttgart: Reclam, 2000, S. 403 f.

Entstehung und Erstdruck

Vielleicht noch 1801, vielleicht auch erst im Herbst 1802 legt sich Hölderlin für sein dichterisches Schaffen ein neues Konvolut an, das später so genannte *Homburger Folioheft*. Im Verlauf der folgenden Jahre werden viele der wichtigsten lyrische Notate jener Zeit dort eingetragen. Es beginnt mit Reinschriften der Elegien *Heimkunft*, *Brod und Wein* und *Stutgard*, die später überarbeitet werden. Dann folgen umfangreiche, zusammenhängende Notate zu den Hymnen *Der Einzige* und *Patmos*. Über weite Strecken finden sich auf den Seiten jedoch nur Textsegmente (vgl. Abb. S. 206/207). Zuweilen lässt es die handschriftliche Lage zu, die Passagen als Teile größerer – aber Fragment gebliebener – Dichtungen zu deuten: wenn Titelformulierungen den Segmenten vorausgehen (wie bei *Die Titanen*, *Dem Fürsten*, *Das Nächste Beste*, *Kolomb* und *Luther*). Die Eintragungen am Schluss des Konvoluts (H 307, S. 90–92) enthalten das meiste des Textmaterials zu einer Hymne, die in der Hölderlin-Forschung seit Langem als eine der bedeutendsten seiner späten Dichtungen gilt. Einige andere zugehörige Textsegmente finden sich in der Handschrift H 339 – einem Doppelblatt im Folioformat, dort auf Seite 4. Sie tragen zunächst *Die Schlange* als Überschrift, dann *Das Zeichen*. Beide Formulierungen, gedacht für den Titel, erscheinen auf den betreffenden Seiten des *Homburger Foliohefts* nicht wieder. Sie können als aufgegeben gelten.

Der heute vertraut gewordene Titel der Hymne lautet *Mnemosyne*. Tatsächlich hat Hölderlin diesen griechischen Namen für die Mutter der neun Musen und die Göttin des Gedächtnisses erkennbar als Titel notiert: oben auf Seite 91 von H 307. Etwas weiter oberhalb jedoch hat er in der gleichen Weise geschrieben: *Die Nymphe*. Dieser handschriftliche Befund ist eindeutig. Doch ist in der Hölderlin-Forschung heftig umstritten, was daraus für die Vergabe des endgültigen Titels der Hymne folgen soll. Hat Hölderlin zunächst *Die Nymphe* als Überschrift erwogen, sich dann aber für *Mnemosyne* entschieden, jenen Namen, der an einer Stelle auch im Text begegnet? Oder ist dieser Name von ihm ergänzend statt ersetzend eingefügt worden?

Die Editoren haben unterschiedlich votiert: Im Erstdruck erscheint das Gedicht unter dem Titel *Mnemosyne* (*Sämtliche Werke*, historisch-kritische Ausgabe, unter Mitarb. von Friedrich Seebaß bes. durch Norbert von Hellingrath, Bd. 4: *Gedichte 1800–1806*, München/Leipzig: G. Müller, 1916, S. 225 f. und 71). Auch Friedrich Beißner (1951) und D. E. Sattler (1975) verfahren in ihren großen historisch-kritischen Ausgaben der Werke Hölderlins so; andere Editoren wie Jochen Schmidt (1992) und Michael Knaupp (1992) schließen sich diesen an. Dagegen wählen Flemming Roland Jensen (*Hölderlins Muse. Edition und Interpretation der Hymne »Die Nymphe Mnemosyne«*, Würzburg 1989) und Dietrich Uffhausen (*Friedrich Hölderlin. Bevestigter Gesang. Die neu zu entdeckende hymnische Spätdichtung bis 1806*, Stuttgart 1989, S. 161) als Titel die Synthese: *Die Nymphe Mnemosyne*.

Die komplexe Entstehungsgeschichte des Textes selbst verhindert eine objektive, beweiskräftige Lösung der Titelfrage und macht jeden Editor durch seine Entscheidung schon zum Interpreten des Textmaterials. Auch über die Zahl der Strophen, die das Gedicht letztlich haben sollte (drei oder vier), und über deren Reihenfolge bestehen in der editionsphilologischen Forschung aus demselben Grund erhebliche Differenzen. Jede der Entscheidungen wird wissenschaftlich argumentativ begründet – und kann doch über plausible Indiziengeflechte nicht hinausreichen.

Hier ist nicht der Ort, in Form eines Forschungsberichts die wissenschaftliche Diskussion erschöpfend wiederzugeben. Welche Argumente für die von mir gewählte Textkonstitution sprechen, lässt sich wohl am ausführlichsten nachlesen bei Jochen Schmidt (*Sämtliche Werke und Briefe in drei Bänden*, Bd. 1: *Gedichte*, Frankfurt a. M.: Deutscher Klassiker Verlag, 1992, S. 1031–39). Eine dezidierte Gegenposition begründet Flemming Roland-Jensen in seinem Buch *Vernünftige Gedanken über die Nymphe Mnemosyne*, Würzburg 1998, bes. S. 51–80 und 114–168.

Das Material der Hymne ist Teil einer dichterischen Werkstätte, in der Texte entstehen, die sich vielleicht am besten als ›organische Konstruktionen‹ bezeichnen lassen. Sie können wohl in sich vollendete, aber keine endgültige Gestalt erlangen. Als bedeutungsvolle Zeichen der Zeit müssen sie die Wendungen der Realgeschichte reflektieren und sich in ihrer eigenen Anmutung verändern. Deshalb kann Hölderlin die das *Homburger Folioheft* eröffnenden Reinschriften der Elegien nicht in sich bestehen lassen. Er nimmt an ihnen keine Ergänzungen vor, etwa durch ein Hinzufügen von Strophen. Er wandelt den jeweiligen Text innerhalb seiner strophischen Grenzen durch Veränderungen der Wortwahl. Gäbe es eine Reinschrift der hier in Rede stehenden Hymne – dies ist nicht der Fall –, wäre auch sie durch die Zeit für Hölderlin wieder zur Disposition gestellt.

Die problematische Entstehungsgeschichte hindert nicht, dass durch die Arbeit der Editoren aus dem Material nachvollziehbar konstituierte Lesetexte entstehen. Auch sind die thematischen Schwerpunkte gut zu bestimmen. Die Hymne kreist um das für Hölderlin seit Jahren zentrale Thema des Verhältnisses zwischen dem alten Griechenland und der Gegenwart des Abendlandes. Dieses Verhältnis wird unter einem spezifischen Aspekt dargestellt: dem des Gedächtnisses. *Mnemosyne* steht als personifizierte Kraft der Erinnerung in besonderem Verhältnis zu den Dichtern. Und ein Dichter im Verständnis Hölderlins muss sich seinerseits in ein geklärtes Verhältnis zu dieser Göttin setzen, indem er sich Klarheit über den Wert des Gedächtnisses und über den angemessenen Umgang mit ihm zu schaffen versucht. Beides geschieht in diesem Gedicht.

Die Bereitschaft, sich der Geschichte zu stellen und die durch sie erlebten Zumutungen richtig zu deuten, bildet für Hölderlin eine der Kräfte, die die Göttin Mnemosyne den Menschen verleiht. In den Jahren 1803/04, der vermuteten Entstehungszeit des Textmaterials, sieht sich Hölderlin selbst in erhöhtem Maße auf diese Kraft angewiesen. Massive realgeschichtliche Enttäuschungen vertiefen die Kluft zu seinen kosmopolitischen Hoffnungen auf einen dauerhaften Frieden im abendländischen Europa. Der Friedensschluss zu Lunéville vom Februar 1801, im Umfeld von *Brod und Wein* noch euphorisch vorweggenommen, söhnt weder die ideologischen Hauptgegner Frankreich und Österreich miteinander aus, noch bewirkt er eine Verständigung der Menschen im liebevollen ›Gemeingeist‹. Mehr als ein von Misstrauen und Feindseligkeit durchsetztes Stillhalten der Waffen gibt es in der Mitte Europas nicht. 1805 werden mit dem dritten Koalitionskrieg die Aggressionen wieder offen ausbrechen.

Hölderlin musste erleben, wie Frankreich, sein revolutionärer Hoffnungsträger, sich zu einem Staat wandelte, der vor allem die Vorherrschaft der eigenen Nation in Europa durchsetzen wollte und seinerseits absolutistisch geführt wurde. Napoleon, dessen politischer Aufstieg 1799 mit der Übernahme des Amts des Ersten Konsuls begann, wurde 1802 zum alleinigen Konsul bestimmt. 1804 krönte er sich selbst zum Kaiser der Franzosen. Zu dieser Zeit wurde Hölderlin schon als ein Mensch behandelt, der einer Aufsicht und Betreuung bedurfte. Nach zwei Jahren im Haushalt (und damit: unter Obacht) seiner Mutter bekam er im Juli 1804 in Homburg durch den Landgrafen das Amt des Hofbibliothekars zugesprochen. Er sollte den Dienst jedoch nie wirklich aufnehmen. Die Anstellung war nur pro forma. Sie geschah auf das Betreiben Isaac von Sinclairs, eines seit den Studientagen engen

Freundes, der nun in Homburg Regierungsrat war. Durch Sinclairs Gehalt wurde auch Hölderlins Salär finanziert – ohne dass der Betroffene dies wusste (oder wissen wollte). Als Sinclair am 2. Dezember 1804 in offizieller Mission an der Krönung Napoleons zum Kaiser teilnahm und Hölderlin für einige Zeit nicht mehr unter eigener Beobachtung hatte, übernahm Sinclairs Mutter diese Aufgabe.
Hölderlins Zustand sollte sich nicht mehr bessern. Als im Spätsommer 1806 auf Betreiben Napoleons die kleine Landgrafschaft Hessen-Homburg dem zum Großherzogtum aufgestiegenen Hessen-Darmstadt zugesprochen wurde, entfiel zudem die (fingierte) Grundlage, auf der es Sinclair möglich geworden war, Hölderlin in seine Obhut zu nehmen. An eine eigenständige Existenz in der Welt war nicht mehr zu denken; auch nicht daran, ihn zur Pflege zu seiner Mutter zurückzuschicken. Also ordnete Sinclair für den September 1806 die Verbringung Hölderlins ins Authenriethsche Klinikum nach Tübingen an. Ob ihn das *Homburger Folioheft* und damit *Mnemosyne* dorthin begleitete, ist nicht gewiss. Aber sicher lässt sich sagen, dass diese Hymne ein maßgebliches Zeugnis dafür bietet, wie Hölderlin die wachsenden Differenzen zwischen seiner geschichtlichen Vision und dem realen Lauf der Zeit in seine Sprache hineinzuholen versucht.

Zeilenkommentar

1 f. *Reif sind, in Feuer getaucht, gekochet / Die Frücht und auf der Erde geprüfet:* Die Strophe setzt mit einem für den Stil der späten Hymnen Hölderlins typischen expressiven Bild ein. Es deutet jahreszeitlich auf den Herbst als die Zeit der Ernte, hier insbesondere der Weinlese. Als Bild bezieht es sich auf die Gegenwart, aus der und auf die hin das Gedicht spricht. Die Französische Revolution hat ein »Feuer« in Europa entfacht;

dieses Feuer ist im Begriff, die Lebenswelt des Absolutismus zu zerstören, und zeigt an, dass die den kulturellen Extremen der Zeit ausgesetzten Menschen (sie sind »auf der Erde geprüfet«) für eine neue geschichtliche Epoche reif sind. Hintergrund des Bildes ist die stoische Lehre von der Ekpyrosis (griech., ›Ausbrennen‹). Sie besagt, dass sich der Untergang einer Weltperiode durch Feuer vollzieht. Hölderlin verwendet diese Vorstellung mehrfach in seiner Lyrik; so schon 1799 in der Ode *Gesang des Deutschen* (vgl. V. 33–36), dann z. B. auch in den zu den ›Nachtgesängen‹ gehörenden Gedichten *Thränen* (vgl. V. 3–5) und *Lebensalter* (vgl. V. 8f.). – Das Verb ›kochen‹ wird in der hebräischen, griechischen und lateinischen Sprache oft im Sinne von ›reifen‹ verwendet, gerade auch in Bezug auf Früchte; vgl. z. B. 1. Mose 40,10; Homer, *Odyssee* 7,119; Cicero, *Cato maior* 19,71.

2–5 *ein Gesez ist, / Daß alles hineingeht, Schlangen gleich, / Prophetisch, träumend auf / Den Hügeln des Himmels:* Diese Passage ist von ihrer syntaktischen Ordnung her gesehen so zu verstehen, dass »Schlangen gleich« sich auf »Prophetisch« bezieht und dieser Terminus seinerseits als Prädikatsnomen zu »Gesez« gehört. Die Schlange dient in der griechisch-antiken Symbolik bevorzugt als prophetisches Tier. So erzählt Herodot, dass die Athener durch eine Schlange auf die ihnen von den Persern drohende Gefahr aufmerksam gemacht worden seien (Herodot 8,41). – Die Tatsache, dass Hölderlin hier ein Gesetz als »prophetisch« auszeichnet, deutet auf das Vorausweisende, Verheißungsvolle, Visionäre als besondere Charakteristika dieser Wirkmacht aus menschlicher Sicht; auch die weitere dem Gesetz zugeordnete Bestimmung »träumend« passt hierzu. Das Gesetz selbst muss entsprechend der ersten Teilaussage von Vers 3 ein universales und ohne Ausnahme gültiges sein. Seine Verortung auf den »Hügeln des Himmels« (den Wolken) lässt es als ein erhabenes erscheinen. Vor dem Hintergrund der unmittelbar vorausgehenden Verse ist es sinnvoll, in dem Gesetz jene epochemachende Gewalt zu erkennen, die durch Feuer (V. 1) den Untergang einer alten Weltperiode bewirkt und damit den Anfang einer neuen ermöglicht.

6–8 *Wie auf den Schultern eine / Last von Scheitern ist / Zu behalten:* In diesem Bild wird zum ersten Mal in dieser Strophe auf die Kraft des Gedächtnisses (und damit auf Mnemosyne) Bezug genommen. Hervorgerufen wird die Vorstellung von einem Mann, der schwer an Holzscheiten trägt, immer bemüht, das Gleichgewicht zu halten. Das Substantiv »Scheitern« wirkt doppeldeutig. Hochdeutsch müsste der Plural von ›Scheit‹ ›Scheite‹, im Dativ ›Scheiten‹, heißen. Durch die Wahl der mundartlichen Wendung gibt Hölderlin einer Gefahr unmittelbaren Ausdruck, der er sich und seine Zeitgenossen ausgesetzt sieht: aus mangelndem Deute- und Durchhaltevermögen an den geschichtlichen Herausforderungen zu scheitern.

8 *bös:* auch im Sinne von verletzend, schmerzlich.

9–12 *unrecht, / Wie Rosse, gehn die gefangenen / Element' und alten / Geseze der Erd:* Auch für das Verständnis dieser Verse bildet die Kosmologie der Stoiker den Hintergrund. Danach befinden sich die vier Elemente – Feuer, Wasser, Erde, Luft – während des Bestehens einer Weltperiode in harmonischem Verhältnis zueinander. Zum Ende der Periode hin löst sich dieses Gefüge auf. Wie Rosse aus ihrem Gespann brechen die Elemente weg. Das Feuer beginnt zerstörerisch auf alle anderen einzuwirken. Dieses chaotische Geschehen vollzieht sich gesetzmäßig. Weil die ›alten Gesetze‹ jetzt aber Entgrenzung und Vernichtung herbeiführen, kann Hölderlin sagen, dass sie ›unrecht gehen‹.

12–17 *Und immer ... der See:* Diese Verse beschreiben als Sinneinheit eine weitere Gefahr, im Angesicht der Geschichte zu scheitern. Sie besteht darin, dass Menschen sich zur Entlastung vom Druck der politischen Umwälzungen gar nicht mehr als eingebunden in eine geschichtliche Entwicklung verstehen wollen. Stattdessen suchen sie Erfüllung in Augenblicken selbstvergessenen Glücks. Auch dieser Gefahr setzt Hölderlin die Kraft des Gedächtnisses entgegen: »Vieles aber ist / Zu behalten« (V. 13 f.). Er tut dies nachdrücklich, unter Verwendung desselben Verbs wie bei der Nennung der ersten Gefahr (vgl. V. 8).

14 *Und Noth die Treue:* Die Gnome (Sinnspruch in Versform) ist syntaktisch und semantisch an den vorangehenden Satz gebunden und in ihrer Aussage doppeldeutig. Einerseits bekräftigt sie, dass Treue – das Gedächtnis als bewusste Bindung an die eigene geschichtliche Herkunft – nötig ist. Andererseits signalisiert sie, dass es eine Noth ist, kein Leichtes, Selbstverständliches, diese Treue zu (be)halten.

16 f. *Uns wiegen lassen, wie / Auf schwankem Kahne der See:* vgl. *Heimkunft*, V. 43 (»indessen wiegte der See mich«).

18 *Wie aber liebes?:* Versteht man »liebes« als Vokativ, als direkte Anredeform, enthält die Frage dieses elliptischen Satzes eine Mahnung an die eigentlich geliebten Menschen, sich nicht aus den geschichtlichen Bindungen zu lösen. Begreift man das Substantiv als Subjekt, zielt die Frage auf die Möglichkeiten, im Chaos der Zeit noch »liebes« finden und erleben zu können. Diese Lesart ist insofern einleuchtender, als sich durch sie ein unmittelbarer Bezug zu den folgenden Versen (18–24) ergibt.

18 f. *Sonnenschein / Am Boden sehen wir:* Mit dieser Beschreibung beginnt die Nennung des ›Lieben‹. Durch die eigentümliche, den Blick nach unten richtende Perspektive entsteht ein Bild, das sogleich die Anwesenheit des Göttlichen bei den Menschen und im kosmi-

schen Ganzen gesehen die Gewähr einer Harmonie zwischen Himmel und Erde anzeigt.
20 *heimatlich die Schatten der Wälder:* Ähnlich positiv konnotiert (gefärbt), dort aber bezogen auf den göttlichen Geist, begegnet dieses Bild in Hölderlins Überarbeitung der Verse 155f. von *Brod und Wein* im *Homburger Folioheft*: »Unsre Blumen erfreun und die Schatten unserer Wälder / Den Verschmachteten«.
20–22 *es blühet ... friedsam:* Die Idyllik dieses Bildes begegnet schon in dem wohl 1796/97 entstandenen Hexameter-Gedicht *Die Muße*: »Und die Dächer umhüllt, vom Abendlichte geröthet / Freundlich der häußliche Rauch« (V. 24f.). Auch der Kontext ist ähnlich. Hier wie dort wird dem Bereich des geborgenen Lebens die Gewalt göttlich bewirkter Umwälzungen entgegengesetzt. In der *Muße* nennt Hölderlin diese Gewalt den »Geist der Unruh, der in der Brust der Erd' und der Menschen / Zürnet und gährt« (V. 29f.).
21f. *bei alter Krone / Der Thürme:* Hölderlin übernimmt diese Vorstellung aus dem Griechischen. So übersetzt er selbst Vers 126 der *Antigone* des Sophokles mit »Die Krone der Thürme«.
23f. *Hat gegenredend die Seele / Ein Himmlisches verwundet:* Dieses Motiv ist biblischen Ursprungs; vgl. das Hohelied 4,9: »Du hast mein Herz verwundet«. – Die der Seele (sie ist Akkusativobjekt) zugefügte Wunde besteht darin, dass »Ein Himmlisches«, statt die Menschen im Leben zu halten, »gegenredend« vom Unfrieden der Welt und der Heimatlosigkeit darin spricht und damit die unterschwellig vorhandene Sehnsucht (V. 13) nach Auflösung aller Bindungen im irdischen Dasein fördert. Mit diesem »Einen Himmlischen« könnte Jesus Christus gemeint sein; darauf deutet auch die spätere Erwähnung des Kreuzes in Vers 29.

24 *die Tageszeichen:* Das sind die in den Versen 18 ff. beschriebenen Phänomene des Dauernden in Natur und Kultur. Genannt werden sie als Beispiele für das selbst in der chaotischen Gegenwart mögliche Verbleiben im Leben; insofern sind sie Zeichen menschenfreundlichen Wirkens der Götter auch in einer von Krisen geschüttelten Zeit. Darüber hinaus weisen diese Zeichen auf den kommenden ›Tag‹ als auf die Zeit einer neuen geschichtlichen Epoche, in der »liebes« (V. 18) nicht mehr fragmentiert begegnet – während dominiert, was als »bös« (V. 8) und »unrecht« (V. 9) erscheint –, sondern in der »nur der Liebe Gesez, / Das schönausgleichende gilt von hier an bis zum Himmel« (*Friedensfeier*, V. 89 f.).

25–27 *Denn Schnee, wie Majenblumen / Das Edelmüthige ... glänzet:* Die kausale Konjunktion »Denn« begründet indirekt, weshalb die »Tageszeichen« »gut sind« (V. 24/22): weil das (implizite) lyrische Ich vornehmlich unter dem Eindruck der gegeneinander kontrastierenden Bilder steht. Schmelzender Schnee und rasch verblühende Maiblumen sind jeweils Zeichen des Endes einer Jahreszeit. Ihr Verschwinden schmerzt besonders, weil es sich um »Das Edelmüthige« (V. 26) handelt, also um Reines, Schönes, darum Seltenes und Kostbares.

29–31 *Kreuze ... das / Gesezt ist unterwegs einmal / Gestorbenen:* Das Kreuz als christliches Zeichen symbolisiert stärker noch als die Bilder des Vergehens in der Natur das menschliche Leiden an der Vergänglichkeit allen Daseins. Es wird wie hier auf dem Alpenpass den Toten zum Gedächtnis gesetzt.

29–32 *vom Kreuze redend ... Ein Wandersmann geht zornig:* Die Wendung »vom Kreuze redend« nimmt die Partizip-Präsens-Konstruktion »gegenredend« aus Vers 23 auf. War dort das Subjekt »Ein Himmlisches« (V. 24), ist Subjekt nun »Ein Wandersmann« (V. 32), also ein Mensch. Er äußert als seine Rede, was im ersten Teil der Strophe, die wesentlich den »Tageszeichen« (V. 24) gewidmet war, aus menschlicher Sicht noch als ›Gegenrede‹ erscheinen musste. Und er ist zornig (V. 32), ist außer sich, von Schmerz ergriffen. Sein Zorn stellt wie seine sich auf das Kreuz fixierenden Worte ein Symptom der seelischen Verwundung durch das Himmlische dar. Es ist eigentlich der gegenwärtige Zorn als die entgrenzende Gewalt des Himmlischen selbst, den er durchlebt; vgl. *Patmos*, V. 171 f.: »Im Zorne sichtbar sah' ich einmal / Des Himmels Herrn«. Zugleich handelt es sich um den *furor poeticus*, den dichterischen Zorn. Dieser Zorn stellt eine existentielle Gefahr dar, weil er die Kraft des Dichters zur Erinnerung destruktiv, zerstörerisch als Erinnerte bindet, statt die Erinnerung als Erfahrung des Gewesenen für Gegenwart und Zukunft fruchtbar werden zu lassen. Es liegt nahe, den Wandersmann als den Dichter zu verstehen; in der zu den *Nachtgesängen* gehörenden Ode *Ganymed* stiftet Hölderlin diese Assoziation selbst, indem er dort vom Dichter als von einem »gewanderten Mann« (V. 8) spricht.

33 *Fern ahnend:* Der Sinn dieser Bestimmung erschließt sich erst durch die folgende Strophe genauer. Von ihr her wird rückwärts gesehen klar, dass sich der Wandersmann zeitlich und räumlich verstanden ferne Helden der griechischen Antike ins Gedächtnis ruft. Sie sind die Toten, deren Schicksal ihn am meisten bewegt, an die er sich durch den Anblick des Kreuzes schmerzlich erinnert fühlt. Durch diesen Bezug auf die griechischen Helden wird wiederum deutlich, dass der *furor poeticus* seine Parallele (und hier konkret: seinen Anlass) im *furor heroicus* hat, dem Zorn der Helden, der diese Helden letztlich selbst ins tödliche Geschick treibt. In der Ode *Thränen* spricht Hölderlin ausdrücklich von »den zorn'gen Helden« (V. 11). Ein sol-

cher Heros ist besonders der erste der gleich namentlich genannten Helden: Achilles (V. 36). Von ihm heißt es zu Anfang der *Ilias* des Homer, in der Übersetzung Hölderlins: »Muse, besinge den verderblichen Zorn des Peliden, Achilles«.

34 *was ist diß?:* Diese formelhafte Wendung begegnet häufig in Luthers Katechismus; Hölderlin nimmt sie auch in *Patmos* auf (V. 151). Hier signalisiert sie, dass die Bildlichkeit des zweiten Teils dieser Strophe, insbesondere die Darstellung des Wandersmanns, eine noch weiter zu erhellende Bedeutung in sich birgt. Damit weist die Frage auf die folgende Strophe.

35 f. *Am Feigenbaum ist ... / Achilles ... gestorben:* Homer spricht häufig vom Feigenbaum als markantem Punkt in der zum Schlachtfeld gewordenen Landschaft um Troja (vgl. *Ilias* 6,433; 11,167; 22,145). Achilles stirbt nach Homers Bericht nicht unter einem solchen Baum, sondern am skäischen Tor Trojas (vgl. *Ilias* 22,359f.). Doch geht es Hölderlin in seinem Bild offensichtlich nicht um dieses überlieferungsgeschichtliche Faktum, sondern um die Vermittlung des charakteristischen landschaftlichen Eindrucks. Dazu könnte er angeregt worden sein durch Richard Chandlers *Travels in Asia Minor and Greece*, Bd. 1, London ³1817, Kap. 13. Chandler schreibt im Anschluss an seine Darstellung der Grabhügel des Achilles und des Patroklus: »From thence the road was between vineyards, cottonfields, pomegranate, and figtrees« (S. 47).

35 f. *mein / Achilles mir:* Die Verwendung des Possessivpronomens signalisiert, wie nahe sich das lyrische Ich dem antiken Helden fühlt. Diese emphatische Nähe wird durch das folgende Personalpronomen in der Objektform noch verstärkt.

37–39 *Ajax liegt / An den Grotten des See, / An Bächen, benachbart dem Skamandros:* »Ajax« ist die lateinische Form des griechischen Namens Aias. Sophokles widmete dem aus Verzweiflung über den Verlust seiner Ehre zum Tod entschlossenen Helden und Freund Achills ein Drama, aus dem Hölderlin wohl 1805 einige Passagen übersetzt hat. Darunter befinden sich auch jene Verse, in denen Ajax bei seinem Abschied die hier erwähnten Lokalitäten anruft: »ihr Höhlen am Meer ... am Skamander, ihr Bäche« (Sophokles, *Aias*, V. 412, 418 f.; in Hölderlins Übersetzung: *Ajax*, p. 12 [zit. nach: StA 5, S. 277 f.], V. 19, 26). Der Skamandros ist ein Fluss bei Troja.

40 *An Schläfen Sausen:* Gemeint ist der Wahnsinn, mit dem Ajax durch Athene geschlagen wurde.

41 f. *Der unbewegten Salamis steter / Gewohnheit:* Ajax ist der Sohn des Telamon, des Königs von Salamis. Er stammt also von dieser Insel, die hier – in äußerlicher Analogie zum Schicksal des Ajax – als einem ständigen Wind ausgesetzt dargestellt wird.

44 *Patroklos aber in des Königes Harnisch:* Der elliptische Satz wäre nach »aber« durch ›ist gestorben‹ zu ergänzen. Im Zeichen der »Gestorbenen« (V. 31) steht die ganze Strophe. In ihr kristallisiert sich die (zuletzt jedoch reflektierte und dadurch überwundene; vgl. V. 48–51) Gefahr, dass Mnemosyne missverstanden wird als kontraproduktive Kraft, die den menschlichen Geist ganz auf Vergangenes und (in diesem Modus gesteigert) auf schnell Vergehendes, also beispielhaft auf das tragische Schicksal der genannten griechischen Helden bezieht. – Patroklos zog in der Rüstung seines Freundes Achilles (des Königs der Myrmidonen), die dieser ihm geliehen hatte, in jenen Kampf, der ihm den Tod brachte (vgl. Homer, *Ilias*, 16. Gesang). Die Konjunktion »aber« dürfte adversativ (absetzend) gemeint sein, sie betont den Unterschied zwischen Ajax und Patroklos: Während der eine seinen Tod selbst wählte, starb der andere in der Schlacht und damit unmittelbar sowohl als Täter wie auch als Opfer im übergeordne-

ten geschichtlichen Geschehen. Diese verschiedenen Arten des Todes hatte Hölderlin in seinen ersten Formulierungen zu dieser Strophe sogar programmatisch gefasst: »Und es starben / Noch andere viel. Mit eigener Hand / Viel traurige, wilden Muths, doch göttlich / Gezwungen, zulezt, die anderen aber / Im Geschike stehend, im Feld« (H 307, S. 92). – Die Erwähnung des Patroklos als Letzten in der Reihe dreier Helden sowie die Nennung Achills an erster Stelle haben einen starken biographischen Hintergrund. In der um 1800 entstandenen Ode *An Eduard* hatte sich Hölderlin als Patroklos, seinen Freund Sinclair als Achill vorgestellt und in diesem Freundespaar die Zusammengehörigkeit von Dichter und Tatheld gefeiert – bis hin zu der Vision, dass Achill den Tod des Patroklos rächen würde: »Wenn ich so singend fiele, dann rächtest du / Mich, mein Achill!« (V. 25 f.) Besonders bemerkenswert an diesen Versen ist, dass Hölderlin auch dem Dichter hier heroische Züge verleiht. In *Mnemosyne* verstärkt er diese Tendenz. Er (bzw. das lyrische Ich) lässt sich durch seine Erinnerung (fast) dazu hinreißen, sich mit dem Schicksal der antiken Helden und mit deren Todessphäre zu identifizieren. Den dichtesten Ausdruck findet diese Sehnsucht nach Symbiose (Verschmelzung) in der Vorstellung, dass Patroklos »in des Königes Harnisch« gestorben sei.

45 f. *Am Kithäron aber lag / Elevtherä, der Mnemosyne Stadt:* Eleutherai war eine nach Eleuther, dem Sohn des Apollo und der Aithusa, einer Tochter Poseidons, benannte Stadt am Südhang des Kithäron-Gebirges an der böotisch-attischen Grenze. Zeus soll dort mit Mnemosyne die neun Musen gezeugt haben. In der *Theogonie* des Hesiod heißt es, dass Mnemosyne »über die Hügel des Eleuther herrscht« (V. 54). Nicht erst in den Reiseberichten des 18. Jahrhunderts, sondern schon in der antiken Literatur wird Eleutherai je-

doch als Trümmerstätte beschrieben (vgl. Pausanias 1,38,9). Dieser Umstand verleiht Hölderlins Wahl des Präteritums (»lag«) besonderes Gewicht: Sie signalisiert, dass das lyrische Ich nicht nur der antiken Helden, sondern auch »der Mnemosyne Stadt« im Zeichen des Todes gedenkt.

46–48 *Der auch .. / ... das abendliche ... löste / Die Locken:* Subjekt des Satzes ist »das abendliche«; Objekt ist das im Dativ stehende feminine Demonstrativpronomen »Der«. Es bezieht sich auf »Stadt«. Diese erscheint jetzt anthropomorphisiert (vermenschlicht): Ihr wurden die Locken gelöst, wie sonst in der mythischen Sphäre der Griechen es Brauch ist, dass den Todgeweihten durch einen göttlichen Boten eine Locke des Stirnhaares abgeschnitten wird (vgl. Euripides, *Alkestis*, V. 74 ff.; Vergil, *Aeneis* 4,702–704). Indem Hölderlin den Untergang der Stadt als ein göttlich gewolltes Sterben darstellt, rückt er ihr Schicksal noch deutlicher in eine Reihe mit dem der vorher genannten Helden; schon das analogisierende »auch« in Vers 46 hatte diesen Bezug unmissverständlich gestiftet.

46 f. *als / Ablegte den Mantel Gott:* Dieser Einschub in Form eines Temporalsatzes nennt die Bedingung, unter der es zum Untergang der Stadt kommen konnte. Die Bildlichkeit selbst ist sowohl durch die jüdische als auch durch die griechische Religion motiviert. In beiden Kontexten besagt sie, dass die Menschen Gott nur dann gefahrlos begegnen können, wenn er sich ihnen mittelbar, also in verhüllter Weise zeigt. Hölderlin nimmt diese Vorstellung mehrfach in seine eigene Bildersprache auf; so etwa in der Hymne *Friedensfeier*, in der es heißt, dass »der Meister [...] verklärt [...] aus seiner Werkstatt tritt, / Der stille Gott der Zeit« (V. 87–89), und in den wohl 1804/05 entstandenen Entwürfen zu der Hymne *Griechenland*, in deren dritter Fassung sentenzenhaft formuliert wird: »Alltag

aber wunderbar zu lieb den Menschen / Gott an hat ein Gewand« (V. 25 f.). Wenn das Gegenteil geschieht, sich der Gott unmittelbar zeigt, in seiner elementaren Gewalt, dann hat das für die Betroffenen katastrophale Folgen. Dies stellt Hölderlin schon um 1800 in dem hymnischen Entwurf *Wie wenn am Feiertage …* am Beispiel der Mythe von Semele dar, einer normalsterblichen Frau, die Zeus in dessen wahrer Gestalt zu sehen begehrte und daraufhin durch seine Anwesenheit verbrannte (vgl. dort V. 50–54). Auch in *Mnemosyne* spielt, vermittelt durch das stoische Motiv der Ekpyrosis, das Feuer als vernichtende Kraft eine zentrale Rolle.

47 *das abendliche:* Aus der Handschrift (H 307, S. 92) ist nicht zu ersehen, ob Hölderlin letztlich »das« oder »der« als Artikel setzen wollte; die Buchstaben *a* und *e* sind ineinander verschränkt. Zweifelsfrei lässt sich aber die Kleinschreibung des folgenden Wortes erkennen. Doch ist dieses ein Substantiv. Gehaltlich weist es wenigstens zwei Konnotationen auf. Zum einen verbindet sich mit ihm die Vorstellung des Untergangs. Im engeren Sinn könnte dies also der Untergang von »der Mnemosyne Stadt« sein. Des Weiteren besteht die Möglichkeit, hier das Ende der gotterfüllten Zeit der Antike im Ganzen zu assoziieren. Ausgangspunkt für diese Varianten ist die Titulierung des Hades – des Gottes der Unterwelt – in der antiken Literatur als ›abendlicher Gott‹. So ist bei Sophokles im *König Ödipus* in Bezug auf eine Theben betreffende Vernichtungsszenerie in der Übersetzung Hölderlins die Rede davon, »Wie wohlgeflügelte Vögel / Und stärker, denn unaufhaltsames Feuer / Sich erheben zum Ufer des abendlichen / Gottes, wodurch zahllos die Stadt / Vergeht« (V. 182–186). – Zum anderen verbindet sich mit dem ›Abendlichen‹ die geschichtliche Vorstellung des Übergangs von der Antike zum Abendland. Auf

solch einen Übergang weist insbesondere die zeitliche Bestimmung »nachher« (V. 47). Das Ende des antiken Äons ist ein notwendiger Aspekt dieses Geschehens. Doch das Erbe der antiken Welt wird im Abendland erinnernd bewahrt. Entsprechend ist hier in Hölderlins Hymne auch nur vom Untergang von »der Mnemosyne Stadt« die Rede, keinesfalls vom Tod der Mnemosyne selbst.

48–50 *Himmlische nemlich ... aber er muß doch:* Diese Aussage fasst das Tragische im Verhältnis zwischen den Göttern und Menschen während einer geschichtlichen Übergangszeit. »Himmlische« wollen zum einen, dass der Mensch jederzeit seinem selbstzerstörerischen Drang zur Entgrenzung widersteht. Zum anderen sind gerade sie es als die eigentlich wirkenden Kräfte im krisenhaften Epochenumbruch, welche die Menschen seelisch (durch Verzweiflung) und körperlich (auf den Schlachtfeldern) in den Tod schicken. Der Mensch hat keine Wahl; »er muß doch«.

50 f. *dem / Gleich:* Diese eigentümliche Einleitung eines Satzes verwendet Hölderlin auch in der wohl noch 1802 entstandenen ersten Entwurfsfassung der Hymne *Der Einzige*: »Dem gleich ist gefangen die Seele der Helden« (V. 85). Vgl. auch die erste Fassung der Ode *Stimme des Volks* (1800/01), V. 43.

50 f. *dem / Gleich fehlet die Trauer:* Schon das begründende »nemlich« in V. 48 signalisiert, dass mit der Schlusspassage der Strophe die Sphäre des Erinnerns, das in der Trauer befangen ist, reflexiv überwunden wird. In dieser Sentenz wird die Überwindung ausdrücklich gemacht. Sie besagt, dass die rückwärtsgewandte Trauer um den Untergang der griechischen Kultur ebenso fehlgeht wie die Sehnsucht ins Ungebundene – dass sie den Anspruch der Götter und korrespondierend die Aufgabe der Menschen verfehlt. Die inspirierenden Kräfte, durch welche die bewunderte

antike Kultur erst möglich wurde, haben nicht mit dem Untergang dieser Kultur aufgehört zu existieren. Im Gegenteil: Aus Hölderlins Sicht drängen sie darauf, sich jetzt den abendländischen Menschen Kultur stiftend zu offenbaren. Das angemessen verstandene Gedächtnis gibt also nicht Anlass zur Trauer, sondern zur Freude, und genau dies ist die implizite Botschaft der Schluss-Sentenz. Sie weist insofern wieder auf den Anfang des Gedichts: darauf, dass Hölderlin die abendländischen Menschen, seine Zeitgenossen, für reif hält, den ›Himmlischen‹ – auch Mnemosyne – endlich standhaltend zu begegnen. Die Hymne selbst ist ein Zeugnis dieser Begegnung: Sie zeigt den Dichter in einem Lernprozess auf dem Weg zum angemessenen Umgang mit seinem Erinnern.

Metrische Besonderheiten

Mnemosyne folgt keinem vorgegebenen Versschema. Die Hymne ist freirhythmisch komponiert. Das heißt nicht, dass ihre Rhythmen willkürlich wären; vielmehr entwickeln sie sich aus der Kraft der Sprache, dem hymnischen Spätstil Hölderlins. Zu beobachten ist, dass Hölderlin in der Regel auf den Wechsel zwischen betonten und einfach und doppelt unbetonten Silben achtet. Beispielhaft dafür ist die gesamte erste Strophe. Durch diese Rhythmik und zusätzlich durch die Technik der Auflösung von Vers- und Sinneinheit entsteht nicht nur in der ersten Strophe, sondern im ganzen Gedicht ein besonderer Sprachduktus: ein feierlich-ernster Ton der (dichterischen) Verkündigung.

An einigen Stellen fällt ein besonders enger Zusammenhang von Form und Gehalt auf. So unterstützt der Sprachrhythmus der Verse 16f. (wiederum durch den regelmäßigen Wechsel von unbetonten und betonten Silben) die imaginierte Bewegung des Wiegens: »Uns wiegen lassen, wie / Auf schwankem Kahne«. In den Versen 35 f. wird ein hier langsam und ruhig wirkendes jambisches Versmaß verwendet, um den Ausdruck der Trauer des lyrischen Ichs um Achill zu verstärken. Bei der folgenden Imagination des Grabes des Ajax (vgl. V. 37 ff.) hingegen wechselt Hölderlin vom jambischen Metrum in den feierlich-erhabenen Rhythmus des Anapäst (vgl. V. 38) und später der Kombination aus Jambus und Anapäst (vgl. V. 39). Er versinnbildlicht dadurch die durch das Kernwort See (V. 38) assoziierbare Wellenbewegung des Meeres.

An einigen Stellen sind Abweichungen von dem Prinzip des regelmäßigen Wechsels von unbetonten und betonten Silben zu beobachten. Der Zusammenprall zweier Hebungen begegnet zum Beispiel in V. 33: »F̱ern ạhnend«. Er unterstreicht in seiner abrupten Setzung den Zorn des Wanderers. Ein weiteres Beispiel ist der Übergang von Vers 42 zu Vers 43: »grọß / Ạjax«. Hier unterstützt das Aufeinandertreffen zweier Hebungen die Preisung des Helden. Ähnliche Funktion hat der Hebungsprall im Wechsel von Vers 45 zu Vers 46: »lag / Elevtherä«; hier dient er dem Städtepreis. Am Ende des Gedichts lässt Hölderlin vermutlich sogar drei Hebungen direkt aufeinanderfolgen: »muß doch; dem« (V. 50). Diese durch rhythmische Stauchung erzeugte sprachliche Wucht betont den Ernst der tragischen Erkenntnis, die das lyrische Ich hat.

Forschungsstimmen

FRIEDRICH BEISSNER (1905–1977) führt für seine Konstituierung der Textgestalt der Hymne als dreistrophiges Gedicht unter anderem die durchdacht dialektische Struktur an, die *Mnemosyne* in dieser Form erhält:

»Nun sind in der dreistrophigen Hymne Thesis und Antithesis einander gegenübergestellt: die Thesis der ersten Strophe ist die gefährliche Versuchung, die in den gewaltigen Ereignissen großer Wendezeiten an den Menschen herantritt: nämlich sich in Apathie fallen zu lassen, sich von einem entnervenden Fatalismus einlullen zu lassen; dagegen ruft die Antithesis der zweiten Strophe zuerst die tröstlichen ›Tageszeichen‹ auf, die dem ratlosen Herzen doch immer eine Gewähr bieten für das ›Bleiben im Leben‹; zuletzt wird so der apathische Mensch, der sich der Entscheidung und Verantwortung entziehen möchte, zurückgerufen in seine ihm aufgegebene Situation und schließlich auf die ›schroffe Straß‹ in den Alpen, in die Jahreszeit des Übergangs, in den ›kühnsten Moment‹ der ›Hälfte‹ versetzt, dorthin, wo schon einmal im Übergang wagende Helden den Weg gesucht haben und gestorben sind, wo aber das Kreuz am Wege, das Marterl, ihr Gedächtnis ehrt – und so können sich nun in der Synthesis der dritten Strophe die Entgegensetzungen lösen, indem ausgleichend und bestätigend das Gedächtnis, die Mnemosyne, der Helden des Altertums in herzbewegender Klage beschworen wird, der Helden, die in Erfüllungs- und Übergangszeiten sich bewährt haben – wie die abendländischen Helden, von denen Hölderlin in andern Gedichten singt und singen wollte.«

> Friedrich Beißner: Hölderlins letzte Hymne. In: F. B.: Hölderlin. Reden und Aufsätze. Weimar: Böhlau, 1961. S. 232. – © 1961 Böhlau Verlag, Köln und Weimar.

Zu den zentralen Fragen bei der Deutung von *Mnemosyne* gehört die Frage nach dem besonderen Status, der dem Gedächtnis zuerkannt wird. Wirkt es negativ, erscheint es ambivalent – oder kommt ihm eine positive Bedeutung zu? ROBIN HARRISON vertritt letztere These:

»Meiner Interpretation nach stellt das Gedächtnis keine Gefahr dar, wie alle Interpreten seit Beißner gemeint haben, sondern bietet dem gefährdeten Dichter Sicherheit in einer Lage, die für ihn nicht nur die eigene, sondern auch diejenige Hesperiens ist. [...]

Das Schlußwort der Hymne ist ein Schlüsselwort. In allen bisherigen Interpretationen hat ›Trauer‹ die Bedeutung ›Totentrauer‹. [...] Der Dichter begeht also, nach diesen Interpretationen, einen Fehler, wenn er der griechischen Helden gedenkt [...]. Auch Beißner sieht die letzte Strophe als eine herzbewegende Klage, als ›tödliche Trauer‹, in der der Mensch nicht versinken darf. Aber er verbindet diese Totentrauer mit der Versuchung am Ende der ersten Strophe, sich in haltlose Apathie gleiten zu lassen, die er gleicherweise eine Versuchung zur Trauer nennt.

Ich will natürlich nicht leugnen, daß der Dichter mit großer Liebe an seinen Achilles denkt, daß also die Totentrauer in der Hymne eine gewisse Rolle spielt. Es geht mir darum, was das Wort ›Trauer‹ in der letzten Zeile bedeutet, und hier glaube ich, daß Beißner mit dem Hinweis auf ›Apathie‹ recht hat. Denn es gibt sonst in der Hymne kein Zeichen dafür, daß der Dichter einen Fehler begeht, wenn er der Vergangenheit gedenkt. Im Gegenteil, vieles ist zu ›behalten‹. Warum soll er sich also nicht an die geliebten griechischen Helden erinnern?

Aber wie soll ›Trauer‹ hier eher ›Apathie‹ als ›Totentrauer‹ bedeuten? [...]

›Trauern‹ wird in Kluges ›Etymologischem Wörterbuch‹ verbunden mit ags. *drūsian* ›schlaff sein‹; und nach Pauls ›Deutschem Wörterbuch‹ ist es ›wohl wurzelverw[andt] mit got. *driusan* ‚fallen‘, so daß in Verbindung mit Otfrids *trūren* ‚die Augen senken‘ wohl von einer Bed[eu]t[un]g ‚(den Kopf) senken‘ ausgegangen werden kann.‹ In genau dieser Bedeutung wird das Partizip in Hölderlins Gedicht ›Rousseau‹ verwendet:

> der Baum entwächst
> Dem heimatlichen Boden, aber es sinken ihm
> Die liebenden, die jugendlichen
> Arme, und trauernd neigt er sein Haupt.
>
> (StA 2,12, V. 17 ff.)

[...] Auch in ›Mnemosyne‹ also, möchte ich behaupten, bedeutet ›Trauer‹ die Mattigkeit, die der Todeslust nicht widerstehen kann; und diese Behauptung findet Bestätigung in der Hymne selbst, wo diejenigen, die ›mit eigener Hand‹ starben, als ›traurige‹ bezeichnet sind. Diese Apathie ist der Fehler, von dem Hölderlin in der letzten Zeile spricht. Die Erinnerung an die gestorbenen griechischen Helden ist kein Fehler, sondern erlaubt dem Dichter, mit Hilfe der griechischen ›Kunst‹ der Sehnsucht ins Ungebundene zu widerstehen [...].«

Robin Harrison: »Das Rettende« oder »Gefahr«? Die Bedeutung des Gedächtnisses in Hölderlins Hymne *Mnemosyne*. In: Hölderlin-Jahrbuch. Hrsg. von Bernhard Böschenstein und Gerhard Kurz. Bd. 24. Tübingen: Mohr, 1986. S. 196, 204–206. – © 1986 Mohr Siebeck GmbH & Co. KG, Tübingen.

Im selben Zeitraum wie *Mnemosyne* entstand eine zweite Hymne, deren Thema das Gedächtnis ist: *Andenken*. Was eint, was unterscheidet beide Texte im Hinblick auf das Erinnern? Dazu bemerkt DIETER HENRICH (*1927):

»Man kann beide Werke [...] wie ein Diptychon [zweiflügliges Altarbild] ansehen. Der Anlage dieser Werkform entsprechen beide Gedichte auch insofern, als sie gerade im scharfen Kontrast durchgängig aufeinander bezogen sind. Und dieser Kontrast ist nicht nur der zwischen ihren Grundtönen und damit der Gestimmtheit ihres Erinnerns. ›Andenken‹ ist unter den beiden das Gedicht, das man wohl das ›philosophische‹ nennen dürfte, – nicht deshalb allein, weil sich aus ihm die Verfassung des Andenkens er-

klären ließ, weil sein Titel auch ein Problemtitel des Denkens sein könnte und weil es in die Trias der Schlußverse führt, die auch dem Denken als solchem zugehören könnten. Auch sein Grundton ist dem Ton näher, in dem die Philosophie ihre Einsicht gewinnt und erklärt. [...]
In ›Mnemosyne‹ kommt der Gang des Andenkens unter den Sog von Schicksal und unter die Last, was zu behalten ist, nicht fassen und nicht austragen zu können. Sein Titel stellt das Gedicht nicht in den Umkreis des Denkens, sondern in den der Katastrophen einer Welt, in deren Geschick wir selbst noch gebunden sind. [...] ›Andenken‹ ist von Hölderlins Grundgedanken her so verfaßt, daß das Eine, in dem alle Wege gründen, und die Einsicht von ihm, die jedes Leben ins Bleiben bringt, in einem harmonischen Gang des Andenkens gewonnen werden kann. So steht das Gedicht, unter Wahrung der Differenz, in die dies Eine selbst aufgegangen ist, in Zuordnung zur Einheit als einer solchen. ›Mnemosyne‹ ist dagegen von der Differenz insofern bestimmt, als sie Geschick ist und zur Not werden muß, ehe ein Ganzes, in dem Bleiben ist, dem Andenken erschlossen werden könnte.«

Dieter Henrich: Der Gang des Andenkens. Beobachtungen und Gedanken zu Hölderlins Gedicht. Stuttgart: Klett-Cotta, 1986. S. 184–186. – © 1986 J. G. Cotta'sche Buchhandlung Nachfolger GmbH.

Der Hymne *Andenken* kommt auch im Zusammenhang mit intertextuellen Bezügen zu anderen Autoren große Bedeutung zu in Bezug auf die Frage, wie Hölderlin in seinen späten Gesängen überhaupt die Möglichkeit und Notwendigkeit der Erinnerung aus abendländischer Perspektive versteht. Diesem Aspekt widmet sich ULRICH GAIER (*1935):

»Ein vielfach vertretener Gedanke ist, dieser Gesang sei Hölderlins letzter und enthalte auch den Grund dafür,

z. B. wenn gesprochen wird über ›Elevtherä, der Mnemosyne Stadt. Der auch als / Ablegte den Mantel Gott, das abendliche nachher löste / Die Loken.‹ [...] Da Mnemosyne die Göttin des Gedächtnisses und Mutter der Musen ist, wird daraus eine Aussage Hölderlins über den Tod der (seiner!) Erinnerung und damit des Fundus der Dichtung, der Kultur und des neu sich bildenden Vaterlandes erschlossen, denn das Lösen der Locken gehöre zum Todesritus, sei eine Metonymie [hier: übertragenes Bild] des Dienstes an Toten. Nun wird aber in zeitlicher Nähe in dem Gesang *Andenken* die Fähigkeit der Dichter, andenkend Bleibendes zu stiften, hervorgehoben; näher betrachtet braucht außerdem ein Untergang einer der Mnemosyne geweihten Stadt des alten Griechenland nicht den Zusammenbruch der Erinnerung bei Hölderlin oder in Hölderlins Zeit zu bedeuten. Vielmehr könnte der Untergang einer im griechischen Kosmos der Mnemosyne geweihten Stadt mit dem Übergang dieses Kosmos in den hesperischen, den ›abendlichen‹ Kosmos zu tun haben: das Gedächtnis hat darin keine konkrete Stelle und Stadt mehr, sondern wird abstrakt, wird zur Erinnerung. [...]
Die geschichtliche Erinnerung, die Mnemosyne, kann also die erhoffte Erneuerung der Zeit und Kultur leisten. Darauf weist auch das Bild von den Schlangen [...], das meist als Todessymbol gedeutet und in das Syndrom des Vergessens und Absterbens der Dichtung einbezogen wird; Herder [Johann Gottfried Herder (1744–1803), Dichter, Theologe und Philosoph] schreibt in *Tithon und Aurora*, dem für Hölderlin wegen des Verjüngungsgedankens so wichtigen Text:

> ›Die Schlange der Zeit wechselt oft ihre Häute, und bringt dem Mann in der Höle, wo nicht den fabelhaften Juwel auf ihrem Haupt oder die Rose in ihrem Munde, so doch Kräuter der Arznei zur Vergessenheit des Alten und zur Wiedererneurung.‹

Die Schlange bezeichnet also die Verjüngung der Kultur und die Funktion der Erinnerung dabei. [...]
Wie das Gedicht endgültig ausgesehen hätte, ist nicht zu sagen. Aber die intertextuellen Beziehungen zu Stolberg [der Dichter Friedrich Leopold Graf von Stolberg (1750–1819) widmet sich in seinem Aufsatz *Über die Begeisterung* einigen Motiven, die auch in *Mnemosyne* thematisch sind, so dem des Zorns], Herders *Tithon und Aurora* sowie *Ideen* [gemeint ist Herders Abhandlung *Ideen zur Philosophie der Geschichte der Menschheit*, in der u. a. das Motiv des geschichtsphilosophischen Wanderers begegnet], denen noch die Beziehung zu Rousseaus Bootsfahrt in der fünften Promenade der *Rêveries* [in Jean-Jaques Rousseaus (1712–1778) 1776 begonnenem letzten Werk *Les rêveries du promeneur solitaire* geht es u. a. um die Problematik des Erinnerns und Wiedererinnerns] hinzuzufügen wäre, indizieren keineswegs den Tod der Erinnerung oder das Aufhören des Dichters, sondern betonen umgekehrt seine unbedingte Notwendigkeit in einer Zeit der Verjüngung der Kultur. Hölderlin hat weiter darauf gehofft, so wenig die Gegenwart ihm Grund und Anlaß dazu gab.«

> Ulrich Gaier: Hölderlin. Eine Einführung. Tübingen/Basel: Francke, 1993. S. 413, 416 f., 418 f. – Mit Genehmigung von Ulrich Gaier, Konstanz.

Der Spaziergang

Ihr Wälder schön an der Seite,
Am grünen Abhang gemahlt,
Wo ich umher mich leite,
Durch süße Ruhe bezahlt
Für jeden Stachel im Herzen,
Wenn dunkel mir ist der Sinn,
den Kunst und Sinnen hat Schmerzen
Gekostet von Anbeginn.
Ihr lieblichen Bilder im Thale,
Zum Beispiel Gärten und Baum,
Und dann der Steg der schmale,
Der Bach zu sehen kaum,
Wie schön aus heiterer Ferne
Glänzt einem das herrliche Bild
Der Landschaft, die ich gerne
Besuch' in Witterung mild.
Die Gottheit freundlich geleitet
Uns erstlich mit Blau,
Hernach mit Wolken bereitet,
Gebildet wölbig und grau,
Mit sengenden Blizen und Rollen
Des Donners, mit Reiz des Gefilds,
Mit Schönheit, die gequollen
Vom Quell ursprünglichen Bilds.

Nach dem Erstdruck (D 1846) in: *Friedrich Hölderlin's sämmtliche Werke*, hrsg. von Christoph Theodor Schwab, Bd. 2: *Nachlaß und Biographie*, Stuttgart/Tübingen: Cotta, 1846, S. 343 f.

Blick vom Österberg auf Tübingen und den Neckar
Stich nach einer Zeichnung von C. Baumann, um 1840

Entstehung und Erstdruck

Hölderlin gelingt es bis ins Jahr 1806 hinein zuweilen noch, in seinen Texten (wie in *Patmos* und in *Mnemosyne*) die Differenz zwischen dem realen Verlauf der Geschichte und seiner dichterischen Vision von ihrer Entwicklung dialektisch zu versöhnen, aber nicht mehr in seinem Leben. Auf die biographische Katastrophe, die erzwungene Verbringung von Homburg ins Autenriethsche Klinikum nach Tübingen im September 1806, folgt nach monatelangen Untersuchungen am 3. Mai 1807 Hölderlins Entlassung aus der Klinik mit der Diagnose, er sei unheilbar. Er wird zur Pflege bei der Familie des Schreinermeisters Ernst Zimmer untergebracht, die ein Haus am Neckar bewohnt. Hölderlin erhält das ›Turmzimmer‹. Dort verbringt er zwar umhegt, aber entmündigt weitaus mehr Zeit, als die Ärzte des Klinikums ihm prognostiziert hatten, nämlich nicht ›höchstens drei Jahre‹, sondern die zweite Hälfte seines Lebens: 36 Jahre.

Auch während dieser langen Zeit bis zu seinem Tod am 7. Juni 1843 schreibt er Gedichte. Anfangs geschieht dies zumeist wohl aus eigenem Antrieb, später oft auf Wunsch der Besucher, die sich seit 1820 häufiger bei ihm einstellen. Aus diesen ›Turmgedichten‹ ist die visionäre Zuversicht geschwunden. In der Regel sind sie in einer monoton und stereotyp anmutenden Sprache verfasst. Mit ihrer geringen Zahl an Strophen, den häufig begegnenden Endreimen und den oft bis in die Buchstäblichkeit der Titel sich wiederholenden Themen (zum Beispiel: die Jahreszeiten) haben sie eine einfache, gleichförmig wirkende Struktur. Setzt man diesen Schreibgestus zu dem der vorausgegangenen Jahre in Bezug, lässt sich im Schablonenhaften sowohl der Sprache als auch der Topoi Hölderlins Einsicht in das Scheitern seines ›Dichterberufs‹ erkennen. In den ›Turmgedichten‹ äußert sich insofern seine vielleicht ›verrückte‹, vielleicht nur versetzt, also indirekt, aber geistesklar postulierte Ab-

sage an seinen existentiellen Einsatz innerhalb der Geschichtszeit. Und es bekundet sich in ihnen seine Annahme dieses Geschicks, das ihn nicht nur als Person, sondern das ihn wesentlich als Deuter der Zeit dauerhaft entmündigt.
Der Spaziergang ist ein repräsentatives Zeugnis für diesen verändert-verfremdeten Schreibgestus. Das Gedicht gehört wahrscheinlich zu einem größeren Konvolut an Texten aus der Turmzeit, die Hölderlins Halbbruder Karl Gok am 21. April 1841 Gustav Schwab für sein biographisches Vorwort zu der oben genannten Werkausgabe zur Verfügung gestellt hatte. Entstanden ist es aber wohl schon um 1810. Es ist blockartig in einer Strophe von vierundzwanzig Versen mit Endreimen abgefasst und bietet nicht das ekstatische Erlebnis einer Landschaft, sondern deren reservierte Schilderung. Sie wird nicht mehr als Raum göttlich durchwirkten Erlebens von Natur und Geschichte präsentiert (wie z. B. in der Elegie *Brod und Wein* oder in der Hymne *Friedensfeier*), sondern vom Standpunkt existentieller Ferne aus dargestellt. Diese Ferne wird als Erfahrung der Entfremdung besonders deutlich, wenn das lyrische Ich sich selbst beschreibend in die Landschaft hineinstellt (vgl. V. 1–8).
Auch Hölderlins Reflexion seines eigenen Schicksals ist in diesen Versen unübersehbar. Nicht zu überhören ist seinerseits ein sarkastischer Unterton, besonders in den Versen 3 f. Denn die ›Leitung‹, die Hölderlin über sich noch ausübt, ist eine der mechanisch gelenkten Schritte unter Aufsicht. Und die »Ruhe« (V. 4), in der er nun lebt, ist existentiell alles andere als eine »süße« und eine Belohnung; sie ist eine bittere Ruhe und ein Entgelt für die geschichtliche Euphorie aus der Zeit davor.
Im letzten Drittel des Gedichts erwähnt Hölderlin »Die Gottheit« (V. 17) – in der Folge (vgl. V. 17–24) sogar mit deutlichen Anklängen an die früher Zeus und Dionysos gewidmete Metaphorik. Nun jedoch ist die Erwähnung fast nur noch Anlass zu einem Bericht über das Wetter.

Die Schilderung ist visuell und akustisch genau. Aber sie ist gehalten in dem charakteristisch distanzierten Ton, der jeden der Aspekte als gleich gültig (und die ganze Wahrnehmung des lyrischen Ichs als eine gleichgültige) wirken lässt. Das gilt selbst für die platonisierende Reflexion, mit der das Gedicht endet. Hölderlin kehrt nicht bekenntnishaft, nicht wirklich zu den Überzeugungen zurück, die sich in seiner ersten Werkphase manifestiert haben. Die Rede von der »Schönheit, die gequollen / Vom Quell ursprünglichen Bilds« ist nur noch ein Nachhall, ein stimmloses Echo. *Der Spaziergang* jedoch gewährt dem achtsamen Leser unvermutete Einblicke in die Seelenlandschaft jenes Hölderlin, dem die geschichtliche Welt der Menschen vom Lebenselixier zum Leerlauf geworden ist.

Zeilenkommentar

2 *gemahlt:* Dieses Verb ist das erste Signalwort, das deutlich macht, wie Hölderlin nun Landschaft erlebt: Landschaft ist für ihn nicht mehr Gegenstand der unmittelbaren Anschauung, sondern sie ist der Betrachtung Gegebenes, das zwar noch ästhetisch wirkt, aber nicht mehr als organischer Zusammenhang erscheint, sondern wie eine Bühnenkulisse anmutet.

3 *Wo ich umher mich leite:* Das Reflexivpronomen (»mich«) stellt einen Rückbezug zum Subjekt des Satzes her, dem (lyrischen) »ich«. Dieser grammatische Rekurs zeugt hier zugleich für die hermetische Geschlossenheit, in der sich das Bewusstseinsleben des lyrischen Ichs bewegt. Es kreist in sich selbst, auch wenn es einen »Spaziergang« unternimmt und sich für die Eindrücke der Landschaft empfänglich zeigt. Seine Selbstreflexivität wird von den Naturreizen nicht absorbiert. Im Gegenteil: das lyrische Ich bleibt nicht nur Subjekt, sondern es ist sich auch primäres Objekt der Wahrnehmung. Es hat

vor allem ein Bewusstsein davon, dass und auf welche Weise es durch die Landschaft wandert.

4–8: *Durch süße Ruhe ... von Anbeginn:* Dass der formal selbstreflexive Einschub (vgl. V. 3) den Übergang zu biographischen Reflexionen bildet, unterstreicht die Hermetik, in der das lyrische Ich existentiell befangen und gefangen ist.

5 *Stachel im Herzen:* vgl. die Ode *Chiron* aus den 1803/04 entstandenen *Nachtgesängen*. Dort spricht Hölderlin vom »Stachel des Gottes« (V. 37) in Bezug darauf, dass »einer zweigestalt ist, und es / Kennet kein einziger nicht das Beste« (V. 35 f.). Chiron ist als Zentaur von Natur aus durch seinen Pferdeleib mit menschlichem Oberkörper ein zwiegestaltiges Wesen. Diese Doppelung zeigt sich auch in seiner Klarheit des Bewusstseins, die alle Natureindrücke reflexiv bricht. Die Reflexionskraft erscheint als eine ambivalente Gabe: Sie ist der »Stachel des Gottes« – sie stachelt dazu an, Kenntnisse über die Kräfte der Natur zu erwerben und schließlich die Lebenswirklichkeit als Ganzes im Geiste reproduzieren zu wollen. Diese gewaltige, schicksalhafte, an die Grenzen des Bewusstseins führende Aufgabe ist »ein Schmerz« (*Chiron*, V. 34; vgl. die Wiederaufnahme dieses Substantivs im verstärkenden Plural in *Der Spaziergang*, V. 7). Stets droht aus diesem Ansinnen eine Überanstrengung zu werden. Vor dieser die Existenz zerstörenden Gefahr hat Hölderlin (sich) im Zusammenhang mit seinem ›Dichterberuf‹ oft gewarnt; vgl. z. B. *Wie wenn am Feiertage ...*, V. 67–72. Jetzt, in den Jahren nach 1806, spricht er aus der Rückschau von ihr. Die gefürchtete Katastrophe ist eingetreten.

6 *Wenn dunkel mir ist der Sinn:* Die Konjunktion »Wenn« dürfte sowohl konditional als auch temporal zu verstehen sein. Der zeitliche Bezug ergibt sich wiederum aus der ausgeprägten Selbstreflexivität des lyri-

schen Ichs bzw. Hölderlins, dem »der Sinn« auch während des entmündigten Daseins nicht beständig und nicht vollständig dunkel ist – zum Beispiel nicht während des Schreibens dieses Gedichts. Der Vers signalisiert zudem deutlich das Wissen des lyrischen Ichs um die Minderung seiner Geisteskräfte. Das Prädikativum »dunkel« stellt einen direkten Zusammenhang mit der in *Wie wenn am Feiertage ...* entwickelten Strafvision her, denn dort heißt es von den »Himmlischen«, die das lyrische Ich zu »schauen« begehrt: »Sie selbst, sie werfen mich tief unter die Lebenden / Den falschen Priester, ins Dunkel« (V. 69–71).

9 *Bilder:* Nach »gemahlt« in Vers 2 – und thematisch passend zu diesem Verb – ist dies das zweite Signalwort für Hölderlins Landschaftswahrnehmung aus existentiell nicht mehr zu überbrückender Distanz.

10 *Zum Beispiel:* Auch dieser Einschub illustriert die existentielle Distanz. Anstatt eine Folge von Naturimpressionen sich entwickeln zu lassen – und sich diesen womöglich (sprachlich) hinzugeben –, demonstriert das lyrische Ich, dass es nur zu einer reflexiv gebrochenen Schilderung von Naturgegebenheiten in der Lage ist.

13 f. *aus heiterer Ferne / Glänzt einem das herrliche Bild:* In den Substantiven »Ferne« und »Bild« zeigt sich wiederum der innere Abstand des lyrischen Ichs zu der seinem Auge sich darbietenden Landschaft. Die indefinite, verallgemeinernde Formulierung »einem« verstärkt den Eindruck der emotionalen Zurückgezogenheit dieses Ichs. Nur scheinbar im Kontrast dazu stehen die preisenden, alliterierenden (durch denselben Anlaut verbundenen) Attribute »heiterer« und »herrliche«. Schon die beiden Anrufe »Ihr«, als erstes Wort des Textes und dann wieder als erstes Wort des neunten Verses herausgestellt, verleihen dem Gedicht Züge eines Preisliedes. Es bleibt aber bei dem Gestus, bei der Anspielung – der bloßen Erinnerung an den vor

der Lebenskatastrophe von Hölderlin dichterisch gestifteten Preis von Landschaften, Städten und Personen.

17–22 *Die Gottheit ... des Gefilds:* Die Gottheit erscheint hier in jenen drei Aspekten, die auch in den geschichtsphilosophischen Dichtungen Hölderlins ihr Wesen charakterisiert haben. Sie bestimmt den (Lebens-)Weg der Menschen (vgl. den Endreim »geleitet« / »bereitet«); sie manifestiert sich in den elementaren Kräften der Natur; und sie bewirkt durch den inneren Zusammenhang dieser beiden Aspekte den Gang der Weltgeschichte. Die Naturmetaphorik des Gewitters verwendet Hölderlin in seiner Lyrik vor 1806/07 vielfach leitmotivisch zur indirekten Darstellung geschichtlich-revolutionärer Umbrüche, mit besonderem Bezug auf das für ihn gegenwärtige Ereignis der Französischen Revolution von 1789 und deren kultureller Folgen; vgl. paradigmatisch das hymnische Fragment *Wie wenn am Feiertage ...* und in der Hymne *Friedensfeier* die Verse 29–33.

23 f. *Schönheit, die gequollen / Vom Quell ursprünglichen Bilds:* Diese Apotheose (Vergöttlichung) bezieht sich auf »das herrliche Bild / Der Landschaft« (V. 14 f.). Nach der Nennung der Gottheit (V. 17), die ihr die Schönheit (V. 23) verleiht, erscheint sie nun als Abbild einer idealen Szenerie. Damit unterscheidet sich diese Darstellung einer Landschaft stark von den verklärend-vergöttlichenden Beschreibungen, die Hölderlin in seiner geschichtsphilosophisch motivierten Lyrik von anderen Landschaften gibt (vgl. z. B. *Brod und Wein*, V. 55–58; *Friedensfeier*, V. 1–12). Dort geht es um »das Zeitbild, das der große Geist entfaltet« (*Friedensfeier*, V. 94), um Landschaft als dynamischen Natur- und Kulturraum epochaler göttlicher Gegenwart und Abwesenheit. Hier ruft Hölderlin eine statisch und hierarchisch anmutende Vorstellung von nur zei-

chenhafter Präsenz, von bloßer Repräsentanz der Gottheit in den ästhetisch wahrgenommenen Naturphänomenen wach. Den ontologischen Hintergrund für diese Konstellation bildet Platons Lehre von den Ideen als geistigen Urbildern, die, selbst unveränderlich, vom anschaulich Gegebenen, das dem Wandel unterliegt, repräsentiert werden (vgl. *Politeia* 595b, 596a, 597b; im *Timaios*, Abschnitt 37d, bestimmt Platon die Zeit als das »Bild des im Einen verharrenden Ewigen«). In seiner frühen Lyrik hat Hölderlin sich oft auf dieses platonische Modell mit der Aussageabsicht bezogen, das Leben in dieser Welt als ein immer mit Mängeln behaftetes Dasein darzustellen. So spricht er in dem Gedicht *Die Nacht* aus dem November 1785 von »der Welt, wo tolle Toren spotten, / um leere Schattenbilder sich bemühn« (V. 5 f.). In der Ode *Die Unsterblichkeit der Seele* von 1788 verbindet er im Hinblick auf das Motiv der Sonne platonisch-repräsentationistische mit christlich-apokalyptischen Aspekten: »Wie herrlich, Sonne! wandelst du nicht daher! / Dein Kommen und dein Scheiden ist Wiederschein / Vom Tron des Ewigen; wie göttlich / Blikst du herab auf die Menschenkinder. [...] Und doch, o Sonne! endet dereinst dein Lauf, / Verlischt an jenem Tag dein hehres Licht. / Doch wirbelt sie an jenem Tage / Rauchend die Himmel hindurch, und schmettert« (V. 61–64; 69–72). Und noch die Hymne *An die Natur*, entworfen wohl im Frühjahr 1795, zeigt das Dasein in der Welt christlich-platonisierend als ein Leben in der Wesensfremde, in der es nur trügerischen Anschein und (visionären) Vorschein einer Menschenheimat gibt: »Ewig muß die liebste Liebe darben, / Was wir lieben, ist ein Schatten nur, / Da der Liebe goldne Träume starben, / Starb für mich die freundliche Natur; / Das erfuhrst du nicht in frohen Tagen, / Daß so ferne dir die Heimath liegt, / Armes Herz, du wirst sie nie erfragen, / Wenn dir nicht ein Traum von ihr genügt« (V. 57–64). – Die Gedichte der Turmzeit nehmen den Grundtenor der Jugendlyrik, die Welt abzuwerten, nicht wieder auf; es bleibt in ihnen der Abglanz der Vergöttlichung von Landschaft, der kultivierten Natur (vgl. *Der Spaziergang*, V. 10 f.) aus den Gedichten des Jahrzehnts von 1796 bis 1806 erhalten. Der späte Rückbezug auf platonische Vorstellungen mittelbarer Präsenz – also davon, dass in den Gegenständen die Idee indirekt verkörpert wird – dürfte dennoch im wörtlichen Sinne weltanschauliche Gründe haben: nicht metaphysische, sondern psychische und physische Gründe, die es Hölderlin jenseits seiner Lebenskatastrophe nur noch ermöglichen, sich reserviert seiner Umwelt gegenüber zu verhalten.

Metrische Besonderheiten

In diesem späten Gedicht verwendet Hölderlin durchgängig den Kreuzreim mit abwechselnd klingender und stumpfer Kadenz (betontem bzw. unbetontem Vers-Ende). Metrisch begegnen sowohl Jamben als auch Anapäste. Manche Verse sind rein jambisch gebildet, andere stellen eine Kombination aus Jamben und Anapästen dar. Reine Jamben finden sich in den Versen 3, 11, 12, 15, 23. Die meisten Verse, die die Maße kombinieren, bestehen aus zwei Jamben am Anfang und einem nachfolgenden Anapäst (vgl. z. B. V. 2 oder 4). Der Jambus erzeugt bei abwechselndem Gebrauch die Vorstellung von Lebendigkeit, Schnelligkeit und Schwung. Der Anapäst evoziert eher einen feierlichen, erhabenen Ton. Die Wirkungen beider Versfüße lassen sich auch in diesem Gedicht finden, wie sich schon an den ersten vier Versen zeigen lässt: sie klingen tänzerisch, beschwingt, heiter, feierlich. Jedoch stockt die Bewegung jeweils am Ende des Verses dadurch, dass Hölderlin durch die Setzung von Kommata Sinneinheiten voneinander abgrenzt und den Leser bzw. Sprecher zwingt, Pausen einzulegen. Damit stemmt er sich effektiv gegen die metrisch erzeugte Wirkung. Diese gegenfinale Struktur lässt sich – mit wenigen Ausnahmen – im gesamten Gedicht nachweisen. Sie korrespondiert mit der Beobachtung, die am Inhalt gemacht werden kann, dass Hölderlin in diesem Gedicht die Sprache und ihren Duktus nicht (mehr) als Ausdruck intensiven Erlebens versteht, sondern sie als distanzschaffendes Medium gebraucht, durch das die Welt entfernt wie hinter immer mitgesehenem Glas erscheint. Biographisch lassen sich diese formalen und gehaltlichen Brechungen, die im Gedicht sinntragende Funktionen haben, als dichterisches Kalkül verstehen. Hölderlin reflektiert auf diese kunstvolle Weise seine Lebenskatastrophe. Auch das Kreuzreimschema lässt sich in dieser Hinsicht deuten: Es symbolisiert, will man es so sehen, die äußere wie innere Gefangenschaft Hölderlins.

In Vers 14 (»Glänzt einem das herrliche Bild«) fällt eine metrische Abweichung auf. Hölderlin beginnt mit einer Hebung statt mit einer Senkung. Dadurch stoßen in den Wörtern »Glänzt einem« zwei Hebungen aufeinander. Sie heben den visionären Charakter des dargestellten Natureindrucks besonders hervor.

In den V. 21f. häufen sich die Anapäste. Dadurch wird der Rhythmus beschleunigt. Auch entfällt am Ende von V. 21 wegen des Enjambements (Zeilenbruchs) die sonst meist hörbare Zäsur (»Mit sengenden Blizen und Rollen / Des Donners«). Der schnellere und nicht unterbrochene Rhythmus verstärkt damit die von Hölderlin in diesen Versen entworfene Gewitterszenerie.

Forschungsstimmen

Jeder Versuch, Ton und Gehalt dieses Gedichts werkimmanent – nur aus dem Text heraus – zu beschreiben, ist einer wesentlichen Irritation ausgesetzt. Das Befremden entsteht daraus, dass bei der Lektüre kaum vom Namen des Verfassers abgesehen werden kann, dass aber die für den Hölderlin der früheren Jahre charakteristische Gestaltungskraft nun fehlt. Entsprechend groß, obwohl unpassend, ist die Versuchung, diese poetische Kraft dennoch in diesem Text (wie in den anderen aus der ›Turmzeit‹) zu suchen. RENATE SCHOSTACK (*1935) geht in ihrer Deutung bewusst von der bezeichneten Irritation aus:

»Das soll Hölderlin sein, dieser pietistische Klang, dieses Biedermeier von Herz und Schmerz und süßer Ruh, dieses schwäbische Abwägen von Bezahlen und Kosten? Da klingt nichts nach den heroisch idealisierenden Reimstrophen à la Schiller (›Lange tot und tiefverschlossen / Grüßt mein Herz die schöne Welt‹), gar nichts nach den Gewalttätigkeiten der späten Hymnen, und nur an einer Stelle (›der Steg, der schmale‹) vernimmt das Ohr einen fernen Nachklang der Oden, deren Versmaß zu komplizierten Satzkonstruktionen, zu grammatikalischen Capricen [Eigenwilligkeiten] wie der Nachstellung von Adjektiven führte.
Diese Verse dringen wie aus einem Souffleurkasten, sie kommen *sotto voce* [ital., ›mit gedämpfter Stimme‹] daher, wie die Worte eines Mediums. [...]
Die Landschaft des Wanderers bleibt seltsam blaß, so als ob er die Wege nur im Geist abschritte. Alle Haupt- und Beiwörter sind allgemein gehalten. Da heißt es: Wälder und Baum, nicht mehr: Eiche und Silberpappel, Ulmwald und Feigenbaum; da steht: Bach, nicht mehr: Garonne, Donau, Skamandros. Das Gedicht wird durchsichtig für Früheres. ›Ihr lieblichen Bilder im Tale‹ – das hieß einmal:

›Mein Neckar ... mit seinen / Lieblichen Wiesen und Uferweiden‹, das hieß: ›Dort wo am scharfen Ufer / Hingeht der Steg und in den Strom / Tief fällt der Bach.‹ [...]
Das Gedicht, dessen dunkle Töne man nicht überhören kann, klingt versöhnlich aus. Nichts mehr von Rebellion, von Sehnsucht nach einem besseren Vaterland, besseren Menschen, einer besseren Liebe, was der Griechentraum einmal konkret bedeutet hat. Aber wie sollte es auch anders sein? Der Geist dessen, der da dichtet, liegt in Fesseln. Man merkt gegen Schluß, wie Vers und Rhythmus ins Schleudern geraten, sich Überflüssiges einschleicht (das ›bereitet‹ in Vers 19). Man hält den Atem an. Aber der Dichter hält durch. Noch einmal.«

Renate Schostack: Wie aus dem Souffleurkasten. In: Frankfurter Anthologie. Gedichte und Interpretationen. Hrsg. von Marcel Reich-Ranicki. Bd. 4. Frankfurt a. M.: Insel Verlag, 1979. S. 44–46. – © 1979 Insel Verlag, Frankfurt am Main.

UTE GUZZONI (*1936) wählt bei ihrer Wahrnehmung des Gedichts einen nicht werkimmanenten Ansatz. Dadurch entgeht sie der oben angeführten Irritation. Sie deutet den *Spaziergang* und zwei weitere Gedichte Hölderlins aus der Zeit nach 1806 (*Wenn aus dem Himmel ...* und *Das fröhliche Leben*) in der Zusammenschau als Zeugnisse dafür, wie im menschlichen Erleben eine Landschaft zum Ereignis wird:

»Ich verstehe die Landschaft damit selbst als ein Geschehen, als eine bestimmte Weise des Miteinandervorkommens von Dingen und Orten und Gegenden, von Nähen und Fernen, Stimmungen und Atmosphären; in ihm gehört dies alles jeweils in eine bestimmte Einheit, vielleicht besser: in ein einstimmiges Bild zusammen. [...]
Die Landschaft liegt vor uns, wie der Wanderer oder der Heimkehrende sie sieht, der sich ›aus heiterer Ferne‹ naht.

Er kommt auf der Straße gegangen, die aus der Ebene, vom Strom und von den Obstgärten her zu den Wäldern und Bergen führt. Ruhe und Bewegung, Nähe und Ferne, Stille und leise Laute; Nachmittag und einbrechende Dämmerung, milde Luft und aufkommender Wind, sengende Blitze und rollender Donner [...]: ›das herrliche Bild der Landschaft‹. Ein Bild stiller Bewegtheit, sowohl aus heiterer Ferne wie zugleich im Mittendrin eines in sich verwobenen Geschehens aus Eigensein und Zueinandergehören. Es ist ein Bild, das gemalt wird, indem die Landschaft vor den Blick gerufen, nach-gezeichnet wird. Was da gerufen und gemalt wird, ist das Einstimmige der ausgebreiteten Landschaft selbst, so wie sie dem Blick sich darbietet, wie sie, genauer gesagt, mit allen Sinnen wahrnehmbar und fühlbar wird.

Ute Guzzoni: Wege im Denken. Versuche mit und ohne Heidegger. Freiburg i. Br. / München: Alber, 1990. S. 26, 29 f. – © 1990 Verlag Karl Alber, Freiburg i. Br.

Am häufigsten diskutiert im Hinblick auf die Gedichte aus der ›Turmzeit‹ ist jedoch die Frage nach dem Bewusstseinszustand, im dem diese Texte geschrieben wurden. Sind sie Ausdruck eines umnachteten Geistes, den die schöpferische Kraft verlassen hat und dem darum die Zeichen der Sprache zu austauschbaren Hülsen werden mussten? Oder sind sie Zeugnis einer veränderten Klarheit, eines kalkulierten Rückzuges, bis zu dem Punkt, wo sich in diesem Regress auch Aspekte einer Rekonvaleszenz zeigen?

Letztere Auffassung vertritt D. E. SATTLER (*1939), Editor der historisch-kritischen Frankfurter Hölderlin-Ausgabe; auch im Hinblick auf den *Spaziergang*:

»Die Dichtungen der zweiten Lebenshälfte sind endlich mit anderen Augen zu lesen, als das was sie sind: Zeugnisse des Wahrsinns, nicht des Wahnsinns, wie ein normiertes Denken vorspiegeln will. [...]

Zum *Progreß* gehört, notwendigerweise, auch der *Regreß*. Dieser im Zentrum der poetologischen Dialektik Hölderlins entwickelte Gedanke muß, unter den geltenden Bedingungen, einem unwiderruflich auf Erfolg und Fortschritt vereidigten Bewußtsein unbegreiflich bleiben. Ihm muß gegenweltliches Gelingen als Scheitern, die Rückkehr zur saturnischen Natur als artistisches Nachlassen und, in der Sprache der Warenwelt, als ästhetische Wertminderung erscheinen.

Was vorher nur ideal gedacht war, brach jetzt real herein: *gänzliche Umkehr* als kategorisch andere Veränderung. [...] Um in der Welt des Scheins in der Wahrheit zu bleiben, mußte der Dichter den Geist aufgeben, den diese als einzigen anerkennt.

[Es] markiert das Gedicht *Der Spaziergang* – als Verschmelzung der jambischen Epistel [zunächst eine in Briefform gehaltene Darstellung von Ereignissen und Empfindungen, die dichterisch schon in der Antike z. B. in die Form der Elegie transferiert wurde; vgl. Ovid, *Epistulae ad Pisones*] in ihrer rhythmisch reichsten Form mit der achtzeiligen Liedstrophe, wie sie Hölderlin zum letzten Mal 1796, in den Vorfassungen des Lieds *Diotima* angewandt hatte – den stilistischen Übergang von den heroisch-virtuosen Dichtarten der Krise in die Windstille des anscheinend Unscheinbaren. Schon die Überschrift enthält die Erinnerung an die ausgestandenen Leiden, von denen der Gesundende spricht. Es ist der spätere Titel von Schillers *Elegie*, mit der dieser seine überraschende Wendung vom gereimten zum antikisierenden Gedicht vollzogen hatte. Wenige Monate zuvor hatte er Hölderlin mit *dem albernen Probleme geplagt*, den *Phaëton* aus Ovids *Metamorphosen* in Stanzen zu übersetzen und die mitten in jenem Umschwung abgelieferte Arbeit kommentarlos beiseite gelegt. Auch der Verzicht auf Strophenfugen nach

Vers 8 und 16, durch den optisch eine Elegie en miniature entsteht, ist als Reminiszenz der Kränkung zu interpretieren. Schiller hatte das aus 15 oder 16 achtzeiligen Strophen bestehende Lied *Diotima* als zu weitschweifig getadelt und zurückgewiesen, obwohl soeben seine *Klage der Ceres* in elf 12zeiligen Strophen erschienen war. Als Hölderlin das Gedicht erneut einsandte (nun in sieben 12zeiligen Langstrophen), antwortete Schiller nicht mehr. Vor diesem Hintergrund wäre zu zeigen, daß das rückgehende Werk der zweiten Lebenshälfte Züge der Rekonvaleszenz trägt: eine Heilung der Wunden, die ihm *Kunst und Sinnen* geschlagen hatten.«

> Friedrich Hölderlin. Sämtliche Werke. Kritische Textausgabe. Hrsg. von D. E. Sattler. Bd. 9: Dichtungen nach 1806 – Mündliches. Darmstadt/Neuwied: Luchterhand, 1984. S. 7, 41. – © 2004 Luchterhand Literaturverlag, München, in der Verlagsgruppe Random House GmbH.
> [Vgl. Friedrich Hölderlin: Sämtliche Werke, Briefe und Dokumente. Hrsg. von D. E. Sattler. 12 Bde. München: Luchterhand Literaturverlag, 2004.]

JOCHEN SCHMIDT (*1938) dagegen vertritt als Editor und Herausgeber von Hölderlins *Sämtlichen Werken und Briefen* im Deutschen Klassiker Verlag entschieden und generalisierend die erstgenannte Position:

»Kein größerer Abstand ist vorstellbar im Werk ein und desselben Dichters als derjenige zwischen den hochgespannten späten Hymnen und den Gedichten, die Hölderlin in den langen Jahrzehnten seiner Umnachtung im Tübinger Turm schrieb, nicht selten als Gelegenheitsgeschenk für einen Besucher, der ihn um ein paar Verse bat. Nach einigen noch etwas weiter dimensionierten Gebilden sind es durchgehend eigentümlich spannungslose, monotone und doch in ihrer Einfachheit manchmal noch anrührende Verse. Immer gleiche Landschaftseindrücke, wie sie der Dichter von seinem Zimmer über den Neckar auf die damals noch unverbaute Wiesenlandschaft jenseits des Flusses und auf die sich am Horizont erhebenden Berge der Schwäbischen Alb hatte, immer die Jahreszeiten. Stereotype Bilder, klischeehaft und zugleich transparent auf etwas nicht Gesagtes, nicht Sagbares. Unendlich scheint die Distanz zwischen der Welt und einem seine erloschenen Reste ängstlich zurücknehmenden Ich, das sich am Ende noch hinter einem Pseudonym verbirgt [Hölderlin unterschrieb Texte der ›Turmzeit‹ häufig mit »Scardanelli«]. Während früher oft weiträumige Hypotaxe die poetische Sprache bestimmte und die Syntax die Verseinheit, ja immer wieder in kühnem Enjambement sogar die Stropheneinheit überschritt, gibt es nun fast nur noch einfachste Parataxe, in girlandenhaftem Reihungsstil so geordnet, daß Verseinheit und Sinneinheit zusammenfallen. Reduktion und Regression kennzeichnen auch die Einförmigkeit der Naturbilder, die nicht mehr leben, sondern wie in einem Baukastenspiel zu Konfigurationen immer gleicher Grundelemente erstarrt sind. Daß nun der längst verschwundene Reim in seinen einfachsten Möglichkeiten wiederkehrt und beinahe automatenhaft funktioniert, gehört zu der gespenstisch konventionalisierten Harmonie, die immer von neuem in Worten wie ›glänzen‹, ›heiter‹, ›Pracht‹ therapeutisch beschworen wird. Die anspruchsvollsten Begriffe, zu denen Hölderlin noch findet, sind bezeichnenderweise ›Harmonie‹ und ›Vollkommenheit‹. Dieser aus der Katastrophe kommende Reflex entspricht einer Entwirklichung, in der sich Welt und Menschen zum ›Bild‹ – so lautet das wohl häufigste Wort – entfremdet haben.«

Friedrich Hölderlin: Sämtliche Werke und Briefe. Drei Bände. Hrsg. von Jochen Schmidt. Bd. 1. Frankfurt a. M.: Deutscher Klassiker Verlag, 1992. S. 512 f. – © 1992 Deutscher Klassiker Verlag, Frankfurt am Main.

Literaturhinweise

Werke Hölderlins

Sämtliche Werke. Hrsg. von Friedrich Beißner und Adolf Beck. 8 Bde. Stuttgart: Cotta / [seit 1951] Kohlhammer, 1943–85. [Stuttgarter Ausgabe. – Zit. als: StA.]

Sämtliche Werke. Historisch-kritische Ausgabe. Hrsg. von D. E. Sattler. 20 Bde. 3 Suppl.-Bde. Frankfurt a. M.: Verlag Roter Stern / [seit 1979] Basel: Stroemfeld, 1975–2006. [Frankfurter Ausgabe. – Zit. als: FHA.]

Homburger Folioheft. Faksimile-Edition. Hrsg. von D. E. Sattler und E. G. Emery. Suppl.-Bd. 3 zur Frankfurter Hölderlin Ausgabe. Basel / Frankfurt a. M.: Stroemfeld / Roter Stern, 1986.

Sämtliche Werke. Kritische Textausgabe. Hrsg. von D. E. Sattler. Darmstadt: Luchterhand, 1979 ff.

Sämtliche Gedichte. Studienausgabe in zwei Bänden. Hrsg. von Detlev Lüders. Wiesbaden: Aula-Verlag, ²1989.

Sämtliche Werke und Briefe in drei Bänden. Hrsg. von Michael Knaupp. München: Hanser, 1992–93.

Sämtliche Werke und Briefe. 3 Bde. Hrsg. von Jochen Schmidt. Frankfurt a. M.: Deutscher Klassiker Verlag, 1992–94.

Kurz, Gerhard (Hrsg.): Friedrich Hölderlin. Gedichte. Hrsg. von Gerhard Kurz in Zsarb. mit Wolfgang Braungart. Nachw. von Bernhard Böschenstein. Stuttgart: Reclam, 2000.

Sämtliche Werke, Briefe und Dokumente in zeitlicher Folge. 12 Bde. Hrsg. von D. E. Sattler. München: Luchterhand, 2004. [Bremer Ausgabe.]

Sekundärliteratur

Anderle, Martin: Die Landschaft in den Gedichten Hölderlins. Die Funktion des Konkreten im idealistischen Weltbild. Bonn 1986.

Beck, Adolf: Forschung und Deutung. Ausgewählte Aufsätze zur Literatur. Hrsg. von Ulrich Fülleborn. Frankfurt a. M. 1966.

– Hölderlins Weg zu Deutschland. Fragmente und Thesen. Stuttgart 1982.

Beißner, Friedrich: Hölderlin. Reden und Aufsätze. Weimar 1961.

Beyer, Uwe: Mythologie und Vernunft. Vier philosophische Studien zu Friedrich Hölderlin. Tübingen 1993.
– (Hrsg.): Neue Wege zu Hölderlin. Würzburg 1994.
– / Brauer, Ursula: »Streit und Frieden hat seine Zeit«. Hölderlins Entwicklung seiner Geschichtsphilosophie aus der Anschauung der Gegenwart: Fünf Zeitgedichte vor 1800. Stuttgart/Weimar 2000.
– Die andere Klarheit. Das Zerbrechen der Wirklichkeit innerhalb des neuzeitlichen Denkens. Hölderlins Zerbrechen an dieser Zäsur. In: Jens Mattern (Hrsg.): EinBruch der Wirklichkeit. Die Realität der Moderne zwischen Säkularisierung und Entsäkularisierung. Berlin 2002. S. 237–280.
Binder, Wolfgang: Hölderlin-Aufsätze. Frankfurt a. M. 1970.
– / Weimar, Klaus: Literatur als Denkschule. Zürich/München 1972.
– Friedrich Hölderlin. Frankfurt a. M. 1987.
Böschenstein, Bernhard: ›Frucht des Gewitters‹. Zu Hölderlins Dionysos als Gott der Revolution. Frankfurt a. M. 1989.
– *Brod und Wein*. Von der »klassischen« Reinschrift zur späten Überarbeitung. In: Turm-Vorträge 1989/90/91: Hölderlin: Christentum und Antike. Tübingen 1991. S. 173–200.
Bothe, Henning: Hölderlin zur Einführung. Hamburg 1994.
Eibl, Karl: Der Blick hinter den Spiegel. Sinnbild und gedankliche Bewegung in Hölderlins Hälfte des Lebens. In: Jahrbuch der deutschen Schillergesellschaft. Hrsg. von Fritz Martini [u. a.]. 27. Jg. Stuttgart 1983. S. 222–234.
Gaier, Ulrich: Hölderlin. Eine Einführung. Tübingen/Basel 1993.
Guzzoni, Ute: Wege im Denken. Versuche mit und ohne Heidegger. Freiburg i. Br. / München 1990.
Harrison, Robin: »Das Rettende« oder »Gefahr«? Die Bedeutung des Gedächtnisses in Hölderlins Hymne *Mnemosyne*. In: Hölderlin-Jahrbuch. Hrsg. von Bernhard Böschenstein und Gerhard Kurz. Bd. 24. Tübingen 1986. S. 195–206.
Häussermann, Ulrich: Friedrich Hölderlin mit Selbstzeugnissen und Bilddokumenten. Reinbek 1961.
Henrich, Dieter: Der Gang des Andenkens. Beobachtungen und Gedanken zu Hölderlins Gedicht. Stuttgart: Klett-Cotta 1986
Hörisch, Jochen: Brot und Wein. Die Poesie des Abendmahls. Frankfurt a. M. 1992.
Hühn, Helmut: Mnemosyne. Zeit und Erinnerung in Hölderlins Denken. Stuttgart/Weimar 1997.

Kaiser, Gerhard: Geschichte der deutschen Lyrik von Goethe bis Heine. Tl. 2. Frankfurt a. M. 1988.
Kleßmann, Eckart: Die Obhut der Himmlischen. In: Frankfurter Anthologie. Gedichte und Interpretationen. Hrsg. von Marcel Reich-Ranicki. Bd. 19. Frankfurt a.M. 1996. S. 53–55.
Konda, Jutta: Das Christus-Bild in der deutschen Hymnendichtung vom 18. bis zum 20. Jahrhundert. Köln [u. a.] 1998.
Martens, Gunter: Friedrich Hölderlin mit Selbstzeugnissen und Bilddokumenten. Reinbek 1996.
Menninghaus, Winfried: Hälfte des Lebens. Versuch über Hölderlins Poetik. Frankfurt a.M. 2005.
Mieth, Günter: Friedrich Hölderlin. Dichter der bürgerlich-demokratischen Revolution. Berlin 1978.
Nägele, Rainer: Text, Geschichte und Subjektivität in Hölderlins Dichtung – ›Unessbarer Schrift gleich‹. Stuttgart 1985.
Pott, Sandra: Poetiken. Poetologische Lyrik, Poetik und Ästhetik von Novalis bis Rilke. Berlin 2004.
Reuß, Roland: Die eigene Rede des andern. Hölderlins Andenken und Mnemosyne. Basel / Frankfurt a. M. 1990.
Ries, Wiebrecht: Das Bewußtsein des Unglücks. Zu thematischen Parallelen in der Kindheits- und Jugendgeschichte Hölderlins, Nietzsches und Kafkas. In: Jahrbuch der Nietzsche-Gesellschaft. Bd. 5/6. Berlin 2000. S. 443-455.
Roland-Jensen, Flemming: Hölderlins Muse. Edition und Interpretation der Hymne Die Nymphe Mnemosyne. Würzburg: Königshausen & Neumann 1989.
Roland-Jensen, Flemming: Vernünftige Gedanken über *Die Nymphe Mnemosyne* – wider die autoritären Methoden in der Hölderlinforschung. Würzburg 1998.
Rombach, Heinrich: Der kommende Gott. Hermetik – Eine neue Weltsicht. Freiburg i. Br. 1991.
Sattler, D. E.: O Insel des Lichts! Patmos und die Entstehung des Homburger Foliohefts. In: Hölderlin-Jahrbuch. Hrsg. von Bernhard Böschenstein und Gerhard Kurz. Bd. 25. Tübingen 1987. S. 213–225.
Schmidt, Jochen: Hölderlins Elegie *Brod und Wein*. Die Entwicklung des hymnischen Stils in der elegischen Dichtung. Berlin 1968.
– Hölderlins letzte Hymnen *Andenken* und *Mnemosyne*. Tübingen 1970.

Schmidt, Jochen: Hölderlins später Widerruf in den Oden *Chiron*, *Blödigkeit* und *Ganymed*. Tübingen 1978.
– Sobria ebrietas. Hölderlins *Hälfte des Lebens*. In: Hölderlin-Jahrbuch. Hrsg. von Bernhard Böschenstein und Gerhard Kurz. Bd. 23. Tübingen 1983. S. 182–190.
– Hölderlins geschichtsphilosophische Hymnen *Friedensfeier – Der Einzige – Patmos*. Darmstadt 1990.
Schostack, Renate: Wie aus dem Souffleurkasten. In: Frankfurter Anthologie. Gedichte und Interpretationen. Hrsg. von Marcel Reich-Ranicki. Bd. 4. Frankfurt a. M. 1979. S. 44–46.
Selbmann, Rolf: Dichterberuf. Zum Selbstverständnis des Schriftstellers von der Aufklärung bis zur Gegenwart. Darmstadt 1994.
Staiger, Emil: Friedrich Hölderlin. Drei Oden. In: E. S.: Meisterwerke deutscher Sprache aus dem neunzehnten Jahrhundert. Zürich ⁴1961. S. 13–56.
Stierle, Karlheinz: Dichtung und Auftrag. Hölderlins Patmos-Hymne. In: Hölderlin-Jahrbuch. Hrsg. von Bernhard Böschenstein und Gerhard Kurz. Bd. 22. Tübingen 1981. S. 47–68.
Stoermer, Fabian: Hermeneutik und Dekonstruktion der Erinnerung: über Gadamer, Derrida und Hölderlin. München 2002.
Wülfing, Wulf: Zum Napoleon-Mythos in der deutschen Literatur des 19. Jahrhunderts. In: Helmut Koopmann (Hrsg.): Mythos und Mythologie in der Literatur des 19. Jahrhunderts. Frankfurt a. M. 1979. S. 81–108.

Der Verlag Philipp Reclam jun. dankt für die Nachdruckgenehmigung den Rechteinhabern, die durch den Textnachweis und einen folgenden Genehmigungs- oder Copyrightvermerk bezeichnet sind. In einigen Fällen waren die Rechteinhaber nicht festzustellen. Hier ist der Verlag bereit, nach Anforderung rechtmäßige Ansprüche abzugelten.

Abbildungsverzeichnis

7 Friedrich Hölderlin. Pastellbild von Franz Karl Hiemer, 1792.
18 Susette Gontard, Hölderlins Diotima. Gipsbüste von Landolin Ohmacht, 1795. – © Deutsches Literaturarchiv / Schiller-Nationalmuseum, Marbach a. N.
35 Buonaparte als Erster Konsul. Ölgemälde von Jacques-Louis David, 1797.
46 Der junge Hölderlin. Getönte Bleistiftzeichnung, 1786.
55 Tagesordnungs- und Lehrstundenplan im Kloster Denkendorf im Sommer 1785.
65 Heidelberg, Alte Brücke. Postkarte, frühes 20. Jahrhundert. – © Goethezeitportal (www.goethezeitportal.de).
88 Der Apollotempel in Korinth. Zeichnung von William Cole, 1833.
142 Patmos. Widmungshandschrift Hölderlins für den Landgrafen von Homburg (1802/03), erste Seite. – Aus: Friedrich Hölderlin: Sämtliche Werke. Frankfurter Ausgabe. Historisch-Kritische Ausgabe. Hrsg. von D. E. Sattler. Bd. 7: gesänge I. Frankfurt a. M. / Basel: Stroemfeld Verlag, 2000. Wiedergabe mit freundlicher Genehmigung des Verlags.
191 Hölderlin 1823. Bleistiftzeichnung von Johann Georg Schreiner und Rudolf Lohbauer.
206 Mnemosyne. Aus der Handschrift im »Homburger Folioheft«, wohl 1803/04. – Die Abbildung der Handschrift ist entnommen aus: Friedrich Hölderlin: Sämtliche Werke. Frankfurter Ausgabe. Historisch-Kritische Ausgabe. Hrsg. von D. E. Sattler. Bd. 7: gesänge I. Frankfurt a. M. / Basel: Stroemfeld Verlag, 2000. Wiedergabe mit freundlicher Genehmigung des Verlags.
235 Blick vom Österberg auf Tübingen und den Neckar. Stich nach einer Zeichnung von C. Baumann, um 1840.